Klausurtraining Mathematik

Von

o. Prof. Dr. Karl Bosch

und

Prof. Dr. Uwe Jensen

3., verbesserte Auflage

R. Oldenbourg Verlag München Wien

Die Deutsche Bibliothek - CIP-Einheitsaufnahme

Bosch, Karl:
Klausurtraining Mathematik / von Karl Bosch und Uwe Jensen. – 3., verb. Aufl.. – München ; Wien : Oldenbourg, 2001
ISBN 3-486-25728-5

Rosenheimer Straße 145, D-81671 München
Telefon: (089) 45051-0
www.oldenbourg-verlag.de

Gedruckt auf säure- und chlorfreiem Papier
Druck: R. Oldenbourg Graphische Betriebe Druckerei GmbH

ISBN 3-486-25728-5

Vorwort (zur ersten bis dritten Auflage)

Die vorliegende Aufgabensammlung enthält Klausuraufgaben, welche in den vergangenen Jahren an der Universität Stuttgart - Hohenheim in der Kursvorlesung Mathematik für den Studiengang Wirtschaftswissenschaften gestellt wurden. Die Aufgaben wurden redaktionell überarbeitet und neu zusammengestellt. Weil die zweisemestrige Vorlesung jeweils nur aus zwei Semesterwochenstunden bestand, begleitet von einer einzigen wöchentlichen Übungsstunde, konnten in den Klausuren im wesentlichen nur die unbedingt erforderlichen Grundkenntnisse abgeprüft werden. Eine zweistündige Hohenheimer Klausur enthielt 10 Aufgaben. Die Stoffeinteilung ist an den einzelnen Universitäten nicht einheitlich. Manche beginnen - wie hier in Hohenheim - mit der Infinitesimalrechnung, andere dagegen mit der linearen Algebra. Aus diesem Grund wurden die zwanzig Klausuraufgaben in vier Gruppen unterteilt mit folgender Stoffauswahl:

A: Mengenlehre, Ungleichungen und Beträge, Finanzmathematik, Zahlenfolgen und geometrische Reihen, Infinitesimalrechnung bei Funktionen einer Veränderlichen;
B: Integralrechnung bei Funktionen einer Variablen;
C: Differentialrechnung bei Funktionen mehrerer Variabler;
D: Lineare Algebra: Vektoren, Matrizen, lineare Gleichungssysteme sowie lineare Ungleichungssysteme (lineare Programmierung bei zwei Veränderlichen).

Aus diesen vier Blöcken können die Aufgaben für die enstsprechende Klausur ausgewählt werden.

Bei jeder dritten Klausur werden vollständige Lösungen und für ein weiteres Drittel nur die Ergebnisse angegeben. Ganz bewußt haben wir für das letzte Drittel keine Ergebnisse in das Buch aufgenommen, damit diese Klausuren als wirkliche Testklausuren verwendet werden können und niemand in Versuchung gerät, so lange zu rechnen, bis er das angegebene Ergebnis erhält. Bei der Aufnahme eines neuen Aufgabentyps haben wir dafür gesorgt, daß er erstmals in einer Klausur mit vollständigen Lösungen auftritt.

Eine solche Aufgabensammlung ensteht im Laufe der Jahre unter Mithilfe einer ganzen Reihe von Mitarbeitern und Tutoren, die Aufgabenvorschläge erarbeitet und Klausuren zur Probe gerechnet haben. Ihnen allen sei an dieser Stelle herzlich gedankt. Besonders hervorheben möchten wir dabei Herrn Dipl. Math. Gert Heinrich, der die Veranstaltung Mathematik für Wirtschaftswissenschaften in den letzten Jahren vorbildlich mitbetreut hat. Bedanken möchten wir uns auch bei Frau Schulze für die schreibtechnische Unterstützung.

Für Hinweise auf Fehler, für Kritik und Anregungen sind wir stets dankbar. Allen Lesern wünschen wir Erfolg beim Lösen der Aufgaben.

Karl Bosch Uwe Jensen

Klausur 1

A

1. Die Analyse einer Befragung von Klausurteilnehmern ergab folgendes Bild:

   Von 200 Klausurteilnehmern war genau die Hälfte gut vorbereitet. Eine bestimmte Gruppe von Teilnehmern beurteilte vor der Klausur die Chance zu bestehen optimistisch (Optimisten). 20 Teilnehmer haben bestanden, obwohl sie weder gut vorbereitet waren noch zu den Optimisten gehörten. 13 Optimisten und 57 Pessimisten waren schlecht vorbereitet und haben nicht bestanden. Wie viele Optimisten haben die Klausur trotz schlechter Vorbereitung bestanden?

2. Gegeben sind die Mengen

   $A = \{(x,y) \in \mathbf{R} \times \mathbf{R} \mid y \geq x^2\}$ und $B = \{x \in \mathbf{R} \mid 0 \leq x < 2\}$.

   a) Skizzieren Sie A und $B \times B$.

   b) Bestimmen Sie die Elemente von $A \cap (B \times B) \cap (\mathbf{Z} \times \mathbf{Z})$.

3. Für welche $x \in \mathbf{R}$ gilt $\frac{1}{|x|-1} > 1$, $x \notin \{-1;1\}$?

4. Wie groß ist die Summe der geraden natürlichen Zahlen $k \in \mathbf{N}$ mit $|101-k| < 26$?

5. Durch Vergabe von Krediten verzinst sich das Kapital $K = 10^6$ DM einer Bank vierteljährlich mit 3 %. Jeweils am Ende eines Jahres (31.12.) erhöht sich das Kapital um neue Spareinlagen der Höhe $S = 125\,500$ DM.

   a) Bestimmen Sie den effektiven Jahreszinssatz.

   b) Welches Kapital steht der Bank zu Beginn des dritten und zu Beginn des $(n+1)$-ten Jahres (jeweils am 1.1.) zur Verfügung?

6. Untersuchen Sie die Folgen (a_n), $n \in \mathbf{N}$ auf Konvergenz und bestimmen Sie gegebenenfalls ihren Grenzwert.

   a) $a_n = \dfrac{n^2 + \left(n^{\frac{3}{2}} - 1\right)^2}{(2\sqrt{n})^6 - 32n^3 + 1}$; b) $a_n = \sqrt{\sqrt{n}+1} - \sqrt{\sqrt{n}-1}$;

   c) $a_n = (-1)^n \cdot [n^2 - (n - \frac{1}{n})^2]$.

7. Für welche $x \in \mathbb{R}$ ist die Funktion $f(x) = \dfrac{2x^2+3x+1}{x^2-x-2}$ stetig?
Läßt sich f an den kritischen Stellen stetig fortsetzen?
Bestimmen Sie die Asymptoten der Funktion f.

8. Bestimmen Sie für die Funktion
$f(x) = \left(\frac{1}{2}x^2 + x + \frac{1}{2}\right) \cdot e^{-2x+7}$
den maximal möglichen Definitionsbereich D, die Nullstellen, Extremwerte, Wendepunkte und Asymptoten. Skizzieren Sie f(x).

9. Die Funktion $f(x) = 2e^{-2x^2}$ gebe in einem bestimmten Bereich den Preis eines Waschmittels in Abhängigkeit von der Nachfragemenge x an.

a) Berechnen Sie die Elastizität $\varepsilon_f(x)$.

b) Bestimmen Sie für den Umsatz $U(x) = x \cdot f(x)$ mit Hilfe der Formel aus a) den Grenzumsatz $U'(x)$ unter Verwendung der Formel von Amoroso - Robinson.

c) Für welche Nachfragemenge x ist der Umsatz maximal?

10. Es sei $k(x) = x^3 - 0{,}3x - 1$ eine Grenzkostenfunktion. Sie besitzt im im Intervall $[1;2]$ eine Nullstelle, die näherungsweise bestimmt werden soll.

a) Bestimmen Sie dazu das Taylorpolynom 2. Grades von k(x) um die Entwicklungsstelle $x_0 = 1$. Bestimmen Sie als Näherung für die Nullstelle von k(x) die Nullstelle des Taylorpolynoms in $[1;2]$.

b) Führen Sie an dieser Nullstelle eine Restgliedabschätzung durch.

B

11. Berechnen Sie folgende Integrale

a) $\displaystyle\int_{\frac{\pi^2}{4}}^{\pi^2} \frac{\sin\sqrt{x}}{2\sqrt{x}}\,dx$; b) $\displaystyle\int_{e}^{e^2} \frac{1}{(\ln x)^2} \cdot \frac{1}{x}\,dx$; c) $\displaystyle\int_{0}^{\frac{\pi}{2}} x^2 \cdot \sin x\,dx$.

12. Es sei $N(p) = 110 - p$ die Nachfragefunktion und $A(p) = p^2 + p + 11$ die Angebotsfunktion.

    a) Berechnen Sie den Marktpreis p_M.

    b) Berechnen Sie die Produzenten- und die Konsumentenrente für die Preisuntergrenze $p_u = 5$ und die Preisobergrenze $p_0 = 50$.

13. Im Zeitintervall $[0;t]$ falle der Ertrag $B(t)$ an mit dem Ertragsstrom $B'(t) = b(t) = 2 + t$. Der Ertrag werde laufend stetig verzinst mit der Jahreszinsrate $\gamma = \frac{p}{100} = 0{,}05$.

    a) Berechnen Sie für den Zeitpunkt $T > 0$ den Endwert $K(T)$ des Ertragsstroms.

    b) Berechnen Sie den Barwert $v(T)$ von $K(T)$, also den auf den Zeitpunkt $t = 0$ abgezinsten Wert.

    c) Existiert der Grenzwert $\lim\limits_{T \to \infty} v(T)$?

C

14. Untersuchen Sie die Funktion $f(x,y) = 5y^2x + 3(y-5)^2 - 20x$ auf relative (lokale) Extremwerte und Sattelpunkte.

15. Die Herstellungskosten in Abhängigkeit der Mengen x und y zweier Einsatzfaktoren betragen $K(x,y) = 5x + 4y$. Die Anzahl der hergestellten Produkte sei $r(x,y) = \sqrt{x} \cdot y$ (Produktionsfunktion). Bestimmen Sie die minimalen Kosten unter der Nebenbedingung, daß $20 = \sqrt{x} \cdot y$ Produktionseinheiten hergestellt werden.

16. Vom Rohstoffpreis x und den Transportkosten y hängen die Herstellungskosten $f(x,y) = x^{\frac{3}{2}} \cdot y^{\frac{1}{2}}$ für eine Mengeneinheit einer Ware ab.

    a) Berechnen Sie mit Hilfe des totalen Differentials, um wieviel sich näherungsweise die Herstellungskosten ändern, wenn der Rohstoffpreis von 100 auf 105 Geldeinheiten steigt und sich die Transportkosten von 25 auf 24 Einheiten senken lassen.

    b) Ist die Funktion homogen?

D

17. Zur Herstellung der Produkte A, B und C werden die Materialien M_1,M_2, und M_3 benötigt.
Die nebenstehende Matrix gibt den Materialverbrauch für jeweils eine Einheit der Erzeugnisse an.

	A	B	C
M_1	1	2	3
M_2	6	2	8
M_3	4	10	4

Wie viele Einheiten x, y, z der Produkte A, B und C können hergestellt werden, wenn im Betrieb 25 Einheiten vom Material M_1, 50 von M_2 und 100 von M_3 zur Verfügung stehen?

a) Stellen Sie das zugehörige lineare Gleichungssystem auf.

b) Geben Sie die Lösung an.

18. a) Bestimmen Sie sämtliche Lösungen des Gleichungssystems

$$\begin{aligned} 2x - 3y + 5z &= 2 \\ 3x + y + 2z &= -8 \\ x + 2y - z &= -6. \end{aligned}$$

b) Gibt es eine Lösung von a), für die $x + y + z = 5$ gilt?

19. Bestimmen Sie die inverse Matrix A^{-1} von

$$A = \frac{1}{2} \cdot \begin{pmatrix} -1 & 1 & \sqrt{2} \\ 1 & -1 & \sqrt{2} \\ \sqrt{2} & \sqrt{2} & 0 \end{pmatrix}.$$

Berechnen Sie $A \cdot (A + A)$.

20. Ein Unternehmen verarbeitet das Erdöl aus einer Erdölquelle in zwei Raffinerien R_1 und R_2. Dabei können in R_1 höchstens 8 000 t und in R_2 höchstens 5 000 t Erdöl am Tag verarbeitet werden. Die maximale Förderkapazität der Ölquelle liegt bei 10 000 t am Tag.

a) Skizzieren Sie den zulässigen Bereich der möglichen Liefermengen an R_1 und R_2.

b) Der Nettogewinn beträgt bei der Veredelung einer t Erdöl in R_1 200 DM und in R_2 300 DM. Wie hoch ist unter diesen Bedingungen der maximale Gesamtgewinn des Unternehmens?

Klausur 2

A

1. a) Wie lang ist die Raumdiagonale des Würfels

   $$A = \{(x,y,z) \in \mathbb{R}^3 \mid\ |x| \le 1,\ \ |y| \le 1,\ |z| \le 1\}\ ?$$

   b) Geben Sie alle Elemente der Menge $A \cap (\mathbb{N} \times \mathbb{N} \times \mathbb{N})$ an.

2. Den Studierenden $S_1, S_2, \ldots, S_{80}$ wird nach der Mathematikklausur eine der Punktzahlen $0, 1, 2, \ldots, 39, 40$ zugeordnet. Diese Zuordnung sei eine Abbildung von $S = \{S_1, S_2, \ldots, S_{80}\}$ auf $Y = \{0, 1, 2, \ldots, 39, 40\}$. Zum Bestehen der Klausur waren 17 Punkte erforderlich.

   a) Wie viele Studierende können die Klausur maximal bestanden haben?

   b) Ist es möglich, daß bei einer Durchfallquote von 25 % 58 Studierende mindestens 20 Punkte erreicht haben? Begründung!

3. Für welche $x \in \mathbb{R}$ gilt $\quad 2 \cdot |x| \le |x-1|$?

4. Die oberste Stufe einer Pyramide besteht aus 4 Steinen. Jede weitere Stufe ist aus 3 Steinen mehr zusammengesetzt als die über ihr liegende. Wie viele Steine benötigt man für den Bau einer Pyramide mit 101 Stufen?

5. Herr Wusel soll als Jungmanager mit einem Anfangsmonatsgehalt von 4 500 DM eingestellt werden. Für die nächsten n Jahre wird ihm eine jährliche Gehaltssteigerung von 5,2 % zugesagt.

   a) Welches Monatsgehalt erhält Herr Wusel im n-ten Jahr seiner Betriebszugehörigkeit?

   b) Wieviel wird Herr Wusel bei jährlich 13 Monatsgehältern insgesamt während der ersten n Jahre verdienen?

6. Untersuchen Sie die Folgen (a_n), $n \in \mathbb{N}$ auf Konvergenz und bestimmen Sie gegebenenfalls ihren Grenzwert.

   a) $a_n = \dfrac{2^n + 1^n}{3^n}$; $\qquad$ b) $a_n = \dfrac{2n^2 + 3n^4 - 7n + 8}{4n + 6n^2 - 2n^4 - 9}$;

   c) $a_n = (-1)^n \cdot [(-1)^n + \frac{2}{n}]$.

7. Ein Unternehmen erzielt bei einem Absatz von x Mengeneinheiten einen Gewinn vor Steuern von $G(x) = -10x + 2 \cdot \sqrt{x}$. Es wird eine Mengensteuer von $T = r \cdot x$ erhoben, $r \geq 0$.

   a) Bestimmen Sie die Absatzmenge x_M, für welche der Nettogewinn $N(x) = G(x) - r \cdot x$ maximal ist.

   b) Bestimmen Sie den Steuersatz r, der dem Staat höchste Steuereinnahmen beim Nettogewinnmaximum garantiert, d. h. mit x_M aus a) ist $T(r) = r \cdot x_M$ zu maximieren.

8. Bestimmen Sie für die Funktion $f(x) = x \cdot \sqrt{x+2}$ den Definitionsbereich, die Nullstellen, Extremwerte und Wendepunkte. Skizzieren Sie f(x).

9. Bei einem Normal-Benzinpreis von x DM je Liter beträgt die Nachfrage nach Fahrrädern $f(x) = e^{2x^2-2}$.

   a) Berechnen Sie die Elastizität $\varepsilon_f(x)$.

   b) Bestimmen Sie näherungsweise mit dem Ergebnis aus a), um wieviel % sich die Nachfrage nach Fahrrädern erhöht, wenn der Literpreis von 1,40 DM um 1% erhöht wird.

10. Läßt sich die Funktion $f(x) = \dfrac{|x-1| \cdot (x-1)}{x^2 - 2x + 1}$, $x \neq 1$ an der Stelle x=1 stetig ergänzen?

B

11. Berechnen Sie folgende Integrale

    a) $\displaystyle\int_1^5 \frac{dx}{\sqrt{4x+5}}$; b) $\displaystyle\int_1^2 x^{-2} \cdot \ln x \, dx$; c) $\displaystyle\int_{\frac{\pi^2}{4}}^{\pi^2} \frac{\cos\sqrt{x}}{\sqrt{x}} dx$.

12. Für das bestimmte Integral $F = \int_0^{\frac{1}{2}} e^{-x^2} dx$ soll ein Näherungswert berechnet werden.

    a) Bestimmen Sie dazu für $f(x) = e^{-x^2}$ das Taylorpolynom 2. Grades an der Entwicklungsstelle $x_0 = 0$.

    b) Geben Sie mit Hilfe von a) einen Näherungswert für F an.

c) Um wieviel weicht das Taylorpolynom im Intervall $[0;\frac{1}{2}]$ von f(x) höchstens ab?

Hinweis: $f'''(x)$ ist in $[0;\frac{1}{2}]$ monoton wachsend.

d) Um wieviel weicht der in b) berechnete Wert maximal von F ab?

C

13. Berechnen Sie sämtliche Extremwerte und Sattelpunkte der Funktion

$$f(x,y) = 2(x-y)^2 + y^2 \cdot e^y .$$

14. Als Autofahrer möchten Sie den Benzinverbrauch Ihres Fahrzeugs möglichst einfach und ohne Hilfsmittel berechnen. Der Verbrauch je 100 km wird durch $f(x,y) = \frac{x}{y}\ [\frac{1}{100\ \text{km}}]$ angegeben. Dabei ist x die Anzahl der verbrauchten Liter Benzin und y ein Hundertstel der gefahrenen Kilometer.

a) Bestimmen Sie zu f(x, y) die Tangentialebene an der Stelle (40;4).

b) Geben Sie mit Hilfe von a) bei 36 Litern Benzin auf 380 Kilomenter näherungsweise den Verbrauch je 100 km an.

15. Gegeben ist die Funktion $f(x,y) = e^{xy} + 2\cdot\ln y;\ \ y > 0$.

Bestimmen Sie die Gleichung der Tangentialebene der Funktion f an der Stelle (0;1).

16. Die Beziehung zwischen Absatz R und den Werbekosten x, y von zwei Anzeigenfirmen sei gegeben durch

$$R(x,y) = \frac{200x}{5+x} + \frac{100y}{10+y}.$$

Für den Gewinn gelte $G(x,y) = \frac{1}{5}\cdot R(x,y) - x - y$.

Für welche Werte x und y wird der Gewinn maximal, falls für die Werbung insgesamt 25 Geldeinheiten zur Verfügung stehen?

D

17. Die Ebene E besitzt die Gleichung

$$2x + 2y + 2z - 12 = 0.$$

Berechnen Sie den kürzesten Abstand des Punktes P(1;1;1) von der Ebene E.

Hinweis: Bestimmen Sie das Minimum des Abstandquadrates unter einer Nebenbedingung.

18. Stellen Sie die Ebene $E: x + 2y - z - 1 = 0$ in Parameterform dar.

19. Sind folgende Gleichungssysteme lösbar? Bestimmen Sie gegebenenfalls sämtliche Lösungen.

a)
$$\begin{aligned} x_1 + x_2 - x_3 + 2x_4 &= 6 \\ 2x_1 - 4x_2 - 2x_3 + 4x_4 &= 0 \\ 3x_2 + 3x_3 - 3x_4 &= -9 \\ 2x_1 + 2x_3 &= 0\ ; \end{aligned}$$

b)
$$\begin{aligned} -x + y - z &= -2 \\ 3x - 4y + 2z &= 1 \\ 2x + 2y + 6z &= 24. \end{aligned}$$

20. Bestimmen Sie die Inverse A^{-1} der Matrix

$$A = \begin{pmatrix} 2 & 1 & 1 \\ 1 & 2 & 1 \\ 1 & 1 & 1 \end{pmatrix}.$$

Klausur 3

A

1. Bestimmen Sie mit den Mengen

   $A = \{1, 2, 4\}$, $B = \{1, \sqrt{2}\}$ und $C = \{(x, y) \in \mathbf{R} \times \mathbf{R} \mid y > x - 1\}$

   die Elemente von $C \cap (A \times B)$.

2. Für welche $x \in \mathbf{R}$ gilt

   $|x| - 1 < |x - 1|$?

3. Die Summe der ersten vier Glieder einer arithmetischen Folge ist 32, die Summe der ersten acht Glieder ist 128. Bestimmen Sie die ersten zwei Glieder dieser arithmetischen Folge.

4. Ein Blatt Papier hat eine Stärke von 0,1 mm.

   a) Wie oft muß man dieses Blatt (jeweils zur halben Größe) mindestens falten, damit eine Papierschicht von mindestens 10 cm entsteht?

   b) Welche Dicke ergibt sich, wenn das Papier 20 mal gefaltet wird? Das Ergebnis ist als Dezimalzahl mit Maßeinheit anzugeben.

5. Ein Darlehen von 100 000 DM kostet jährlich 10 % Zinsen. Beginnend am Ende des ersten Jahres soll es in jährlichen Abständen mit vier gleichen Beträgen (Annuitäten) zurückgezahlt werden.

   a) Berechnen Sie die Annuität.

   b) Wieviel wird mit der ersten Annuität getilgt?

6. Untersuchen Sie die Folge (a_n), $n \in \mathbf{N}$ auf Konvergenz und bestimmen Sie gegebenenfalls ihren Grenzwert.

   a) $a_n = \dfrac{\sqrt{n^3} + n}{\sqrt{n}\,(1 - 2\sqrt{n})^2}$; b) $a_n = n \cdot \left(1 - \dfrac{n}{n-1}\right)$;

   c) $a_n = \dfrac{2^{[(-1)^n]}}{n}$.

7. Läßt sich die Funktion $f(x) = 1 + \frac{x^2}{|x|}$ an der Stelle $x = 0$ stetig ergänzen?

8. Bestimmen Sie für die Funktion

$$f(x) = (\ln(x-1))^2$$

den maximal möglichen Definitionsbereich $D \subset \mathbf{R}$, die Nullstellen, Extremwerte und Wendepunkte. Skizzieren Sie f(x).

9. Die Kostenfunktion $K(x) = 2 + \sqrt{x}$ gibt die Gesamtkosten in Abhängigkeit von der Ausbringungsmenge x an.

a) Berechnen Sie die Elastizität der Stückkostenfunktion

$$k(x) = \frac{K(x)}{x} .$$

b) Um wieviel % ändern sich näherungsweise die Stückkosten, wenn die Ausbringungsmenge von $x_0 = 100$ um 1 % erhöht wird?

10. Der Wert $F = \int_0^{\frac{1}{2}} \sqrt{1-x^2}\,dx$, der einen Teil der Fläche des Einheitskreises darstellt, soll näherungsweise berechnet werden.

a) Bestimmen Sie dazu für $f(x) = \sqrt{1-x^2}$ das Taylorpolynom zweiten Grades um die Entwicklungsstelle $x_0 = 0$.

b) Geben Sie mit Hilfe von a) einen Näherungswert für F an.

c) Um wieviel weicht das Taylorpolynom im Intervall $\left[0, \frac{1}{2}\right]$ von f(x) höchstens ab?

d) Um wieviel weicht der in b) berechnete Wert maximal von F ab?

B

11. Berechnen Sie folgende Integrale

a) $\int_0^1 \sqrt{x\sqrt{x}}\,dx$; b) $\int_{-2}^0 \frac{6x^2}{1-2x^3}\,dx$; c) $\int_1^2 3(x+1)^2 \cdot \ln x\,dx$.

12. Berechnen Sie den Inhalt der endlichen Fäche, die zwischen der Geraden $y = 2x + 17$ und der Parabel $y = x^2 - 2x + 17$ eingeschlossen wird.

C

13. Berechnen Sie sämtliche Extremwerte der Funktion

$$f(x,y) = x + y + \frac{8}{x \cdot y} \; ; \; x, y > 0 \; .$$

14. Ein Teegroßhändler will seinen Tee in quaderförmigen Blechdosen mit quadratischer Grund- bzw. Deckfläche auf den Markt bringen. Welche Abmessungen müssen die Blechdosen haben, wenn sie ein Volumen von einem Liter haben sollen und ein möglichst geringer Blechverbrauch angestrebt wird? Extremwertaufgabe mit Nebenbedingung.

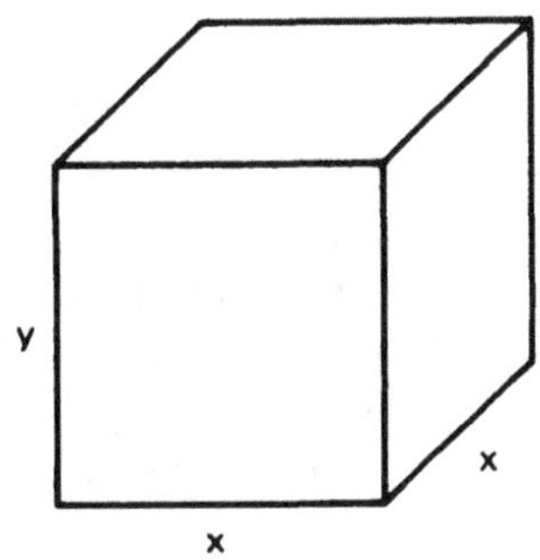

15. Auf einem Markt vollkommener Konkurrenz werden zwei Güter G_1 und G_2 gehandelt. Die Nachfrage $f(p_1, p_2)$ nach Gut G_1 hängt von den Preisen p_1 und p_2 beider Güter ab:

$$f(p_1, p_2) = p_1^{-2} \cdot e^{\frac{1}{2} p_2} \; .$$

Um wieviel ändert sich näherungsweise die Nachfrage nach Gut G_1, wenn der Preis für G_1 von 2 DM auf 2,30 DM steigt und der für G_2 von 2 DM auf 2,20 DM erhöht wird?
Lösen Sie die Aufgabe mit Hilfe des totalen Differentials.

16. Bestimmen Sie zu der Funktion $f(x,y) = \dfrac{xy}{1 + 2x^2}$ die Tangentialebene an der Stelle $(1;1)$.

D

17. a) Geben Sie die Gleichung der Ebene $E: \; -x + 2y - 3z + 5 = 0$ in Parameterform an.

b) In welchem Punkt schneidet die Gerade

$$\vec{x} = \begin{pmatrix} 3 \\ -1 \\ 2 \end{pmatrix} + \rho \begin{pmatrix} -1 \\ 1 \\ 0 \end{pmatrix}, \; \rho \in \mathbf{R}$$

die Ebene E?

18. Eine Aktiengesellschaft stellt in drei Fabriken F_1, F_2 und F_3 die Produkte B_1, B_2 und B_3 her. Die folgende Tabelle gibt an, wie viele Einheiten x_{ij} an einem Tag von Produkt B_j in Fabrik F_i hergestellt werden; $i, j = 1, 2, 3$.

	B_1	B_2	B_3
F_1	1	5	7
F_2	10	10	10
F_3	6	2	2

Wie müssen die Preise p_1, p_2, p_3 für die drei Produkte festgesetzt werden, damit die Fabrik F_1 einen Tagesumsatz von 75 000 DM, F_2 130 000 DM und F_3 30 000 DM erreicht?
Lösen Sie das zugehörige lineare Gleichungssystem.

19. Bestimmen Sie die inverse Matrix A^{-1} zu

$$A = \begin{pmatrix} 1 & 2 & 2 \\ 1 & 4 & 2 \\ 1 & -2 & 4 \end{pmatrix}.$$

20. Gegeben ist das Gleichungssystem

$$\begin{aligned} x + 2y - z &= 0 \\ -2x - 3y &= -3 \\ x + 3y + a \cdot z &= a \end{aligned}$$

mit einer Konstanten $a \in \mathbb{R}$.

a) Für welchen Wert a gibt es unendlich viele Lösungen?

b) Geben Sie diese Lösungen an.

c) Wie lautet die Lösung für alle anderen Werte von a?

Klausur 4

A

1. Eine Umfrage unter 100 Aktiengesellschaften hat folgendes ergeben: 70 Unternehmen hatten weniger als 1 000 Beschäftigte. 20 Unternehmen mit mindestens 1 000 Mitarbeitern wiesen für 1991 einen Gewinn aus. Insgesamt 29 der befragten Gesellschaften hatten im Jahr 1991 keinen Gewinn zu verzeichnen.

   Wie viele Unternehmen mit weniger als 1 000 Beschäftigten konnten 1991 mit Gewinn abschließen?

2. Für welche $x \in \mathbb{R}$ gilt $|3x| < |x+1| - x$?

3. Wie groß ist die Summe der ein- und zweistelligen natürlichen Zahlen, die durch 2 und durch 3 teilbar sind?

4. Im Jahr 1980 betrug der Jahresumsatz eines Unternehmens 30 Mio DM. In den folgenden Jahren erhöhte sich der Umsatz von Jahr zu Jahr um jeweils 6 %. Bestimmen Sie die Summe aller Umsätze für die Zeit vom 1.1.1980 bis 31.12.1990.

5. Sie möchten K DM für ein Jahr bei einer Bank anlegen. Die Bank macht folgende zwei Angebote:

   I. Erhöhung des Kapitals K um 10 DM zu Beginn des Jahres und halbjährliche Verzinsung mit jeweils 4 %.

   II. Einmalige Verzinsung mit 10 % am Ende des Jahres.

   a) Welches Angebot ist bei einem Betrag von K = 500 DM günstiger?

   b) Wie groß muß der Betrag K mindestens sein, damit Angebot II eine höhere Rendite als Angebot I ergibt?

6. Untersuchen Sie die Folgen (a_n), $n \in \mathbb{N}$ auf Konvergenz und bestimmen Sie gegebenenfalls den Grenzwert.

   a) $a_n = \dfrac{2\sqrt{n^5} + 3\sqrt{n^3} + 2\sqrt{n^7}}{n \cdot (4\sqrt{n^5} + \sqrt{n^3})}$; b) $a_n = \dfrac{n^{\frac{1}{3}} \cdot (7n - 0{,}5n^2)}{n^2 + n^{\frac{7}{3}}}$;

   c) $a_n = \sqrt[3]{\dfrac{(3-\sqrt{n}) \cdot (\sqrt{n}+2)}{8n-4}}$; d) $a_n = \dfrac{2^n + 4^n}{3^n + 4^{n+1}}$.

7. Bestimmen Sie für die Funktion $f(x) = \frac{x^2 - 3x}{x+1}$ den maximal möglichen Definitionsbereich, die Nullstellen, Extremwerte, Wendepunkte und Asymptoten. Skizzieren Sie f(x).

8. a) Berechnen Sie die Elastizität der Nachfragefunktion $f(x) = x \cdot e^{x^2+1}$.

   b) Bestimmen Sie mit Hilfe der Elastizität, um wieviel Prozent sich die Nachfrage näherungsweise ändert, wenn sich x von $x_0 = 1$ um 1,5 % erhöht.

9. Gegeben ist die Kostenfunktion $K(x) = e^{\frac{1}{8}x^2}$; $x > 0$.

   a) Zeigen Sie, daß die Funktion konvex ist.

   b) Bei welcher Produktionsmenge x werden die Stückkosten $S(x) = \frac{K(x)}{x}$ minimal? Weshalb handelt es sich um ein globales (absolutes) Minimum? Wie groß sind die minimalen Stückkosten?

   c) $\varepsilon_K(x)$ sei die Elastizität einer beliebigen differenzierbaren Kostenfunktion K(x). Beweisen Sie, daß dann allgemein die folgende Formel gilt:

$$S'(x) = \left(\frac{K(x)}{x}\right)' = \frac{K(x)}{x^2} \cdot (\varepsilon_K(x) - 1).$$

10. a) Bestimmen Sie das Taylorpolynom zweiten Grades der Funktion $f(x) = \ln(1 + \frac{1}{2}x)$ an der Stelle $x_0 = 0$.

    b) Berechnen Sie mit Hilfe von a) näherungsweise $\ln\frac{5}{4}$.

    c) Um wieviel weicht dieser Näherungswert von $\ln\frac{5}{4}$ maximal ab? Restgliedabschätzung!

B

11. Berechnen Sie folgende Integrale

a) $\int_1^4 \frac{2x + \sqrt{x}}{x^{\frac{3}{2}}}\,dx$; b) $\int_0^{\pi} e^x \cdot \sin x\,dx$;

c) $\int_0^{\frac{\pi}{2}} \sqrt{\sin x} \cdot \cos x\,dx$.

12. Bestimmen Sie den Inhalt der endlichen Fläche, die von der x-Achse und dem Graph der Funktion $f(x) = x^2 - 6x$ eingeschlossen wird.

C

13. Zur Bestimmung der Erdbeschleunigungskonstanten g ließ man eine Eisenkugel aus einer Höhe von $x = 4{,}900$ m auf den Erdboden fallen. Dieser Vorgang dauerte $t = 1{,}000$ s. Die Werte für die Höhe x und die Zeit t sind mit Meßfehlern von $\Delta x = \pm 0{,}005$ m bzw. $\Delta t = \pm 0{,}001$ s behaftet.

    Bestimmen Sie mit Hilfe des totalen Differentials, wie genau die nach der Formel $g = g(x, t) = \frac{2x}{t^2}$ berechnete Konstante angegeben werden kann.

14. Bestimmen Sie sämtliche Extremwerte und Sattelpunkte von
$f(x, y) = x^3 + \frac{2y^2}{1+x} - 3x^2$.

15. Ein Unternehmen produziert ein Gut unter Einsatz von zwei Produktionsfaktoren. $K(x, y) = 4x + y$ sei die Kostenfunktion. Die Produktionsfunktion lautet $P(x, y) = \sqrt{x \cdot y}$. Gesucht ist das Minimum der Kostenfunktion unter der Bedingung, daß $10 = \sqrt{x \cdot y}$ Einheiten hergestellt werden müssen.

D

16. Liegen die vier Punkte $P_1(-1;2;3)$; $P_2(0;3;4)$; $P_3(2;1;3)$ und $P_4(3;2;4)$ in einer Ebene?

    a) Stellen Sie eine Parameterdarstellung der Ebene E auf, die durch die Punkte P_1, P_2, P_3 aufgespannt wird und überprüfen Sie, ob P_4 in dieser Ebene liegt.

    b) Stellen Sie die Ebene E in einer Koordinatengleichung dar.

17. Aus den Rohstoffen R_1, R_2 und R_3 werden Zwischenprodukte Z_1 und Z_2 hergestellt, die zu Endprodukten E_1 und E_2 weiterverarbeitet werden. Die Matrix A gibt an, wie viele Einheiten der Rohstoffe zur Herstellung von je einer Einheit der Zwischenprodukte benötigt werden. B gibt entsprechend den Materialverbrauch an Zwischenprodukten für die Produktion (je einer Einheit) der Endprodukte an.

$$A = \begin{array}{c} \\ R_1 \\ R_2 \\ R_3 \end{array} \begin{array}{c} Z_1 \quad Z_2 \\ \begin{pmatrix} 1 & 2 \\ 3 & 4 \\ 0 & 1 \end{pmatrix} \end{array} \qquad B = \begin{array}{c} \\ Z_1 \\ Z_2 \end{array} \begin{array}{c} E_1 \quad E_2 \\ \begin{pmatrix} 4 & 7 \\ 0 & 2 \end{pmatrix} \end{array}$$

a) Wie viele Rohstoffe benötigt man, um 5 Einheiten von E_1 und 3 Einheiten von E_2 herzustellen?

b) Welche Gesamtkosten entstehen bei der Produktion von 5 Einheiten von E_1 und 3 Einheiten von E_2, wenn R_1 zwei, R_2 eine und R_3 vier Geldeinheiten pro Einheit kosten?

18. Bestimmen Sie die inverse Matrix A^{-1} von

$$A = \begin{pmatrix} 2 & 2 & -6 \\ 0 & -1 & 3 \\ 4 & 1 & -2 \end{pmatrix}.$$

19. Lösen Sie das lineare Gleichungssystem

$$\begin{aligned} 2x + 2y - 6z &= b_1 \\ -y + 3z &= b_2 \\ 4x + y - 2z &= b_3 \end{aligned}$$

jeweils für

a) $\begin{pmatrix} b_1 \\ b_2 \\ b_3 \end{pmatrix} = \begin{pmatrix} 2 \\ 2 \\ -1 \end{pmatrix}$; b) $\begin{pmatrix} b_1 \\ b_2 \\ b_3 \end{pmatrix} = \begin{pmatrix} -4 \\ 3 \\ 0 \end{pmatrix}$; c) $\begin{pmatrix} b_1 \\ b_2 \\ b_3 \end{pmatrix} = \begin{pmatrix} 0 \\ 0 \\ 0 \end{pmatrix}$.

Hinweis: Sie können das Ergebnis aus Aufgabe 18 benutzen.

20. Ein Gemüsebauer beabsichtigt, ins Tiefkühlgeschäft einzusteigen und will daher 30 Morgen seines Landes für den Anbau von Erbsen und Möhren verwenden. Mehr als 5 000 DM will er zunächst nicht investieren, wobei er weiß, daß ein Morgen Erbsen 200 DM Saatkosten und ein Morgen Möhren 100 DM Saatkosten verursachen. Der Zeitaufwand für den Anbau eines Morgens Erbsen wird von ihm mit einem Arbeitstag, für Möhren mit zwei Arbeitstagen veranschlagt. Insgesamt kann er wegen klimatischer und biologischer Gegebenheiten mit maximal 50 Arbeitstagen rechnen.

Der Reingewinn bei einem Morgen Erbsen ist auf 400 DM und bei einem Morgen Möhren auf 600 DM veranschlagt. Wie viele Morgen Erbsen und Möhren müssen angebaut werden, damit der gesamte Reingewinn maximal ist?

Klausur 5

A

1. Gegeben sind die Mengen

   $A = \{x \in \mathbf{R} \mid 0 \le x \le 2\}$; $B = \{1;2\}$ und $C = \{1;3\}$.

   Bestimmen Sie die Elemente von

   a) $B \times C$; b) $(A \times A) \cap (B \times C)$.

2. Der Vorstand eines Unternehmens hat beschlossen, daß der Preis x für ein Gut von 96 DM höchstens um 20 % dieses Preises x abweichen darf. Welches ist der niedrigste und welches der höchste Preis, der nach dieser Vorschrift festgelegt werden kann?

3. Gegeben ist die Funktion

$$f(x) = \begin{cases} \dfrac{2-x}{4-x^2} & \text{für } x > 2; \\[2ex] \dfrac{1}{x^2+1} \cdot \dfrac{5}{x^2} & \text{für } x \le 2;\ x \ne 0. \end{cases}$$

   a) Ist f an der Stelle $x = 2$ stetig?

   b) Handelt es sich um eine Abbildung auf $\mathbf{R}$?

   c) Ist die Abbildung eineindeutig ? Geben Sie eine Begründung an.

4. Die Bundespost hat Automaten aufgestellt, aus denen man Postwertzeichen im Werte von 0,05 DM bis 9,95 DM in Abständen von 0,05 DM ziehen kann.

   Welchen Betrag muß ein Briefmarkensammler aufwenden, um den vollständigen Satz (jeden Wert genau einmal) zu erhalten?

5. Herr Müller hat ein Bankguthaben von K DM. Er möchte nach einem Jahr und jeweils am Ende der folgenden Jahre von dem mit 10 % verzinsten Kapital r DM als Taschengeld abheben.
   Wie hoch ist das Guthaben

   a) am Ende des ersten Jahres

   b) am Ende de n - ten Jahres

   c) für $K = 5\,000$ DM und $r = 1\,000$ DM am Ende des 7. Jahres?

6. Bestimmen Sie die Grenzwerte der Folgen (a_n), $n \in \mathbb{N}$

a) $a_n = \dfrac{\sqrt[3]{n^5} + n}{n^{\frac{2}{3}} \cdot (3 + 7n)}$; b) $a_n = \frac{1}{n} \cdot (2\sqrt{n} - 1)^2$;

c) $a_n = \dfrac{4^n + 3^{n+2}}{2^n + 4^{n+2}}$.

7. Für den Sicherheitsabstand f(x), gemessen von vorderer Stoßstange zu vorderer Stoßstange in Metern, zwischen zwei Fahrzeugen gilt
$f(x) = \frac{x^2}{10} + x + 5.$
Dabei ist x die Fahrgeschwindigkeit in Metern/Sekunde. Bei welcher Geschwindigkeit x ist der Verkehrsfluß $F(x) = \frac{x}{f(x)}$ maximal?

8. Bestimmen Sie für die Funktion $f(x) = x^2 \cdot e^x$ den maximal möglichen Definitionsbereich, die Nullstellen, Extremwerte, Wendepunkte und Asymptoten. Skizzieren Sie f(x).

9. Der Bremsweg (in Metern) in Abhängigkeit von der Fahrgeschwindigkeit x (in Metern/Sekunde) wird durch folgende Faustformel angegeben
$f(x) = \frac{x^2}{10} + x.$

a) Berechnen Sie die Elastiziät $\varepsilon_f(x)$.

b) Geben Sie mit Hilfe von a) näherungsweise an, um wieviel Prozent sich der Bremsweg vergrößert, wenn die Geschwindigkeit von $x_0 = 20$ um 3 % erhöht wird.

10. Es sei x der nominelle Jahreszinsfuß $\left[\text{in } \frac{\%}{100}\right]$, also $x = \frac{p}{100}$ mit dem prozentualen Zinssatz p. Bei monatlicher Verzinsung mit dem Zinsfuß $\frac{x}{12}$ mit Zinseszins ist der effektive Jahreszinsfuß $f(x) = (1 + \frac{x}{12})^{12} - 1$.

a) Bestimmen Sie das Taylorpolynom 2. Grades von f(x) an der Stelle $x_0 = 0$.

b) Um wieviel weicht das Taylorpolynom im Intervall $[0; \frac{1}{10}]$ von f(x) höchstens ab?

c) Bestimmen Sie mit Hilfe von a) näherungsweise den effektiven Jahreszinssatz bei einem nominellen Jahreszinssatz von p = 6 % (x = 0,06).

B

11. Bestimmen Sie die Integrale

a) $\int_0^1 (2x-1)^2\,dx$; b) $\int_0^{\frac{\pi}{4}} x\cdot\cos 2x\,dx$; c) $\int_e^{e^2} \frac{1}{(\ln x)^5}\cdot\frac{1}{x}\,dx$.

12. Bestimmen Sie die Konstante a so, daß die Funktion

$$f(x) = \begin{cases} a\cdot e^{-\frac{x}{2}} & \text{für } x \geq 0 \\ 0 & \text{sonst} \end{cases}$$

eine Dichtefunktion ist, d. h. $\int_{-\infty}^{\infty} f(x)\,dx = 1$ gilt.

C

13. Bestimmen Sie alle Extremwerte und Sattelpunkte von

$f(x,y) = y^2(x+2) + (x-6)^2$.

14. Gegeben ist die Gerade g: $y = 2x+3$. Berechnen Sie den kleinsten Abstand des Koordinatenursprungs von der Geraden g.
Betrachten Sie das Problem als Extremwertaufgabe mit Nebenbedingungen.

15. Gegeben ist die Produktionsfunktion $z = f(x_1, x_2, x_3) = \frac{x_1\cdot x_2^2}{x_3}$.

a) Ist f homogen, wenn ja von welchem Grad?

b) Alle drei Einbringungsmengen x_1, x_2, x_3 werden um 10 % erhöht. Um wieviel Prozent erhöht sich dabei die Ausbringungsmenge z?

c) Berechnen Sie alle drei partiellen Elastizitäten und deren Summe.

16. Die Funktion $f_1(x,y,z) = (x+y)^2 + e^y\cdot z$ gebe die Kosten und $f_2(x,y,z) = 2xy - 4 + z\cdot(e^y+1)$ den Ertrag in Abhängigkeit von den Mengen x, y, z dreier Einsatzfaktoren an.

a) Wann sind Kosten und Ertrag gleich? Geben Sie dabei z als Funktion von x und y an in der Form $z = g(x,y)$.

b) Welches ist der kleinste Wert z, für den Kosten und Ertrag gleich sind?

D

17. Gegeben sind die Gleichungen zweier Ebenen

E_1: $x - 2y + 3z - 5 = 0$

E_2: $2x + y + z - 10 = 0$.

a) Stellen Sie die Parameterdarstellung der Schnittgeraden g auf.

b) Liegt der Punkt Q(4 ; 1 ; 4) auf der Schnittgeraden g?

c) Bestimmen Sie den Punkt X auf der Schnittgeraden, der vom Punkt Q(4 ; 3 ; 5) den kürzesten Abstand besitzt. Wie groß ist dieser Abstand?

18. a) Bestimmen Sie alle Lösungen des Gleichungssystems

$$\begin{aligned} x + 2y + 3z &= 4 \\ 5x + 6y + 7z &= 8 \\ 9x + 10y + 11z &= 12. \end{aligned}$$

b) Geben Sie die Lösung aus a) an, für die gilt

$x + y + 2z = 13$.

19. a) Bestimmen Sie die Inverse A^{-1} der Matrix

$$A = \begin{pmatrix} 1 & -3 & 0 \\ 3 & -2 & 1 \\ 1 & -2 & 0 \end{pmatrix}.$$

b) Berechnen Sie $(A^{-1} + A) \cdot A$.

20. Eine Kaffeerösterei bezieht während der Erntesaison Bohnen von zwei Plantagen A und B. Sie muß wöchentlich von A mindestens 50 t und von B mindestens 80 t abnehmen, während A nicht mehr als 400 t und B nicht mehr als 200 t in der Woche liefern können. Die Rösterei selbst hat eine Kapazität von 500 t in der Woche. Der Reingewinn beträgt 60 DM pro t für den Kaffe aus B bzw. 40 DM pro Tonne für den Kaffe aus B.

a) Zeichnen Sie den zulässigen Bereich für die Abnahmemengen.

b) Bei welchen Abnahmemengen wird ein maximaler Gewinn erzielt? Wie groß ist dieser?

Klausur 6

A

1. 200 Studierende wurden nach ihren Lesegewohnheiten bezüglich der Zeitungen A und B befragt. Es zeigte sich, daß 115 Studierende die Zeitung A, 60 Studierende die Zeitung B, jedoch 50 Studierende weder A noch B lesen. Wie viele Studierende lesen A und B?

2. Für welche $x \in \mathbf{R}$ gilt $\frac{1+x}{1+|x|} > x$?

3. Gegeben ist die Funktion $f(x) = 1 - \frac{|x|}{1+x^2}$, $x \in \mathbf{R}$.

   a) Handelt es sich um eine Abbildung <u>auf</u> $\mathbf{R}$?

   b) Ist f eineindeutig? Geben Sie eine Begründung an!

4. Eine Ausstellung wurde in der ersten Woche von 4000 Personen besucht. Dann stieg der Besucherstrom von Woche zu Woche um 500 Personen.

   a) Wie viele Personen besuchten die Ausstellung in der 10. Woche?

   b) Wie viele Personen hatten bis zur 10. Woche (einschließlich) die Ausstellung besucht?

   c) In welcher Woche kam der 25000. Besucher?

5. Ein Ball wird aus einer Höhe von 1 m frei fallengelassen. Er springt auf jeweils 80 % seiner vorherigen Fallhöhe zurück.

   a) Wie oft ist der Ball mit dem Boden in Kontakt gekommen, bevor er zum ersten Mal weniger als 30 cm hoch zurückspringt?

   b) Welchen Gesamtweg S_n legt der Ball bis zum n-ten Bodenkontakt zurück?

   c) Berechnen Sie den Grenzwert $\lim_{n\to\infty} S_n$.

6. Herr Schmidt erhält von der Firma Windig GmbH zum 01.01.93 einen auf vier Jahre befristeten Arbeitsvertrag, in dem ein Anfangsmonatsgehalt von G_1 vorgesehen ist. Gezahlt werden 12 Monatsgehälter im Jahr. Herr Schmidt muß sich zwischen folgenden zwei Möglichkeiten der Gehaltssteigerungen entscheiden:

a) Gehaltserhöhungen von 3 % jeweils zum 01.01. der Jahre 1994, 1995 und 1996.

b) Erste Gehaltserhöhung zum 01.07.94 um 5 % und dann wie in a) eine 3 %-ige Gehaltssteigerungen zum 01.01.95 und 01.01.96.

Welche Alternative ergibt ein höheres Gesamteinkommen für Herrn Schmidt?

7. Bestimmen Sie im Falle der Existenz die Grenzwerte der Folgen (a_n), $n \in \mathbf{N}$

a) $a_n = \dfrac{\sqrt[3]{n^4} + n^2 - 1}{(n - 2\sqrt{n})^2 + 2}$; b) $a_n = (-1)^n \cdot \left(\frac{1}{n} + (-1)^{n+1}\right)$;

c) $a_n = \dfrac{3 \cdot 2^n - 2 \cdot 3^n}{2^n + 3^n}$.

8. Eine Person P sitzt im Boot S auf einem See 1 km von der nächsten Uferstelle A entfernt. (Das Ufer bilde eine gerade Linie). P möchte zum 1 km von A entfernten Uferort B gelangen; er kann das Boot S mit einer Geschwindigkeit von 3 km/h rudern und zu Fuß 5 km in der Stunde zurücklegen. Zu welchem Punkt C zwischen A und B sollte er hinrudern, um B in kürzester Zeit zu erreichen?

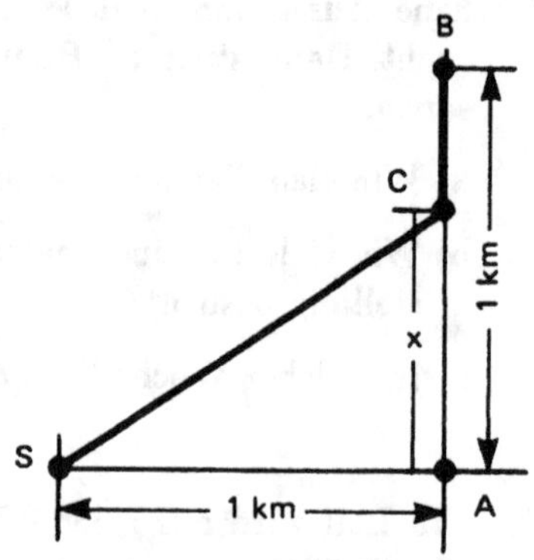

9. Bestimmen Sie für die Funktion

$f(x) = \dfrac{2 - x^2}{2 + x^2}$

den maximal möglichen Definitionsbereich $D \subset \mathbf{R}$, die Nullstellen, Extremwerte, Wendepunkte und Asymptoten. Skizzieren Sie f.

10. Gegeben ist die Kostenfunktion $K(x) = \sqrt{x^3 + 8}$.

a) Berechnen Sie die Elastizität $\varepsilon_K(x)$.

b) Bestimmen Sie mit Hilfe von a) näherungsweise, um wieviel Prozent sich die Kosten ändern, wenn die Produktionsmenge von $x_0 = 2$ Mengeneinheiten um 2 % erhöht wird.

11. a) Bestimmen Sie das Taylorpolynom zweiten Grades von $f(x) = e^{x^2}$ an der Stelle $x_0 = 0$.

 b) Berechnen Sie mit Hilfe von a) näherungsweise $e^{\frac{1}{4}}$.

 c) Um wieviel weicht dieser Näherungswert von $e^{\frac{1}{4}}$ maximal ab? Restgliedabschätzung!

B

12. Berechnen Sie folgende Integrale

 a) $\int_0^1 \left(\frac{1}{x^{-\frac{3}{2}}} + x^{\frac{3}{2}} \right) \cdot x^{\frac{1}{2}} \, dx$; b) $\int_0^4 \sqrt{1 + x^{\frac{3}{2}}} \cdot x^{\frac{1}{2}} \, dx$;

 c) $\int_1^4 x^{\frac{1}{2}} \cdot \ln\left(x^{\frac{1}{2}}\right) dx$.

13. Die Nachfrage $N(p)$ nach einem Gut in Abhängigkeit vom Preis p sei gegeben durch $N(p) = p \cdot e^{-p}$. Bestimmen Sie die Konsumentenrente bei einem Marktpreis $p_M = 1$ und dem Höchstpreis $p_o = 10$.

C

14. Ein Unternehmen hat zwei unabhängige Verkaufsfilialen, deren Gewinne $G_1(x)$ bzw. $G_2(y)$ von den eingesetzten Kapitalmengen x und y in folgender Weise abhängen:

 $G_1(x) = \ln(1+x)$, $x > 0$; $G_2(y) = \frac{y}{1+y}$, $y > 0$.

 Bestimmen Sie den maximal möglichen Gesamtgewinn $G_1(x) + G_2(y)$ des Unternehmens unter der Nebenbedingung, daß insgesamt eine Kapitalmenge von $x + y = 10$ Geldeinheiten zur Verfügung steht.

15. Bestimmen Sie alle Extremwerte und Sattelpunkte von

 $f(x, y) = 3xy^2 + \frac{9}{2}x^2 - 6y^2 - 45x$.

16. Eine Firma vertreibt Gurken in zylindrischen Gläsern mit dem Radius $r_0 = 6\,\text{cm}$ und der Höhe $h_0 = 12\,\text{cm}$. Diese Werte sollen geändert werden und zwar um $\Delta r = 0{,}25\,\text{cm}$ und $\Delta h = -1\,\text{cm}$. Bestimmen Sie mit Hilfe des totalen Differentials näherungsweise

 a) die Änderung der Oberfläche ohne Deckel (Glasverbrauch)

 $O(r, h) = \pi \cdot r^2 + 2\pi r \cdot h$;

 b) die Änderung des Volumens $V(r, h) = \pi r^2 h$.

D

17. Gegeben ist die Ebene $E: x-2y+z+3=0$.

a) Geben Sie die Gleichung der Ebene E in Parameterform an.

b) Steht die Gerade $\begin{pmatrix} x \\ y \\ z \end{pmatrix} = \lambda \cdot \begin{pmatrix} 2 \\ 1 \\ 1 \end{pmatrix}$, $\lambda \in \mathbf{R}$ senkrecht auf E?

18. Den 113 Mitarbeitern des Instituts für Geistesblitze stehen 81 Büroräume zur Verfügung, die jeweils mit einem oder zwei Mitarbeitern besetzt werden.

a) Wie viele Einzelbüros gibt es?

b) Dem neuen Chef erscheint es zulässig, die Räume mit bis zu drei Mitarbeitern zu besetzen. Um wieviel ist bei einer solchen Besetzung die Anzahl der Einzelbüros größer als die Anzahl der "Dreier"-Büros?

Hinweis: Lösen Sie das zugehörige lineare Gleichungssystem.

19. a) Für welche Konstanten $a \in \mathbf{R}$ ist das folgende Gleichungssystem lösbar?

$$\begin{aligned} -2x + y + 3z &= 5 \\ -4x + 3y - z &= 9 \\ x - y + 2z &= a. \end{aligned}$$

b) Geben Sie für die in a) berechneten Konstanten a die allgemeine Lösung des Gleichungssystems an

20. a) Bestimmen Sie die inverse Matrix A^{-1} zu

$$A = \begin{pmatrix} 3 & -2 & 2 \\ 1 & 0 & 1 \\ -1 & 1 & 0 \end{pmatrix}.$$

b) Berechnen Sie $(A-E)^2$, wobei E die Einheitsmatrix ist.

Klausur 7

A

1. Eine Umfrage zur Untersuchung der Werbewirksamkeit der Medien ergab, daß 70 % der Befragten täglich Radio hören und 50 % regelmäßig eine Zeitung lesen. Weniger als 40 % taten beides. Wie groß ist höchstens der Anteil derjenigen, die weder eine Tageszeitung lesen noch Radio hören?

2. Gegeben sind die Mengen

   $A = \{(x,y) \in \mathbf{R}^2 \mid y = x^2\}$ und $B = \{(x,y) \in \mathbf{R}^2 \mid y - 5 = 4x\}$.

   Bestimmen Sie $A \cap B$.

3. $f(x) = x^2$ sei eine Abbildung von

   $X = \{-1;0;2\}$ in $Y = \{-1;0;1;2;4\}$.

   a) Ist f eine Abbildung <u>auf</u> Y?

   b) Ist f eineindeutig?

4. Für welche $x \in \mathbf{R}$ gilt $1 + \frac{1}{x} < \frac{2}{|x|}$, $x \neq 0$?

5. Zu Beginn eines Jahres wird ein Konto mit einer Einzahlung von 5 500 DM eröffnet.

   a) Welchen Betrag muß man nach einem Jahr auf dieses Konto einzahlen, damit am Ende des zweiten Jahres bei 10 % jährlicher Verzinsung der Kontostand 11 000 DM beträgt?

   b) Von diesem Betrag 11 000 DM wird vom dritten Jahr an jeweils zum Jahresbeginn der gleiche Betrag y abgehoben. Wie groß muß y sein, damit nach der zehnten Abhebung das Kapital aufgebraucht ist?

6. Die Folge $a_{n+1} = \frac{a_n^2}{4 + a_n}$, $n = 1, 2, \ldots$; $a_1 = 10$

   ist auf Konvergenz zu untersuchen.

   a) Zeigen Sie durch vollständige Induktion, daß $a_n > 0$ für alle n gilt.

   b) Beweisen Sie, daß die Folge (a_n) monoton fällt.

   c) Bestimmen Sie den Grenzwert der Folge.

7. Bei einem Absatz von x Mengeneinheiten eines Gutes erzielt ein Unternehmen einen Bruttogewinn von $G(x) = 3 \cdot \sqrt[3]{x} - 3x + 5$. Vom Bruttogewinn muß für jede verkaufte Einheit eine Lizenzgebühr von a DM gezahlt werden, $a > 0$.

   a) Bestimmen Sie die Absatzmenge x_M, bei welcher der Nettogewinn $N(x) = G(x) - a \cdot x$ maximal ist.

   b) Wie muß der Lizenzgeber den Wert a festsetzen, um möglichst hohe Lizenzgebühren $L(a) = a \cdot x_M$ beim Nettogewinnmaximum zu erzielen? Bestimmen Sie mit dem Wert x_M aus a) das Maximum von $L(a) = a \cdot x_M$.

8. Bestimmen Sie für die Funktion

   $$f(x) = -x + \ln(x+1)$$

   den maximal möglichen Definitionsbereich $D \subset \mathbb{R}$, die Nullstellen, Extremwerte, Wendepunkte und Asymptoten. Skizzieren Sie f.

9. Gegeben ist die Produktionsfunktion $P(x) = \frac{x^2}{1+x}$.

   a) Berechnen Sie die Elastizität $\varepsilon_P(x)$.

   b) Bestimmen Sie mit Hilfe von a) näherungsweise, um wieviel Prozent sich die Produktionsmenge ändert, wenn die Einsatzmenge von $x_0 = 2$ Mengeneinheiten um 3 % erhöht wird.

   c) Berechnen Sie den Grenzwert $\lim_{x \to \infty} \varepsilon_P(x)$ und interpretieren Sie das Ergebnis.

10. Ein Schnittpunkt der Kurven

    $$g_1(x) = \ln(x+1) \quad \text{und} \quad g_2(x) = x - \frac{1}{18}$$

    soll näherungsweise ermittelt werden.

    a) Entwickeln Sie dazu die Funktion $f(x) = g_1(x) - g_2(x)$ in ein Taylorpolynom zweiten Grades an der Stelle $x_0 = 0$ und berechnen Sie die Nullstelle dieses Polynoms.

    b) Um wieviel weicht f(x) an der in a) gefundenen positiven Nullstelle höchstens von Null ab. Führen Sie eine Restgliedabschätzung durch.

11. Berechnen Sie im Falle der Existenz folgende Grenzwerte

    a) $\lim_{x \to 0} \frac{1 - \cos x}{\sin^2 x}$; b) $\lim_{x \to \infty} x \cdot \sin\frac{\pi}{x}$; c) $\lim_{x \to \infty} \frac{\ln(ax^2+1)}{\ln(x^2+1)}$, $a > 0$.

B

12 Bestimmen Sie für die Nachfragefunktion $N(p) = \sqrt{\ln p} \cdot \frac{1}{p}$ die Konsumentenrente bei einem Marktpreis $p_M = 1$ und der Preisobergrenze $p_o = e$.

13. Die Grenzkostenfunktion in Abhängigkeit von der Produktionsmenge x sei gegeben durch

$k(x) = 2x \cdot e^{-x^2}$.

a) Berechnen Sie daraus die Kostenfunktion $K(x)$ mit $K(0) = 0$.

b) Für welches x gilt mit dieser Kostenfunktion $K(x) = 1 - e^{-4}$?

14. Die Elastizität einer Produktionsfunktion $f(x) > 0$, $x > 0$ laute $\varepsilon_f(x) = a \cdot x^\alpha$ mit Konstanten $a, \alpha \in \mathbf{R}$, $a \neq 0$.

Bestimmen Sie alle Produktionsfunktionen mit dieser Elastizität.
Hinweis: Benutzen Sie die Fallunterscheidungen: $\alpha = 0$ und $\alpha \neq 0$.

C

15. Gegeben ist ein Rechteck mit den Seitenlängen x und y.

Um wieviel ändert sich näherungsweise die Länge der Diagonalen

$f(x, y) = \sqrt{x^2 + y^2}$,

wenn x von 4 m auf 4,1 m vergößert und y von 3 m auf 2,9 m verkleinert wird?

16. Bestimmen Sie alle Extremwerte und Sattelpunkte der Funktion

$f(x, y) = -x^3 - y^2 + 3x + 8y + 38$.

17. Gesucht sind die Extremwerte der Funktion

$f(x, y, z) = \frac{1}{4}x^3 + x \cdot y + \frac{1}{10}z^2$

unter der Nebenbedingung $y + z = 3$.

Hinweis: Benutzen Sie die Eliminationsmethode.

D

18. Gegeben sind die Vektoren $\vec{a_t} = \begin{pmatrix} 3t \\ t \\ \frac{1}{2} \end{pmatrix}$ und $\vec{b_t} = \begin{pmatrix} t \\ 1 \\ \frac{1}{6} \end{pmatrix}$, $t \in \mathbf{R}$.

a) Für welche Werte t sind $\vec{a_t}$ und $\vec{b_t}$ orthogonal?

b) Für welche Werte t sind $\vec{a_t}$ und $\vec{b_t}$ parallel?

19. Ein Unternehmen produziert 3 Güter G_1, G_2, G_3, die an drei verschiedenen Orten O_1, O_2, O_3 verkauft werden. Der folgenden Tabelle ist zu entnehmen, wie viele Mengeneinheiten (ME) x_{ij} von Gut G_j am Ort O_i abgesetzt werden können, $i, j = 1, 2, 3$.

	G_1	G_2	G_3
O_1	2	1	3
O_2	2	2	4
O_3	4	0	4

Wie müssen die Preise p_1, p_2, p_3 je ME von G_1, G_2, G_3 festgesetzt werden, damit im Ort O_1 ein Umsatz von 24, in O_2 ein Umsatz von 32 und in O_3 ein Umsatz von 32 Einheiten erzielt wird?

a) Stellen Sie das zugehörige lineare Gleichungssystem auf.

b) Geben Sie sämtliche Lösungen an.

c) Welche Lösung ergibt sich, wenn die Preise p_2 und p_3 übereinstimmen sollen?

20. Student S. Trebsam plant, für die Mathematik-Klausur x Stunden und für die Statistik-Klausur y Stunden Vorbereitungszeit aufzuwenden. Um die Freizeitaktivitäten nicht zu sehr einschränken zu müssen, soll die Vorbereitungszeit für beide Klausuren zusammen maximal 30 Std. betragen. Erfahrungsgemäß ergibt eine Vorbereitungsstunde für Mathematik 2 Klausurpunkte und eine Stunde für Statistik 2,5 Punkte. Damit die Mindestpunktzahlen 17 für Mathematik und 25 für Statistik erreicht werden, muß also $2x \geq 17$ und $2{,}5y \geq 25$ gelten. Da S. Trebsam viel Freude an der Mathematik hat, soll außerdem $x \geq y$ erfüllt sein.

a) Skizzieren Sie den zulässigen Bereich und bestimmen Sie die Koordinaten der Eckpunkte.

b) Wie viele Vorbereitungsstunden sind unter diesen Bedingungen zum Bestehen beider Klausuren mindestens erforderlich?

c) Ein Mäzen belohnt jeden Mathematik-Punkt und jeden Statistik-Punkt mit 4 DM. Wie hoch ist die maximal mögliche Gesamteinnahme aus beiden Klausuren zusammen für S. Trebsam? Bei welcher Aufteilung der Vorbereitungsstunden wird dieses Maximum erreicht?

Klausur 8

A

1. Gegeben sind die Mengen $A = \{0;4\}$ und $B = \{1;4\}$.

   Bestimmen Sie die Elemente der Mengen

   a) $(A \times B)\backslash(B \times A)$

   b) $(A\backslash B) \times (B\backslash A)$.

2. $f(x) = \sin x$ sei eine Abbildung von X in Y, $X, Y \subset \mathbf{R}$. Bestimmen Sie zwei Mengen X und Y derart, daß f eine eineindeutige Abbildung von X auf Y ist. Begründung!

3. Für welche $x \in \mathbf{R}$ gilt $|2x-1| + \frac{x}{2} < 1$?

4. Herr H. erhält im ersten Jahr seiner Anstellung beim Unternehmen U. ein Jahresgehalt von 40 000 DM. Das Jahresgehalt wird von Jahr zu Jahr um 1 900 DM erhöht.

   a) Welches Jahresgehalt bezieht Herr H. im 10. Jahr?

   b) Wie hoch ist der Betrag, den Herr H. insgesamt während der ersten 12 Jahre verdienen wird?

5. Berechnen Sie

   a) $\sum\limits_{k=1}^{\infty} \left(-\frac{5}{9}\right)^k$; b) $\sum\limits_{k=1}^{\infty} \frac{2^{k-1}}{3^{k+1}}$.

6. Eine Maschine mit einem Anschaffungswert von 10 000 DM soll zwei Jahre lang geometrisch degressiv mit jährlich 20 % vom Restwert abgeschrieben werden. In den folgenden 5 Jahren wird die Maschine linear auf 0 abgeschrieben. Welche Beträge werden in den ersten drei Jahren abgeschrieben?

7. Bestimmen Sie im Falle der Existenz die Grenzwerte der Folgen (a_n), $n \in \mathbf{N}$

   a) $a_n = \frac{\sqrt{2n^2 - n + 3}}{n}$; b) $a_n = \frac{n^{\frac{1}{3}} \cdot (7n - 0{,}5n^2)}{n^2 + n^{\frac{7}{3}}}$;

   c) $a_n = (-\frac{1}{2})^n \cdot [(-1)^n + (-2)^n]$.

8. Berechnen Sie die ersten Ableitungen der Funktionen

a) $f(x) = x^e$; b) $f(x) = e^x \cdot e^{-2x}$;

c) $f(x) = \sin(e^x)$; d) $f(x) = (\sin e)^x$;

e) $f(x) = \sqrt{x^2 + e}$.

9. Bestimmen Sie für die Funktion

$f(x) = e^{-x} - e^{-2x}$

den maximal möglichen Definitionsbereich, die Nullstellen, Extremwerte, Wendepunkte und Asymptoten. Skizzieren Sie f(x).

Hinweis: Benutzen Sie zur Lösung der entsprechenden Gleichungen jeweils eine Faktorzerlegung, z. B.

$e^{-x} - e^{-2x} = e^{-x} \cdot (1 - e^{-x})$.

10. a) Bestimmen Sie das Taylorpolynom dritten Grades der Funktion

$f(x) = x \cdot \ln x$ an der Stelle $x_0 = 1$.

b) Geben Sie mit Hilfe dieses Polynoms Näherungswerte für $\frac{1}{2} \cdot \ln \frac{1}{2}$ und $2 \cdot \ln 2$ an.

c) Führen Sie für die in b) erhaltenen Werte jeweils eine Fehlerabschätzung durch.

11. Bestimmen Sie folgende Grenzwerte:

a) $\lim\limits_{x \to \infty} x \cdot \ln\left(1 + \frac{a}{x}\right)$, $a \geq 0$; b) $\lim\limits_{x \to 0} x \cdot \ln\left(1 + \frac{a}{x}\right)$, $a \geq 0$;

c) $\lim\limits_{x \to \frac{\pi}{2}} \dfrac{\sin\left(x + \frac{\pi}{2}\right)}{x^2 - \frac{\pi^2}{4}}$.

B

12. Berechnen Sie folgende Integrale

a) $\displaystyle\int_1^e \frac{\ln \sqrt{x}}{2x} dx$; b) $\displaystyle\int_0^1 x \cdot \sin(\pi \cdot x)\, dx$.

13. Wie muß die Preisobergrenze p_O festgesetzt werden, damit die Konsumentenrente für die Nachfragefunktion $N(p) = \frac{1}{1+p}$ bei einem Marktpreis $p_M = 1$ den Wert $\ln 10$ annimmt?

C

14. Die Dichte der Normalverteilung $\varphi(x)$ nimmt für $x = 0$ den Wert

$$\frac{1}{\sqrt{2\pi\sigma^2}} \cdot e^{-\left(\frac{\mu^2}{2\sigma^2}\right)}$$

an, der von den beiden Parametern μ und σ abhängt.

Um wieviel ändert sich dieser Wert näherungsweise, wenn statt $\mu = 0$ und $\sigma = 1$ die Werte $\mu = 0{,}1$ und $\sigma = 1{,}1$ einzusetzen sind? Benutzen Sie das totale Differential.

15. Die Nachfrage $z = f(x,y)$ nach Pulverkaffee hänge ab vom Preis x für Pulverkaffee und vom Preis y für Bohnenkaffee in der Form

$$f(x,y) = \ln x - (y-x)^2 - \tfrac{1}{3}y \,, \; x,y > 0 \,.$$

Geben Sie die Preiskombination an, bei der die Nachfrage maximal wird.

16. Gesucht ist der Vektor (x,y,z) minimaler Länge, dessen Skalarprodukt mit dem Vektor $(1;2;1)$ den Wert 4 ergibt. Zu bestimmen ist also das Minimum von $f(x,y,z) = x^2+y^2+z^2$ unter der Nebenbedingung $x + 2y + z = 4$.

17. Ein Betrieb verkauft von zwei Gütern die Mengen x und y. Die Gewinnfunktion lautet

$$f(x,y) = 20x + 39y - 2x^2 - 3y^2 \,.$$

Bei welcher Mengenkombination ist der Gewinn maximal, wenn die Produktionsbedingung $4x + 6y = 24$ eingehalten werden muß?

D

18. Die Produkte P_1, P_2 und P_3 werden auf drei Maschinen M_1, M_2 und M_3 gefertigt. Die für die Herstellung jeweils einer Produkteinheit benötigten Maschinenzeiten (in Stunden) können folgender Tabelle entnommen werden:

	P_1	P_2	P_3
M_1	1	1	1
M_2	$\frac{3}{2}$	2	$\frac{1}{2}$
M_3	3	$\frac{5}{3}$	$\frac{1}{3}$

Wie viele Einheiten von P_1, P_2 und P_3 können hergestellt werden, wenn alle drei Maschinen 8 Stunden in Betrieb sind?

Lösen Sie das zugehörige lineare Gleichungssystem.

19. Bestimmen Sie die Inverse der Matrix

$$A = \begin{pmatrix} 2 & -1 & 1 \\ 2 & -1 & 2 \\ 1 & -1 & 2 \end{pmatrix}.$$

20. In einem Kaufhaus sollen auf einer Etage die Abteilungen Sport (S) und Musik (M) untergebracht werden. Dafür steht eine Fläche von maximal 300 m^2 zur Verfügung. Die S-Abteilung soll nicht größer als 175 m^2 werden und höchstens doppelt soviel Fläche wie die M-Abteilung in Anspruch nehmen. Der Mindestbedarf für die M-Abteilung wird mit 75 m^2 veranschlagt.

a) Skizzieren Sie den zulässigen Bereich.

b) Pro Jahr werden in der S-Abteilung bzw. M-Abteilung Gewinne von 4 bzw. 3 Geldeinheiten pro m^2 erwartet. Wie hoch ist der maximale Jahresgewinn für beide Abteilungen zusammen?

Bei welcher Flächenaufteilung wird dieses Maximum erreicht?

Klausur 9

A

1. Gegeben sind die Mengen

   $A = \{x \in \mathbf{R} \mid x^2 > 4\}$ und $B = \{-2; 1; 3; 5\}$.

   a) Bestimmen Sie das Komplement $\overline{A} = \mathbf{R} \setminus A$ der Menge A.

   b) Geben Sie die Elemente der Mengen $A \cap B$ und $\overline{A} \cap B$ an.

2. Für welche $x \in \mathbf{R}$ gilt $|x+1| > x^2 - 1$?

3. Wie groß ist die Summe aller dreistelligen natürlichen Zahlen, die durch 4 teilbar sind?

4. Herr P. möchte zu Beginn eines Jahres einen Kredit von 63 000 DM aufnehmen, um sich ein sportliches Auto zu kaufen.

   a) Die Rückzahlung soll in zwei gleichen Jahresraten jeweils am Jahresende erfolgen. Wie hoch ist diese Rate (Annuität) bei einem Zinssatz von 10 %?

   b) Welchen einmaligen Betrag hätte Herr P. nach 2 Jahren bei einem Zinssatz von 7 % zurückzahlen müssen?

5. Die Folge $a_{n+1} = \frac{a_n + 1}{2}$, $a_1 = 2$, $n = 1, 2, \ldots$ ist auf Konvergenz zu untersuchen.

   a) Zeigen Sie durch vollständige Induktion, daß $a_n > 1$ für alle n gilt.

   b) Beweisen Sie, daß die Folge monoton fällt.

   c) Bestimmen Sie den Grenzwert der Folge.

6. Bestimmen Sie im Falle der Existenz die Grenzwerte der Folgen (a_n), $n \in \mathbf{N}$

   a) $a_n = \dfrac{(2n+2)\left(n+(-1)^n\right)}{n^2 - \sqrt{n} + 5}$; b) $a_n = n\left(\frac{1}{2} - \frac{n}{2n+1}\right)$;

   c) $a_n = \dfrac{2^{n+1} - 3^{n+1} + 4^{n+1}}{4^n - 3^n + 2^n}$.

7. Berechnen Sie die erste Ableitung von

a) $f(x) = e^{2 \cdot \ln \sqrt{x}}$; b) $f(x) = \ln(2+\sin x)$;

c) $f(x) = \ln(x^x)$; d) $f(x) = e^{(x-1)^2}$;

e) $f(x) = (\sqrt{x})^x$.

8. Bestimmen Sie für die Funktion

$f(x) = \ln\left(\frac{3}{4} + x^2\right), x \in \mathbf{R}$

den maximal möglichen Definitionsbereich $D \subset \mathbf{R}$, die Nullstellen, Extremwerte, Wendepunkte und Asymptoten.

Skizzieren Sie f(x).

9. $K(x) = x^2 \cdot e^{-\frac{x}{280}}$ sei eine Kostenfunktion.

a) In welchem Bereich ist K(x) monoton wachsend?

b) In welchem Bereich ist die Stückkostenfunktion $S(x) = \frac{K(x)}{x}$ monoton fallend?

c) Berechnen Sie die Elastizität der Stückkostenfunktion S(x).

d) Berechnen Sie mit Hilfe von c) möglichst einfach die Elastizität der Kostenfunktion K(x).

10. Bestimmen Sie folgende Grenzwerte

a) $\lim\limits_{x\to\infty} \dfrac{\ln\left(\frac{3}{4}+x^2\right)}{\ln x}$; b) $\lim\limits_{x\to\frac{1}{2}} \dfrac{1}{2x-1} \cdot \ln\left(\frac{3}{4}+x^2\right)$;

c) $\lim\limits_{x\to\frac{1}{2}} \dfrac{\ln\left(\frac{3}{4}+x^2\right)}{\sin\left(x-\frac{1}{2}\right)}$.

B

11. Berechnen Sie folgende Integrale

a) $\int\limits_0^{2\pi} x \cdot \sin\left(\frac{1}{2}x\right) dx$; b) $\int\limits_0^{\ln 2} \dfrac{e^x}{(e^x+1)^2}\, dx$.

12. Es gilt $I = \int_0^1 \frac{\ln(1+x)}{x}\,dx = \frac{\pi^2}{12}$.

Für I soll ein Näherungswert berechnet werden.

a) Bestimmen Sie dazu das Taylorpolynom dritten Grades von $f(x) = \ln(1+x)$ an der Stelle $x_0 = 0$.

b) Berechnen Sie mit Hilfe von a) einen Näherungswert $\hat{I}$ für I.

c) Zeigen Sie, daß für das Taylorpolynom die Restgliedabschätzung $|R_3(x)| \leq \frac{x^4}{4}$ für $0 \leq x \leq 1$ gilt.

d) Benutzen Sie c), um den Fehler $|I - \hat{I}|$ abzuschätzen.

13. Die Elastizität der Funktion f(x) mit $f(0) = 3$ lautet

$\varepsilon_f(x) = 2x^2 + x$.

Bestimmen Sie die Funktion f(x).

C

14. Bestimmen Sie alle Extremwerte und Sattelpunkte von

$f(x,y) = x^2 \cdot (e^y - 2) - y^2$.

15. Überprüfen Sie, ob folgende Funktionen homogen sind und bestimmen Sie gegebenenfalls den Homogenitätsgrad.

a) $f(x,y) = x \cdot y \cdot \ln\left(\frac{x+y}{x}\right)$;

b) $f(x,y) = x \cdot y^2 + y \cdot x$.

16. Die Produktionsfunktion $f(x,y) = x \cdot y^{\frac{1}{2}} - 4y^{\frac{3}{2}}$ gibt die Ausbringungsmenge pro Tag in Abhängigkeit von den Mengen x und y zweier Einsatzfaktoren an. Wie hoch ist die maximale Ausbringungsmenge, wenn zwischen den Mengen der Einsatzfaktoren die Beziehung $x = 3y + 6$ gelten muß?

D

17. a) Wie lautet die Gleichung der Tangentialebene von

$$f(x,y) = \ln(x^2+1) + e^{xy}$$

an der Stelle $(1;0)$?

b) Geben Sie die Gleichung der Tangentialebene in Parameterform an.

18. Bestimmen Sie den Schnittpunkt der drei Ebenen

$$\begin{aligned} E_1: &\quad 2x + y - z = -3 \\ E_2: &\quad x - y + z = 0 \\ E_3: &\quad -3x - y + 2z = 5. \end{aligned}$$

19. Geben Sie alle Lösungen des folgenden Gleichungssystems an:

$$\begin{aligned} x - y + z &= 1 \\ 3x + y + 7z &= 11 \\ -2x + 3y - z &= 0. \end{aligned}$$

20. H. Imglück möchte eine Pferdewette abschließen. Seiner Meinung nach kommen für den Sieg im Großen Preis von Hohenheim die Pferde Alberich (A) mit Wahrscheinlichkeit 0,4 und Tristesse (T) mit Wahrscheinlichkeit 0,5 in Frage. Die Siegchancen eines Außenseiters schätzt er mit 0,1 ein.
Deshalb möchte er x DM auf A und y DM auf T setzen, wobei sein Gesamteinsatz auf 200 DM begrenzt ist. Der Mindesteinsatz je Pferd beträgt 10 DM. H. Imglück möchte mindestens 50 DM mehr auf T als auf A setzen.

a) Skizzieren Sie den Bereich möglicher Wetteinsatzkombinationen.

b) Gewinnt A, werden 4 DM, gewinnt T, werden 3 DM je DM Einsatz ausgezahlt. Bei welcher Wetteinsatzkombination wird der erwartete Reingewinn von

$$0{,}4\,(3x-y) + 0{,}5\,(2y-x) + 0{,}1\,(-x-y) = 0{,}6\,x + 0{,}5\,y$$

maximal?

Klausur 10

A

1. Auf einem Waldgrundstück waren 10 % der Nadelbäume gesund, 70 % leicht geschädigt und 20 % schwer geschädigt. 30 % der kranken Nadelbäume wurden behandelt. 75 % der leicht geschädigten wurden dagegen nicht behandelt.

   a) Welcher Anteil des schwer geschädigten Bestandes wurde nicht behandelt?

   b) Wie groß ist der Anteil der behandelten schwer geschädigten Bäume am Gesamtbestand?

2. Die Anzeige einer Personenwaage weicht vom tatsächlichen Gewicht x um maximal $\frac{x}{100} + 0{,}15$ ab. In welchem Bereich (Intervall) liegt das tatsächliche Gewicht einer Person, für welche die Waage ein Gewicht von 75 kg anzeigt?

3. Für welche $x \in \mathbf{R}$ gilt $\frac{|x-2|}{x-1} > 0$; $x \neq 1$?

4. Jemand legt 100 000 DM zu einem Jahreszinssatz von 7 % (zahlbar am Ende eines jeden Jahres) an.

   a) Welche nachschüssige α) jährliche β) monatliche ewige Rente kann er damit erhalten?

   b) Welchen konstanten Betrag kann er jährlich nachschüssig abheben, damit der Kontostand nach 20 Jahren erstmals auf Null ist?

5. Die Folge $a_{n+1} = \frac{1}{2} \cdot (a_n^2 + 1)$, $a_1 = 0$, n=1,2,... ist auf Konvergenz zu untersuchen.

   a) Zeigen Sie durch vollständige Induktion, daß für alle n gilt

   $0 \leq a_n \leq 1$.

   b) Beweisen Sie, daß die Folge monoton wächst.

   c) Bestimmen Sie den Grenzwert der Folge.

   d) Mit welchem Wert a_1 muß man starten, damit alle Folgenglieder gleich sind?

6. Bestimmen Sie die Grenzwerte der Folgen (a_n), $n \in \mathbb{N}$

a) $a_n = \frac{4^n + 5 \cdot 3^n}{3^{n-1} - 4^{n+2}}$; b) $a_n = n \cdot \left(\frac{2}{n+1} - \frac{n}{2n^2+1} \right)$;

c) $a_n = (-1)^n \cdot [(-1)^{n+1} - (-1)^{n+2}]$.

7. Berechnen Sie die ersten Ableitungen der Funktionen

a) $f(x) = e^{\sin x + \cos x}$; b) $f(x) = x^2 \cdot \sin^2 x + x^2 \cdot \cos^2 x$;

c) $f(x) = \sin(\ln x)$; d) $f(x) = \ln(\sqrt{x} + 1)$;

d) $f(x) = (2x)^x$.

8. a) Bestimmen Sie für die von der Konstanten $t > 0$ abhängigen Funktionenschar

$$f_t(x) = 1 - \frac{2e^x}{e^x + t}; \; t > 0$$

den maximal möglichen Definitionsbereich $D \subset \mathbb{R}$, die Nullstellen, Extremwerte, Wendepunkte und Asymptoten.

b) Skizzieren Sie die Funktion für $t = e$.

9. Nach dem Relativitätsprinzip gilt für die Masse m eines Körpers, der sich mit der Geschwindigkeit x bewegt

$$m(x) = \frac{m_0}{\sqrt{1 - \frac{x^2}{c^2}}}$$

(m_0 = Ruhemasse ; c = Lichtgeschwindigkeit).

a) Bestimmen Sie die Elastizität von m(x).

b) Um wieviel ändert sich näherungsweise die Masse, wenn sich die Geschwindigkeit des Körpers von $x_0 = \alpha \cdot c$ um 1 % erhöht? (α = Konstante mit $0 < \alpha < 1$).

10. Bestimmen Sie folgende Grenzwerte

a) $\lim\limits_{x \to 1} \frac{\sin \pi x}{\ln x}$; b) $\lim\limits_{x \to 0} \frac{2(1 - \cos 2x)}{x^2}$; c) $\lim\limits_{x \to \infty} \frac{(x+1)^2 + \sin x}{2x^2}$.

B

11. Berechnen Sie folgende Integrale

a) $\int\limits_1^e \frac{(\ln x)^2}{2x} dx$; b) $\int\limits_1^e \frac{2 \cdot \ln x}{x^2} dx$.

12. a) Bestimmen Sie alle Funktionen f(x), welche die Elastizität

$$\varepsilon_f(x) = x^2 \cdot e^x$$

besitzen.

b) Welche Funktion aus a) besitzt den Funktionswert $f(0) = 2$?

C

13. Überprüfen Sie, ob folgende Funktionen homogen sind und bestimmen Sie gegebenenfalls den Homogenitätsgrad.

a) $f(x,y) = x \cdot \sin\left(\frac{x}{y}\right) + y \cdot \cos\left(\frac{y}{x}\right), \; x, y > 0;$

b) $f(x,y) = x + \sin(x+y) + y + \cos(x+y).$

14. Bestimmen Sie von der nachfolgenden Funktion f den maximal möglichen Definitionsbereich sowie alle Extremwerte und Sattelpunkte

$$f(x,y) = xy - \ln[(x+y)^2].$$

15. Die Seitenlänge einer Bienenwabe sei a, ihre Höhe h. Das Volumen beträgt

$$V = \frac{3}{2}\sqrt{3} \cdot a^2 \cdot h.$$

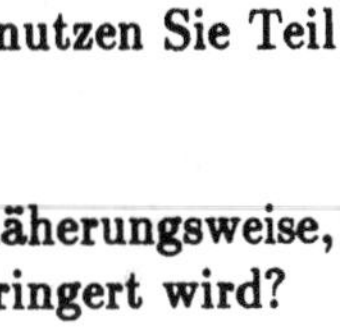

a) Ist die Funktion homogen?

b) Um wieviel Prozent (genau) erhöht sich das Volumen, wenn sowohl a als auch h um 1,5 Prozent erhöht werden? Benutzen Sie Teil a)!

c) Wie lautet das totale Differential ?

d) Um wieviel Prozent ändert sich das Volumen näherungsweise, wenn a um 2 Prozent erhöht und h um 3 Prozent verringert wird? Benutzen Sie Teil c).

16. a) Bestimmen Sie das Minimum der Funktion

$$f(x,y) = 4x^2 + y^2 \; , \; x, y > 0$$

unter der Nebenbedinung $x \cdot y = 1$.

b) Zeigen Sie unter Verwendung von a), daß gilt

$$4x^2 + \frac{1}{x^2} \geq 4 \quad \text{für alle } x > 0.$$

D

17. Gegeben ist das Gleichungssystem

$$\begin{aligned} x - y + 3z &= 6 \\ 3x - 2y + 11z &= 21 \\ -x + 2y + a \cdot z &= 3a \end{aligned}$$

mit einer Konstanten $a \in \mathbb{R}$.

Für welchen Wert a gibt es unendlich viele Lösungen, für welche Werte a gibt es genau eine Lösung des Gleichungssystems? Geben Sie jeweils die Lösungen an.

18. Berechnen Sie im Falle der Existenz die Inverse der Matrix

$$A = \begin{pmatrix} 1 & 2 & -4 \\ 2 & -2 & 3 \\ 4 & 2 & -5 \end{pmatrix}.$$

19. a) Berechnen Sie für die Matrix $A = \begin{pmatrix} 2 & -3 & -5 \\ -1 & 4 & 5 \\ 1 & -3 & -4 \end{pmatrix}$

$A \cdot A$ und zeigen Sie $A^2 = A$.

b) Beweisen Sie mit dem Ergebnis aus a), daß es keine Inverse von A geben kann.

20. Ein landwirtschaftlicher Betrieb will sich x Kühe und y Schafe anschaffen. Dabei sind für 60 Kühe und 150 Schafe Stallplätze vorhanden. Weiter sind 70 ha Weideland vorhanden, wobei eine Kuh 1 ha und ein Schaf 0,2 ha benötigt. Die Arbeitszeit zur Versorgung einer Kuh beträgt 150 und für ein Schaf 50 Stunden pro Jahr. Insgesamt stehen 12 500 Arbeitsstunden pro Jahr zur Verfügung.

a) Skizzieren Sie den zulässigen Bereich.

b) Der Gewinn beträgt je Kuh 270 DM und je Schaf 45 DM. Wie viele Kühe und Schafe müssen angeschafft werden, damit unter den angegebenen Bedingungen der Gesamtgewinn maximal ist?

Klausur 11

A

1. Gegeben sind die Mengen

   $A = \{(x \in \mathbf{R} \mid 1 < x \leq 3\}$ und $B = \{2;3;4\}$.

   Geben Sie die Elemente der folgenden Mengen an

   a) $(A \cup B) \cap \overline{A}$; b) $(A \times A) \cap (B \times B)$.

2. Für welche $x \in \mathbf{R}$ gilt $|x^5 - 1| < 1$?

3. In 3 Jahren möchte Herr Edermann 10 000 DM zur Verfügung haben.

   a) Welchen einmaligen Betrag müßte er dafür jetzt auf ein Konto mit 5 % Jahreszins einzahlen?

   b) Er möchte, beginnend ab heute, diesen Betrag in drei gleichen Jahresraten bei 5 % jährlicher Verzinsung ansparen. Wie hoch ist die dafür notwendige Jahresrate?

   c) Das Konto werde vierteljährlich verzinst.

      α) Welcher vierteljährliche Zinssatz p entspricht einer effektiven Jahresverzinsung von 5 %?

      β) Welchen Betrag muß Herr Edermann drei Jahre lang vierteljährlich vorschüssig einzahlen, damit er bei einer vierteljährlichen Verzinsung mit dem Zinssatz aus α) nach 3 Jahren den Betrag von 10 000 DM angespart hat?

4. Bestimmen Sie die Grenzwerte der Folgen

   a) $a_n = \dfrac{n + 2n^2 + 3n^3}{n(2n+1) \cdot 3n}$; b) $a_n = \dfrac{1^n + 2^{n+1} + 3^{n+2}}{2^{n+2} + 2 \cdot 3^{n+1}}$;

   c) $a_n = n^2 \cdot \left(\frac{1}{n} - \frac{1}{n+3}\right)$.

5. Gegeben ist die Folge $a_{n+1} = \sqrt{a_n^2 + a_n + 5} - 1$, $a_1 = 0, n=1,2,\ldots$

   a) Zeigen Sie durch vollständige Induktion, daß für alle $n \in \mathbf{N}$ gilt

      $0 \leq a_n \leq 4$.

   b) Beweisen Sie, daß die Folge monoton wächst.

   c) Bestimmen Sie den Grenzwert der Folge.

6. Ist die Funktion $f(x) = \dfrac{2x^2 - 3x + 1}{2 - \frac{2}{x}}$ an den Stellen $x_1 = 0$ und $x_2 = 1$ stetig ergänzbar? Wenn ja, durch welche Werte?

7. Berechnen Sie die erste Ableitung von

a) $f(x) = e^{\sqrt{x}}$; b) $f(x) = (\sqrt{x})^e$; c) $f(x) = \ln(1 + x^2)$;

d) $f(x) = \sin\left(\ln(1 + x^2)\right)$; e) $f(x) = \dfrac{1}{\sin(x + \pi) + \pi}$.

8. Bestimmen Sie für die Funktion

$f(x) = \dfrac{x+2}{\sqrt{x+1}} - 2$

den maximal möglichen Definitionsbereich D, die Nullstellen, Extremwerte, Wendepunkte und Asymptoten. Skizzieren Sie f(x).

9. Die Nachfragefunktion nach einem Luxusgut in Abhängigkeit vom Preis p (je ME) sei

$N(p) = \dfrac{1}{\ln p}$ für $p > 1$.

a) Bestimmen Sie die Elastizität der Umsatzfunktion $U(p) = p \cdot N(p)$.

b) Um wieviel ändert sich näherungsweise der Umsatz, wenn sich der Preis von $p_0 = 7{,}4$ um 2 % erhöht. Verwenden Sie a).

10. Gesucht sind Näherungswerte für $\sqrt[4]{17}$ und $\sqrt[4]{83}$.

a) Bestimmen Sie dazu das Taylorpolynom zweiten Grades der Funktion $\sqrt[4]{a^4 + x}$ an der Stelle $x_0 = 0$.
Dabei ist $a > 0$ eine Konstante.

b) Berechnen Sie mit Hilfe von a) einen Näherungswert für $\sqrt[4]{17}$ mit $a = 2$ und einen Näherungswert für $\sqrt[4]{83}$ mit $a = 3$.

c) Führen Sie in beiden Fällen eine Restgliedabschätzung durch.

11. Bestimmen Sie folgende Grenzwerte

a) $\lim\limits_{x \to 0} \dfrac{1 - \cos^2 x}{x^2}$; b) $\lim\limits_{x \to \pi} \dfrac{\sin x}{\ln\left(\frac{x}{\pi}\right)}$;

c) $\lim\limits_{x \to \infty} x \cdot \left(e^{-\frac{1}{x}} - 1\right)$.

B

12. Berechnen Sie folgende Integrale

a) $\int_0^{\sqrt{\pi}} 2x \cdot \sin(x^2)\, dx$; b) $\int_0^{\pi} e^x \cdot \sin x\, dx$.

C

13. Überprüfen Sie, ob folgende Funktionen homogen sind und bestimmen Sie gegebenenfalls den Homogenitätsgrad

a) $f(x,y) = x^2 \cdot e^{\frac{x}{y}} + y^2 \cdot e^{\frac{y}{x}}$;

b) $f(x,y) = \ln(x+y) + x - y, \; x+y \geq 1.$

14. Bestimmen Sie alle Extremwerte und Sattelpunkte der Funktion

$f(x,y) = e^x \cdot (x^2 - y^2)$.

15. Bestimmen Sie das maximale Volumen eines Kreiskegels

$V = V(r,h) = \frac{1}{3}\pi r^2 h$

unter der Nebenbedingung für den Kegelmantel

$M(r,h) = \pi r^2 \sqrt{r^2 + h^2} = 9\sqrt{3}\,\pi.$

16. Mit dem Newton'schen Gravitationsgesetz läßt sich die Kraft angeben, mit der sich ein kugelförmiger Körper der Masse m und die Erdmasse mit dem Mittelpunktsabstand r gegenseitig anziehen:

$F(r,m) = c \cdot \frac{m}{r^2}$; $c = 3{,}9685 \cdot 10^4 \; [\frac{m^3}{s^2}]$.

a) Ist F homogen?

b) Berechnen Sie mit Hilfe des totalen Differentials den relativen Fehler von F, der sich ergibt, wenn m um 1% und r um 1,5 % zu groß gemessen werden.

D

17. a) Berechnen Sie die Schnittpunkte von jeweils zwei der folgenden drei Geraden:

$g_1: \vec{x_1} = \begin{pmatrix} 1 \\ 1 \\ 2 \end{pmatrix} + \lambda \cdot \begin{pmatrix} 0 \\ 1 \\ 1 \end{pmatrix}, \lambda \in \mathbf{R}$; $g_2: \vec{x_2} = \begin{pmatrix} 5 \\ 4 \\ 1 \end{pmatrix} + \mu \cdot \begin{pmatrix} 1 \\ 1 \\ 0 \end{pmatrix}, \mu \in \mathbf{R}$;

$g_3: \vec{x_3} = \begin{pmatrix} -1 \\ 2 \\ 5 \end{pmatrix} + \rho \cdot \begin{pmatrix} 1 \\ 0 \\ -1 \end{pmatrix}, \rho \in \mathbf{R}$.

b) Geben Sie die von den drei Punkten aus a) aufgespannte Ebene E in einer Parameterform an.

c) Bestimmen Sie eine Koordinatengleichung der in b) angegebenen Ebene.

18. Bestimmen Sie alle Lösungen des folgenden Gleichungssystems

$$\begin{aligned} x - 2y + 3z &= 3 \\ 4x - 5y + 6z &= 6 \\ -7x + 8y - 9z &= -9. \end{aligned}$$

19. Gegeben ist die Matrix

$$A = \begin{pmatrix} 0 & -1 & 0 & 0 \\ 1 & 0 & 0 & 0 \\ 0 & 0 & 0 & 1 \\ 0 & 0 & -1 & 0 \end{pmatrix}.$$

Berechnen Sie

a) A^2, A^3 und A^4;

b) die Inverse A^{-1}.

20. Ein Vitaminpräparat, welches neu auf den Markt gebracht werden soll, wird aus den Präparaten V_1 und V_2 zusammengesetzt. Es soll aus x Gramm von V_1 und y Gramm von V_2 bestehen und höchstens 14 g wiegen. In der nachfolgenden Tabelle sind die Vitaminanteile (in Gewichtseinheiten) je Gramm der Präparate V_1 und V_2 angegeben und der Mindestbedarf, der abgedeckt werden soll.

Vitamin	V_1	V_2	Mindestbedarf
A	2	5	40
B	0	7	28
C	12	5	65

a) Stellen Sie das zugehörige Ungleichungssystem auf und skizzieren Sie den zulässigen Bereich.

b) Für welche Mischung wird das neue Präparat am billigsten, wenn 1 Gramm V_1 zwei DM und 1 Gramm V_2 sechs DM kostet?

Klausur 12

A

1. Gegeben sind die Mengen

   $A = \{x \in \mathbb{R} \mid 0 \leq x < 2\}$ und $B = \{0, 1, 2\}$.

   a) Geben Sie die Mengen $A \cup B$, $A \cap B$ und $(A \cup B) \setminus (A \cap B)$ an.

   b) Stellen Sie $A \times B$ graphisch dar.

2. Für welche $x \in \mathbb{R}$ gilt $|x-1| \leq \frac{1}{4}x+2$?

3. a) Herr Kaufmann legt alle 2 Jahre seine Überschüsse zu einem Jahreszinssatz von 8 % fest an.

   Am Anfang des 1. Jahres legt er 5 000 DM an, am Anfang des 3. Jahres 3 000 DM. Wieviel müßte er am Anfang des 5. Jahres mindestens anlegen, um am Ende des 6. Jahres 15 000 DM zur Verfügung zu haben?

   b) In wieviel Jahren könnte er die Summe von 15 000 DM bei einem Jahreszins von 5 % und einer jährlichen Einzahlung von 2 000 DM ansparen?

4. Bestimmen Sie im Falle der Existenz die Grenzwerte der Folgen (a_n) , $n \in \mathbb{N}$.

   a) $a_n = \dfrac{(6n^2+1)^2}{n \cdot (4n^3+3n^2+1)}$; b) $a_n = \dfrac{2^n + 3^{n+1} + 4^{n+2}}{2^{2n} + 3^n}$;

   c) $a_n = (n^2-4)\left(\frac{1}{n} - \frac{1}{n+2}\right)$.

5. Berechnen Sie:

   a) $\sum\limits_{k=0}^{\infty} \left(-\frac{1}{4}\right)^k$; b) $\sum\limits_{k=2}^{\infty} \frac{5^{k+2}}{9^{k-1}}$.

6. In einer Tonne sind 100 l Wasser. Tagsüber fließen 50 l hinzu; jeden Abend wird die Hälfte des Inhalts entnommen.

   a) Wieviel Wasser befindet sich am Abend des 3. Tages nach der Entnahme in der Tonne?

   b) Geben Sie an, wie der Wasserstand x_{n+1} am Abend des $(n+1)$-ten Tages vom Wasserstand x_n am Abend des n-ten Tages abhängt.

   c) Der Wasserstand strebt gegen einen Grenzwert. Berechnen Sie diesen.

7. Berechnen Sie jeweils die erste Ableitung folgender Funktionen:

   a) $f(x) = (\sqrt{x})^{\sqrt{x}}$; b) $f(x) = e^{\pi \cdot \sqrt{x}}$; c) $f(x) = \ln\left(\frac{1}{x^2+1}\right)$;

   d) $f(x) = \cos\left(\ln\left(\frac{1}{x^2+1}\right)\right)$; e) $f(x) = \frac{1}{\ln(x+3)-3}$.

8. Bestimmen Sie für die Funktion

   $f\colon D \to \mathbf{R}, \quad f(x) = e^{x+2} - e^{2x}$

   den maximal möglichen Definitionsbereich D, die Nullstellen, Extremwerte, Wendepunkte und Asymptoten. Skizzieren Sie f.

9. An einer rechtwinkligen Strassenkreuzung liegt ein dreieckiges Grundstück (s. Figur). Es soll ein möglichst großer, rechteckiger Bauplatz A B C D auf dem Grundstück abgesteckt werden. Bestimmen Sie die Seitenlängen x und y. (Hinweis: Bestimmen Sie die Gleichung der Koordinaten des Punktes C und stellen Sie mit Hilfe dieser Gleichung y in Abhängigkeit von x dar.)

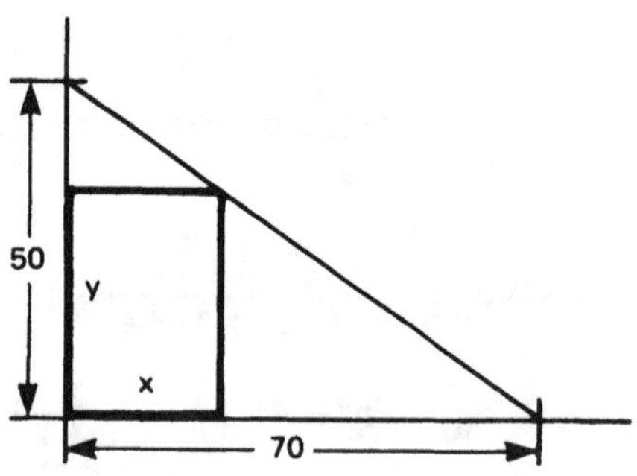

10. a) Bestimmen Sie das Taylorpolynom zweiten Grades für

    $f(x) = \frac{1}{2}\sin(2x)$ an der Stelle $x_0 = \frac{\pi}{4}$.

    b) Geben Sie mit Hilfe von a) einen Näherungswert für

    $\frac{1}{2}\cdot\sin\left(\frac{3\pi}{5}\right)$ an.

    c) Führen Sie eine Fehlerabschätzung durch.

11. Bestimmen Sie folgende Grenzwerte:

a) $\lim\limits_{x\to 2} \dfrac{\cos\frac{\pi}{x}}{x^2-4}$; b) $\lim\limits_{x\to 0} \dfrac{1-\sin\left((1+x)\frac{\pi}{2}\right)}{x^3-\frac{1}{8}x^2}$;

c) $\lim\limits_{x\to\infty} 5x\cdot\ln\left(1-\frac{7}{x}\right)$.

B

12. Berechnen Sie folgende Integrale

a) $\displaystyle\int_{\frac{1}{\pi}}^{\frac{\pi}{2}} \left(-\frac{1}{x^2}\right)\cdot\cos\left(\frac{1}{x}\right)dx$; b) $\displaystyle\int_1^5 \frac{x+4}{\sqrt{x-1}}dx$.

13. Die Elastizität der Funktion f(x) mit $f(1)=e^{-1}$ lautet $\varepsilon_f(x)=\frac{1}{x}$, $x>0$. Bestimmen Sie f(x).
Durch welchen Wert kann f in 0 rechtsseitig stetig ergänzt werden?

C

14. Überprüfen Sie, ob folgende Funktionen homogen sind und bestimmen Sie gegebenenfalls den Homogenitätsgrad.

a) $f(x,y) = \ln\left(\frac{x}{2y}\right)^y + \ln\left(\frac{y}{3x}\right)^x$;

b) $f(x,y) = x^2\cdot e^{\frac{x+y}{x}} - x\cdot y\cdot e^{\frac{x+y}{x-y}}$.

15. Die Fläche eines Kreisausschnitts beträgt

$F(r,\alpha)=\frac{1}{2}r^2\cdot\alpha$

(r Radius, α Winkel im Bogenmaß).

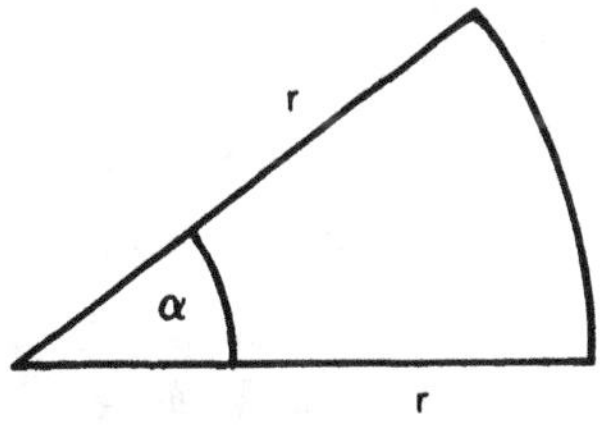

a) Stellen Sie die Formel für das totale Differential auf.

b) Um wieviel Prozent ändert sich die Fläche näherungsweise, wenn r um 1 % erhöht und α um 1,5 % verringert wird?

16. Bestimmen Sie den maximalen Flächeninhalt eines Kreisausschnitts $F(r, \alpha) = \frac{1}{2} r^2 \cdot \alpha$ unter der Nebenbedingung für den Umfang $U(r, \alpha) = 2r + \alpha r = c = \text{const.}$

17. Bestimmen Sie alle Extremwerte und Sattelpunkte der Funktion $f(x, y) = x \cdot y \cdot e^{y - x^2}$.

D

18. a) Berechnen Sie den Schnittpunkt der Ebene $E: x + y + z = 1$ mit der Geraden

$$g: \vec{x} = \begin{pmatrix} 1 \\ 1 \\ 2 \end{pmatrix} + \lambda \begin{pmatrix} 1 \\ 1 \\ 1 \end{pmatrix}, \lambda \in \mathbf{R}.$$

b) Geben Sie die Gleichung der Ebene an, die den Punkt $P(1;2;3)$ und die Gerade $\bar{g}: \vec{x} = \begin{pmatrix} -1 \\ -2 \\ 4 \end{pmatrix} + \mu \begin{pmatrix} -1 \\ 1 \\ 2 \end{pmatrix}, \mu \in \mathbf{R}$ enthält.

19. Gegeben sind die Matrix A und der Vektor $\vec{x}$

$$A = \begin{pmatrix} 0 & 1 & 1 & 0 \\ 0 & 0 & 1 & 1 \\ 1 & 0 & 0 & 1 \\ 1 & 1 & 0 & 0 \end{pmatrix}; \quad \vec{x} = \begin{pmatrix} 1 \\ -1 \\ 1 \\ -1 \end{pmatrix}.$$

Berechnen Sie

a) $A \cdot A$; b) $A \cdot \vec{x}$; c) A^{-1}, falls die Inverse existiert.

20. Aus einem Warenlager L sollen x Tonnen (t) einer Ware in die Filiale A und y t in die Filiale B transportiert werden. L hat eine maximale Kapazität von 1000 t. A benötigt mindestens 200 t und B mindestens 300 t. Ein Transport wird aus Rentabilitätsgründen erst dann durchgeführt, wenn insgesamt mindestens 700 t zu transportieren sind.

a) Stellen Sie das zugehörige Ungleichungssystem auf und skizzieren Sie den zulässigen Bereich.

b) Die Transportkosten betragen 30 DM pro t für A und 20 DM pro t für B. Welche Mengen müssen transportiert werden, damit unter den oben angegebenen Bedingungen die Gesamttransportkosten minimal sind?

Klausur 13

A

1. Gegeben sind die Mengen

$A = \{(x,y) \in \mathbf{R}^2 \mid x \geq 2y - 2\}$ und $B = \{(x,y) \in \mathbf{R}^2 \mid y < x^2\}$.

a) Skizzieren Sie $C = A \cap \overline{B}$; b) Bestimmen Sie $C \cap (\mathbf{N} \times \mathbf{N})$.

2. Für welche $x \in \mathbf{R}$ gilt $|x - 2{,}5| < x^2 - 6{,}25$?

3. Berechnen Sie im Falle der Existenz die Grenzwerte der Folgen (a_n), $n \in \mathbf{N}$

a) $a_n = \dfrac{\sqrt{n} - n}{1 + \sqrt{n} + 2n}$; b) $a_n = \dfrac{7^{n+1} - 7^{-n}}{7^n + 7^{-n}}$;

c) $a_n = \dfrac{2^{2n} + 3^{n-1}}{3^{n+1}}$.

4. Um ihre Kunden zu längerfristigem Sparen anzuregen, macht eine Bank folgendes Angebot: Der eingezahlte Betrag wird im ersten Jahr mit 5 %, im zweiten mit 7 % und dann jählich mit 9 % verzinst. Ein Kunde zahlt 10 000 DM ein.

a) Wie groß ist sein Kapital am Ende des vierten Jahres?

b) Bei welchem konstanten (effektivem) Zinssatz würde sich nach vier Jahren der gleiche Kontostand ergeben?

5. Berechnen Sie

a) $\sum\limits_{k=0}^{9} \left(\frac{9}{10} \cdot k\right)$; b) $\sum\limits_{k=0}^{9} \left(\frac{9}{10}\right)^k$; c) $\sum\limits_{k=1}^{\infty} \left(-\frac{9}{10}\right)^k$.

6. In einem Waldgebiet hat sich der Anteil an kranken Bäumen a_n (in %) während der letzten Jahre näherungsweise nach der folgenden Formel entwickelt

$a_{n+1} = 0{,}75 \cdot a_n + 20$; $n = 1, 2, \ldots$; $a_1 = 10$.

a) Berechnen Sie a_2 und a_3.

b) Zeigen Sie durch vollständige Induktion, daß für alle $n \in \mathbf{N}$ gilt $a_n \leq 80$.

c) Beweisen Sie, daß die Folge monoton wächst.

d) Bestimmen Sie den Grenzwert der Folge.

7. Berechnen Sie jeweils die erste Ableitung der Funktionen

a) $f(x) = x^{3/2} \cdot e^{-x}$; b) $f(x) = \ln\left(\sqrt{x^2+1}\right)$;

c) $f(x) = \dfrac{\ln(x^2+1)}{2(x+1)}$; d) $f(x) = 5^{x^2+2x}$; e) $f(x) = e^{x^2 \cos x}$.

8. Bestimmen Sie für die Funktion $f(x) = (x^2+2x-1) \cdot e^{-x}$ den maximal möglichen Definitionsbereich, die Nullstellen, Extremwerte, Wendepunkte und Asymptoten. Skizzieren Sie f.

9. Die Nachfrage f(x) nach einem Luxusartikel hänge vom Pro-Kopf-Einkommen x ab in der Form

$$f(x) = \frac{1}{1+e^{-\frac{x}{800}+4}}.$$

a) Berechnen Sie die Elastizität $\varepsilon_f(x)$ der Funktion f.

b) Um wieviel ändert sich näherungsweise die Nachfrage, wenn sich das Pro-Kopf-Einkommen von $x_0 = 1\,600$ DM um 2 % erhöht? Verwenden Sie das Ergebnis aus a).

10. Bestimmen Sie folgende Grenzwerte

a) $\lim\limits_{x \to 1} \dfrac{x^\alpha - 1}{\ln x}$, $\alpha > 0$; b) $\lim\limits_{x \to 0} \dfrac{\sin^2 x}{x \cdot (e^x - 1)}$.

B

11. a) Bestimmen Sie die Taylorpolynome ersten und dritten Grades $T_1(x)$ und $T_3(x)$ der Funktion $f(x) = \tan x$ an der Stelle $x_0 = 0$.

b) Geben Sie mit Hilfe von $T_1(x)$ einen Näherungswert für $\tan(0{,}1)$ an und führen Sie eine Fehlerabschätzung durch.

Hinweis: Benutzen Sie für die Fehlerabschätzung $\dfrac{\sin x}{\cos^3 x} = \tan x \cdot (1 + \tan^2 x)$ und verwenden Sie den für $\tan(0{,}1)$ berechneten Näherungswert.

c) Bestimmen Sie näherungsweise $\int\limits_0^{\frac{\pi}{4}} \tan x \, dx$ mit Hilfe von $T_3(x)$.

12. Berechnen Sie $\int\limits_0^{\frac{\pi}{4}} \tan x \, dx$ (vgl. Aufgabe 11. c)).

13. Bestimmen Sie alle Funktionen f(x) mit der Elastizität

a) $\varepsilon_f(x) = -x^\alpha \cdot f(x)$, $\alpha \in \mathbf{R} \setminus \{0\}$;

b) $\varepsilon_f(x) = -f(x)$, $x > 1$.

C

14. Die Funkionen $f_1(x,y)$ und $f_2(x,y)$ besitzen beide den gleichen Homogenitätsgrad r. Sind dann auch folgende Funktionen homogen? Geben Sie gegebenenfalls den Homogenitätgrad an.

a) $g(x,y) = f_1(x,y) + f_2(x,y)$; b) $h(x,y) = f_1(x,y) \cdot f_2(x,y)$;

c) $w(x,y) = \dfrac{f_1(x,y)}{f_2(x,y)}$ für $f_2(x,y) \neq 0$.

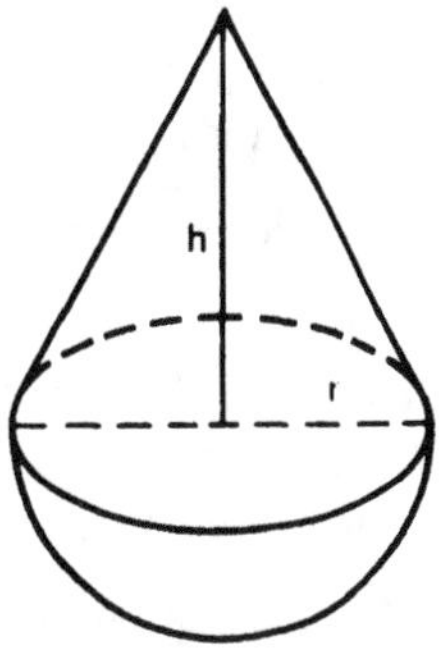

15. Das Volumen des nebenstehenden Kreisels (Halbkugel + Kegel) beträgt

$$V(r,h) = \frac{2}{3} \cdot \pi \cdot r^3 + \frac{1}{3} \cdot \pi \cdot r^2 \cdot h \,.$$

a) Ist $V(r,h)$ homogen?

b) Stellen Sie die Formel für das totale Differential auf.

c) Es sind $h = 18$ cm und $r = 9$ cm gegeben. Berechnen Sie mit Hilfe von b), wie r abgeändert werden muß, damit das Volumen bei einer Vergrößerung von h um 0,5 ungefähr gleich bleibt.

16. Wie sind der Radius r und die Höhe h eines Kegels zu wählen, damit das Volumen $V(r,h) = \frac{1}{3}\pi r^2 h$ maximal wird, wenn die Länge der Mantellinie $m = \sqrt{h^2+r^2} = 3$ vorgegeben ist?

D

17. Gegeben sind

$$A = \begin{pmatrix} -1 & 2 & 1 \\ 2 & -3 & -1 \\ 3 & 1 & 2 \end{pmatrix} \quad \text{und} \quad B = \begin{pmatrix} -5 & -3 & 1 \\ -7 & -5 & 1 \\ 11 & 7 & -1 \end{pmatrix};$$

$$\vec{b_1}^T = (2;0;-4); \qquad \vec{b_2}^T = (-6;2;8).$$

Berechnen Sie die Matrizen

a) $A \cdot B$;

b) A^{-1} unter Verwendung des Ergebnisses aus a);

c) berechnen Sie mit Hilfe von b) die Lösungen der Gleichungssysteme

α) $A\vec{x} = \vec{b_1}$; β) $A\vec{x} = \vec{b_2}$.

18. a) Bestimmen Sie die Schnittgerade der beiden Ebenen

$$E_1:\ 4x - 6y + 2z - 4 = 0$$

$$E_2:\ 4x - 5y + z - 4 = 0 .$$

b) Für welche Werte a und b steht die Gerade

$$g:\ \begin{pmatrix} x \\ y \\ z \end{pmatrix} = \begin{pmatrix} 1 \\ 0 \\ 1 \end{pmatrix} + \lambda \cdot \begin{pmatrix} a \\ b \\ 1 \end{pmatrix},\ \lambda \in \mathbf{R}$$

senkrecht auf der Ebene E_2 aus a) ?

19. Die drei Schnecken A(nton), B(erta) und C(harly) bestritten ein Stundenwettkriechen. Über die in einer Stunde zurückgelegten Strecken wurde folgende Information bekannt:

C kam doppelt soweit wie B. Das Doppelte der Differenz von C und B übertraf die von A zurückgelegte Strecke um 15 cm. Das Dreifache des Weges von C war um 20 cm länger als das Vierfache der von A zurückgelegten Strecke. Welche Strecken wurden von A, B und C zurückgelegt?

Lösen Sie das zugehörige lineare Gleichungssystem.

20. In einer Gaststätte sollen nach zwei Rezepten R_1 und R_2 zwei Obstsalate aus Äpfeln, Bananen und Clementinen hergestellt werden. Je Kilogramm Obstsalat nach Rezept R_1 bzw. R_2 sind folgende Mengen zu verarbeiten

	R_1	R_2	
Äpfel	2	3	Stückzahlen
Bananen	1	3	Stückzahlen
Clementinen	4	1	Stückzahlen

Dabei sollen mindestens 30 Äpfel verbraucht werden. Andererseits stehen maximal 60 Bananen und höchstens 64 Clementinen zur Verfügung.

a) Stellen Sie das zugehörige Ungleichungssystem auf und skizzieren Sie den Bereich der zulässigen Herstellungsmengen. Bestimmen Sie die Koordinaten der Eckpunkte des zulässigen Bereichs.

b) Ein Kilogramm Obstsalat nach R_1 bzw. R_2 ergibt einen Gewinn von 5 bzw. 10 DM. Bei welcher Mengenkombination erhält man den maximalen Gesamtgewinn?

Klausur 14

A

1. Gegeben sind die Mengen

   $A = \{x \in \mathbb{R} \mid |x-1| \geq 2\}$ und $B = \{1;2;3;4\}$.

   a) Stellen Sie A und B graphisch dar.

   b) Bestimmen Sie $A \cap B$ und $B \setminus A$.

2. Bestimmen Sie die Lösungsmenge der Ungleichung

   $$\frac{x^2 - 3x + 2}{x - 1{,}5} > 0 \quad , x \neq 1{,}5.$$

3. Berechnen Sie

   a) $\sum_{n=0}^{3} \frac{5^{n-1}}{2^{n+2}}$; b) $\sum_{n=2}^{\infty} \left(\frac{3}{4}\right)^n$; c) $\sum_{n=3}^{\infty} \frac{5 \cdot 4^{n-1} - 2 \cdot 3^{n+1}}{3^{2n}}$.

4. Frau Spärlich hat am 31.12. 1985 30 000 DM auf ihrem Konto; der Zinssatz beträgt 0,95 % monatlich. Im Jahr 1986 muß sie den Betrag von 12 000 DM an das Finanzamt zahlen. Zur Rückzahlung hat sie zwei Möglichkeiten:

   1. Sie zahlt ein Jahr lang jeweils am 1. des Monats 1 000 DM.
   2. Sie zahlt den reduzierten Betrag 11 500 DM am 1.1.1986.

   Berechnen Sie für beide Möglichkeiten den Kontostand am 1.1.1987. In welchem Fall stellt sich Frau Spärlich besser?

5. Bestimmen Sie die Grenzwerte der Folgen (a_n), $n \in \mathbb{N}$

   a) $a_n = \frac{(n^2 + 2n + 1)(n-1)}{2n^3 - 7}$; b) $a_n = \frac{\left(\frac{1}{2}\right)^{n+2} - 2^{2n} + 5^n}{5^{n-1}}$;

   c) $a_n = \left(\frac{1}{n} - \frac{\sqrt{n}}{n+1}\right) \cdot (\sqrt{n} - 1)$.

6. Bilden Sie jeweils die erste Ableitung der Funktionen

   a) $f(x) = (x^2 + 1) \cdot e^{2x}$; b) $f(x) = \ln\left(\frac{e^x}{x^2 + 2}\right)$;

   c) $f(x) = \sin\left(\frac{1}{x}\right) \cdot \cos x$; d) $f(x) = \sin(x \cdot \ln x^2)$;

   e) $f(x) = x^{2x}$.

7. Bestimmen Sie für die Funktion

$$f(x) = \ln(x^2 - 4x + 5)$$

den maximal möglichen Definitionsbereich, die Nullstellen, Extremwerte, Wendepunkte und Asymptoten. Skizzieren Sie f.

8. Gegeben ist die Funktion

$$f(x) = (x^2 + 1) \cdot e^{-x} .$$

a) Berechnen Sie die Elastizität $\varepsilon_f(x)$.

b) Um wieviel ändert sich f(x) näherungsweise, wenn der Wert $x = 3$ um 0,5 % erhöht wird?

9. Gegeben ist die Folge

$$a_{n+1} = \sqrt{6 + a_n} \quad ; a_1 = 0 ; n = 1, 2, \ldots$$

a) Berechnen Sie a_2, a_3 und a_4.

b) Zeigen Sie durch vollständige Induktion, daß für alle $n \in \mathbb{N}$ gilt

$$0 \leq a_n \leq 3 .$$

c) Zeigen Sie, daß die Folge monoton wächst.

d) Berechnen Sie den Grenzwert der Folge.

10. a) Berechnen Sie das Taylorpolynom dritten Grades $T_3(x)$ der Funktion $f(x) = \ln \frac{1}{x}$, $x > 0$ an der Stelle $x_0 = 1$.

b) Geben Sie mit Hilfe von $T_3(x)$ einen Näherungswert für ln 2 an.

c) Schätzen Sie den Fehler ab, den Sie bei der Näherung in b) machen.

11. Berechnen Sie folgende Grenzwerte

a) $\lim\limits_{x \to 0} \frac{\ln(2x + 1)}{x \cdot \cos x}$; b) $\lim\limits_{x \to 2} \frac{2\cos(x \cdot \pi) - 2}{x^2 - 4x + 4}$.

B

12. Berechnen Sie die Integrale

a) $\int\limits_1^2 x \cdot \ln \frac{1}{x} dx;$ b) $\int\limits_0^{\frac{\pi}{2}} 2\cos x \cdot (\sin x)^3 dx;$ c) $\int\limits_2^3 \frac{1}{x \cdot \ln x} dx.$

13. Die Funktion f: $\mathbf{R}^+ \to \mathbf{R}^+$ besitze die Elastizität $\varepsilon_f(x) = 1 + x$. Ferner gelte $f(1) = 2e$.

Bestimmen Sie die Funktion f(x).

C

14. Überprüfen Sie folgende Funktionen auf Homogenität, und berechnen Sie gegebenenfalls ihren Homogenitätsgrad:

a) $f(x,y) = \ln x - \ln y;$

b) $f(x,y) = \ln x + \ln y - \ln(x+y);$

c) $f(x,y) = x^3(1-y^2) + xy^2(x^2-1).$

15. Bestimmen Sie alle Extremwerte und Sattelpunkte der Funktion

$f(x,y) = xy^3 - 3xy + \frac{1}{2}x^2.$

16. Die Oberfläche eines Kreiszylinders mit dem Radius r und der Höhe h lautet

$O(r,h) = 2\pi r h + 2\pi r^2.$

a) Stellen Sie die Formel für das totale Differential auf.

b) Um wieviel cm^2 ändert sich die Oberfläche näherungsweise, wenn der Ausgangsradius $r = 10$ cm um 0,5 cm verringert und die Ausgangshöhe $h = 20$ cm um 2 cm vergrößert wird? Benutzen Sie das Ergebnis von a).

D

17. Lösen Sie folgendes Gleichungssysten

$$\begin{aligned} x + y - 2z &= 5 \\ 4x + 3y - 5z &= 22 \\ -2x + 2y - 8z &= -18. \end{aligned}$$

18. Gegeben ist die Matrix

$$A = \begin{pmatrix} 1 & 1 & 0 \\ -1 & 0 & a \\ 1 & -1 & 0 \end{pmatrix} \quad \text{mit einer Konstanten } a \in \mathbb{R}.$$

Für welche a existiert die Inverse von A? Geben Sie die Inverse in Abhängigkeit von a an.

19. Eine Ebene E ist durch folgende Gleichung gegeben:

E: $x + 2y + 3z = 7$.

a) Geben Sie eine Parameterdarstellung für die Ebene E an.

b) Bestimmen Sie eine Gerade g, die durch den Punkt P(1;1;1) geht und senkrecht auf der Ebene E steht.

20. Aus Orangensaft und Sekt soll ein Drink gemixt werden, und zwar wenigstens 9 Liter, aber höchstens 30 Liter. Dabei soll das Verhältnis Orangensaft zu Sekt mindestens 1 : 2 betragen. Es sollen höchstens drei Liter Orangensaft mehr verbraucht werden als Sekt.

a) Stellen Sie das zugehörige Ungleichungssystem auf, und skizzieren Sie den Bereich der zulässigen Mengen.

Bestimmen Sie die Koordinaten der Eckpunkte dieses Bereichs.

b) Ein Liter Orangensaft kostet 1,20 DM und ein Liter Sekt 12 DM.

Mit wieviel Liter Orangensaft bzw. Sekt aus dem in a) bestimmten zulässigen Bereich wird das Getränk am billigsten?

Klausur 15

A

1. Gegeben sind die Mengen

   $A = \{3, 4, 5, 6, 7\}$, $B = \{x \in \mathbf{R} \mid |x| < 4\}$ und $C = \{x \in \mathbf{R} \mid 3 < x \leq 4\}$.

   a) Geben Sie die Mengen $A \cap B$, $A \setminus B$, $B \cap C$ und $B \setminus C$ an.

   b) Stellen Sie $A \times B$ und $B \times C$ graphisch dar.

2. a) Über welchen Betrag verfügt man nach 20 Jahren, wenn zu Beginn jeden Jahres 1 000 DM bei konstantem Zinssatz 7 % fest angelegt werden?

   b) Welche Rente kann man von 40 000 DM monatlich (vorschüssig) 10 Jahre lang bei gleichem Zinssatz (7 %) abheben?

3. Berechnen Sie im Falle der Existenz die Grenzwerte der Folgen (a_n), $n \in \mathbf{N}$

   a) $a_n = \dfrac{2\sqrt{n^5} + 3\sqrt{n^3} + 2\sqrt{n^7}}{n \cdot (4\sqrt{n^5} + \sqrt{n^3})}$; b) $a_n = \dfrac{(-7)^n + 2^2}{4 \cdot (-7)^{n-1}}$;

   c) $a_n = \sqrt[3]{\dfrac{(3 - \sqrt{n}) \cdot (\sqrt{n} + 2)}{8n - 4}}$.

4. Berechnen Sie folgende Summen:

   a) $\displaystyle\sum_{n=2}^{4} \frac{n!}{3 \cdot (n^2 - 2)} - \sum_{n=0}^{3} \frac{n}{(n+1)!}$;

   b) $\displaystyle\sum_{n=2}^{\infty} \frac{e^n (2^{n-2} \cdot e^n - (3e)^n)}{e^{2n+1} \cdot 4^{n-2}}$; c) $\displaystyle\sum_{n=4}^{\infty} \frac{2^n}{3^{n-1}}$.

5. a) Skizzieren Sie den Verlauf der Funktion $f(x) = |x + 2| + |x - 2| - 4$.

   b) Ist f stetig?

   c) An welchen Stellen ist f nicht differenzierbar?
   Existiert dort die links- bzw. rechtsseitige Ableitung?

6. Geben Sie für folgende Funktionen jeweils die 1. Ableitung an:

a) $f(x) = \frac{x^e}{2 \cdot \sqrt{x}}$; b) $f(x) = e^x \cdot e^{\frac{1}{x}}$;

c) $f(x) = 7^{\sin x + 2x}$; d) $f(x) = \frac{e^{-x} \cdot \cos x}{x^2}$.

7. a) Bestimmen Sie die Gleichung der Tangente an der Stelle $(2\,;f(2))$ an die Funktion $f(x) = x^2 \cdot \ln(x-1)^2$.

b) Gibt es eine Stelle $(x_0; f(x_0))$, an der die Tangente waagrecht ist? Geben Sie eine solche Stelle an.

8. Gegeben sei die Funktion

$f(x) = \frac{1}{2}(x-1)\,e^{2x}$.

a) Bestimmen Sie den maximal möglichen Definitionsbereich D, die Nullstellen, die relativen Extremwerte und die Wendepunkte von f.

b) Skizzieren Sie den Graph von f.

9. In einem Urlaubsgebiet ist die Nachfrage y nach Hotelbetten von der Zahl der Schlechtwettertage x pro Saison abhängig.

a) Welche Elastizität hat die Nachfragefunktion $y = \frac{15+2x}{1-3x}$?

b) Welche (näherungsweise berechnete) Abnahme der Nachfrage nach Hotelbetten ist bei einer Zunahme der Zahl der Schlechtwettertage von $x_0 = 40$ um 6 % zu erwarten?

10. Berechnen Sie die Grenzwerte

a) $\lim\limits_{x \to 0} x^3 \cdot \ln(x^2)$; b) $\lim\limits_{x \to 1} \frac{1+\cos(\pi x)}{x^2 - 2x + 1}$.

B

11. a) Beweisen Sie, daß $F(x) = x \cdot \big((\ln x) - 1\big)$ eine Stammfunktion von $f(x) = \ln x$, $x > 0$, ist.

b) Berechnen Sie mit Hilfe von a) das bestimmte Integral

$\int\limits_1^e (\ln x) \cdot (\ln x)\, dx$.

12. Berechnen Sie die Fläche zwischen der x-Achse und dem Graph der Funktion $f(x) = x^2 - 6x + 8$ für $x \in [0,4]$.

13. Gesucht ist das bestimmte Integral $A = \int_{-\frac{1}{2}}^{\frac{1}{2}} e^{x^2}\, dx$.

a) Bestimmen Sie das Taylorpolynom 2. Grades $T_2(x)$ für $f(x) = e^{x^2}$ an der Entwicklungsstelle $x_0 = 0$. Um wieviel weicht $T_2(x)$ im Intervall $[-\frac{1}{2}; \frac{1}{2}]$ von f(x) höchstens ab?

b) Berechnen Sie mit Hilfe von $T_2(x)$ einen Näherungswert für A und schätzen Sie den Fehler ab, der durch diese Näherung entsteht.

C

14. Es sei $z = f(x,y) = 3xy + y^2 - 2x^3$.

Berechnen Sie das totale Differential dieser Funktion und den ungefähren Zuwachs von z an der Stelle (2, 1), wenn der x-Wert um 0,02 abnimmt und der y-Wert um 0,02 wächst.

15. Eine Firma will ein neues Produkt auf den Markt bringen; die Werbung hierfür soll von zwei Medien getragen werden. Die Kosten, die dabei anfallen, seien x bzw. y Geldeinheiten. Der Umsatz U lautet

$$U(x,y) = \frac{100x}{4+x} + \frac{50y}{2+y} \quad .$$

Wie sind die Werbekosten x, y auf die beiden Medien aufzuteilen, damit der Nettogewinn

$$G(x,y) = \frac{1}{3} \cdot U(x,y) - (x+y)$$

am größten ist unter der Bedingung, daß der Werbeetat $x + y = 10$ voll ausgeschöpft wird?

16. Die Funktion f(x, y) sei homogen vom Grad 0 und besitze die partielle Elastizität bezüglich der Variablen x

$$\varepsilon_{f,x}(x,y) = 1 + \frac{x}{y}.$$

Bestimmen Sie die partielle Elastizität $\varepsilon_{f,y}(x,y)$ bezüglich y.

17. Bestimmen Sie sämtliche relativen Extremwerte und die Sattelpunkte der Funktion

$$f(x,y) = 3xy + y^2 - 2x^3.$$

D

18. Bestimmen Sie die Lösung des Gleichungssystems

$$\begin{aligned} x_1 + 3x_2 - 4x_3 &= -5 \\ -x_1 + 2x_2 \quad &= \ \ 3 \\ 2x_1 - x_2 - x_3 &= -3\,. \end{aligned}$$

19. Berechnen Sie die Inverse A^{-1} der Matrix

$$A = \begin{pmatrix} 2 & 1 & 3 \\ 0 & 1 & 1 \\ 1 & 2 & 1 \end{pmatrix}.$$

20. Die Ebene E: $x - y + 2z = 4$ wird von der Geraden

$$g:\ \vec{x} = \begin{pmatrix} 0 \\ 1 \\ 0 \end{pmatrix} + \rho \cdot \begin{pmatrix} 2 \\ -2 \\ 4 \end{pmatrix},\ \rho \in \mathbf{R}$$ geschnitten.

a) Geben Sie den Schnittpunkt an.

b) Steht die Gerade g senkrecht auf der Ebene E ?

Klausur 16

A

1. Gegeben sind die Mengen

   $A = \{-2; -1; 0; 1; 2\}$; $\qquad B = \{x \in \mathbb{R} \mid -1 \leq x \leq 1\}$;

   $C = \{(x,y) \in \mathbb{R}^2 \mid x^2 + y^2 - 4 \geq 0\}$.

   a) Geben Sie die Mengen $B \setminus A$ und $A \cap B$ an.

   b) Stellen Sie $A \times B$ und C graphisch dar.

2. Für welche $x \in \mathbb{R}$ gilt $\quad x^2 - 4 \leq \frac{1}{2}|x+2|$?

3. Ein Gewinn wird an einem 1. Januar zu 7 % Zinsen auf 11 Jahre fest angelegt. Nach genau einem Jahr verlangt das Finanzamt einen erheblichen Betrag an Gewinnsteuer. Der Gewinner nimmt diese Steuerlast als Kredit zu 6 % auf, der mit der konstanten nachschüssigen Jahresannuität $A = 50\,000$ DM in 10 Jahren zurückgezahlt wird.

   a) Welchen Betrag forderte das Finanzamt?

   b) Wie hoch war der Gewinn, wenn die Annuität $A = 50\,000$ DM genau 3 % des Betrages ist, den der Gewinner nach 11 Jahren aus seiner Anlage ausgezahlt bekommt?

4. Berechnen Sie im Falle der Existenz die Grenzwerte der Folgen (a_n), $n \in \mathbb{N}$

   a) $a_n = \dfrac{\sqrt{3n^2 - 5n + 4}}{2n - 7}$; $\qquad$ b) $a_n = \dfrac{4 \cdot 10^n - 3 \cdot 10^{2n}}{3 \cdot 10^{n-1} + 2 \cdot 10^{2n-1}}$;

   c) $a_n = \dfrac{1}{\sqrt{n+3} - \sqrt{n}}$.

5. Berechnen Sie

   a) $\displaystyle\sum_{n=0}^{\infty} \frac{(-3)^n}{4^n}$; $\qquad$ b) $\displaystyle\sum_{n=2}^{\infty} \frac{1}{3^{n-1}}$; $\qquad$ c) $\displaystyle\sum_{n=0}^{\infty} \left(\frac{1}{2^n} + \frac{(-1)^n}{3^n}\right)$.

6. Die Folge (a_n), $n \in \mathbb{N}$ ist definiert durch $a_{n+1} = \frac{1}{2} \cdot \sqrt{4a_n - 1}$; $a_1 = 2$.

   a) Zeigen Sie, daß für alle $n \in \mathbb{N}$ gilt $a_n \geq \frac{1}{2}$.

   b) Geben Sie die Folgenglieder a_2 und a_3 an, und zeigen Sie, daß die Folge monoton fallend ist.

   c) Berechnen Sie den Grenzwert der Folge.

7. Berechnen Sie jeweils die erste Ableitung der Funktionen

a) $f(x) = 2\cdot(2-x^2)^{-\frac{1}{2}}$; b) $f(x) = \left(\frac{x}{x-1}\right)^3$;

c) $f(x) = \frac{e}{e^x}$; d) $f(x) = \sqrt{\cos(x^2)}$.

8. Bestimmen Sie für die Funktion

$$f(x) = \frac{4}{2x^2+1}$$

den maximal möglichen Definitionsbereich, die Nullstellen, Extremwerte, Wendepunkte und Asymptoten. Skizzieren Sie f.

9. Der Umsatz U(x) einer Warenhauskette ist abhängig von der Anzahl x der in den Schaufenstern ausgestellten Artikel. Man fand folgenden Zusammenhang

$$U(x) = x\cdot e^{\frac{x}{400}}.$$

a) Bestimmen Sie die Elastizität $\varepsilon_U(x)$.

b) Die Anzahl der ausgestellten Artikel wird von $x_0 = 200$ auf 208 erhöht. Um wieviel nimmt der Umsatz ungefähr zu? (Benutzen Sie Teil a)).

10. Bestimmen Sie die Grenzwerte

a) $\lim\limits_{x\to\frac{\pi}{2}} \frac{\cos 3x}{\cos x}$; b) $\lim\limits_{x\to 0} \frac{3^x-2^x}{x}$; c) $\lim\limits_{x\to 0} \left(x^{100}\cdot\ln(x^{99})\right)$.

B

11. Berechnen Sie die Integrale

a) $\int\limits_0^{\frac{\pi}{4}} \frac{\sin x}{(\cos x)^2}dx$; b) $\int\limits_2^{e+1} \frac{\ln(x-1)}{2(x-1)}dx$.

12. Berechnen Sie die Fläche, die von der x-Achse und dem Graph der Funktion $f(x) = \frac{3x}{1+x^2}$ über dem Intervall $[-1;2]$ eingeschlossen wird.

13. Gesucht ist das bestimmte Integral

$$A = \int_0^{\frac{1}{2}} \left(x + \frac{1}{1+x^2} \right) dx.$$

a) Bestimmen Sie das Taylorpolynom 1. Grades von $f(x) = x + \frac{1}{1+x^2}$ an der Stelle $x_0 = 0$.

b) Um welchen Betrag weicht dieses Polynom im Intervall $[0; \frac{1}{2}]$ von f(x) höchstens ab?

c) Geben Sie mit Hilfe der Integration des Taylorpolynoms aus a) eine Näherung für A an. Berechnen Sie den maximalen Fehler, der hierbei entstehen kann.

C

14. Die Produktionskosten K(x, y) in einem Werk hängen ab von den Mengen x und y zweier Einsatzfaktoren und zwar durch

$$K(x,y) = \ln\left(\frac{x+y}{x}\right).$$

a) Ist die Funktion K homogen?

b) Berechnen Sie das totale Differential von K.

c) Benutzen Sie das totale Differential, um näherungsweise die Änderung der Kosten auszurechnen, wenn $x_0 = 100$ um 1 % erhöht und $y_0 = 100$ um 2 % herabgesetzt wird.

15. Bestimmen Sie die Extremwerte der Funktion $f(x,y) = x \cdot y$ unter der Nebenbedingung $x^2 + y^2 = 1$.

16. Gegeben ist die Funktion

$$f(x,y) = \ln(x^2 + e^{2y}) + (x+1)^2 + y.$$

a) Bestimmen Sie das Taylorpolynom 1. Grades der durch $f(x,y) = 0$ implizit gegebenen Funktion $y = y(x)$ an der Stelle $x_0 = 0$.
Hinweis: Berechnen Sie dazu y(0) aus f(0, y(0)) = 0 und y′(0) nach der Ableitungsregel für implizite Funktionen

$$y'(x) = -\left.\frac{f_x(x,y)}{f_y(x,y)}\right|_{y = y(x)}.$$

b) Geben Sie mit Hilfe des Taylorpolynoms aus a) einen Näherungswert für die Lösung der Gleichung

$$\ln(0{,}1^2 + e^{2y}) + (0{,}1 + 1)^2 + y = 0$$

an, also einen Näherungswert für y(0,1).

17. Bestimmen Sie alle Extremwerte und Sattelpunkte der Funktion

$$f(x,y) = (x^2-y) \cdot e^{x+y}.$$

D

18. Gegeben sind die Ebenen

$$E_1:\ 2x + 4y - z - 4 = 0$$
$$E_2:\ x - 3y + 2z - 6 = 0.$$

a) Geben Sie die Schnittgerade der beiden Ebenen an.

b) Steht die Gerade

$$g: \begin{pmatrix} x \\ y \\ z \end{pmatrix} = \begin{pmatrix} 1 \\ 1 \\ 0 \end{pmatrix} + \lambda \cdot \begin{pmatrix} -2 \\ 6 \\ -4 \end{pmatrix}, \ \lambda \in \mathbb{R}$$

senkrecht auf einer der Ebenen E_1, E_2?

19. a) Berechnen Sie die Matrix B, deren Produkt mit der Matrix

$$A = \begin{pmatrix} 1 & 1 & 1 \\ 3 & 2 & 0 \\ 0 & 1 & 1 \end{pmatrix}$$

die Einheitsmatrix E ergibt, also $B \cdot A = E$.

b) Lösen Sie mit der Matrix B aus a) die Gleichungssysteme

$$B \cdot \begin{pmatrix} x \\ y \\ z \end{pmatrix} = \begin{pmatrix} 1 \\ 2 \\ 3 \end{pmatrix} \quad \text{und} \quad B \cdot \begin{pmatrix} x \\ y \\ z \end{pmatrix} = \begin{pmatrix} 2 \\ 4 \\ 6 \end{pmatrix}.$$

20. Ein landwirtschaftlicher Betrieb hält Kühe und Schweine. Eine Kuh benötigt 10 m^2, ein Schwein 2 m^2 Stallfläche. Insgesamt ist eine Stallfläche von 200 m^2 vorhanden. Jede Kuh und jedes Schwein verbraucht 10 kg Futterzusatz pro Woche. Insgesamt sind jedoch nur 800 kg pro Woche vorrätig. Zur Versorgung der Tiere muß der Landwirt pro Schwein 4 min, pro Kuh 30 min am Tag aufwenden. Für diese Arbeit hat er täglich 8 Stunden Zeit. Der Nettogewinn beträgt für eine Kuh 1 800 DM pro Jahr, für ein Schwein 600 DM pro Jahr.

a) Skizzieren Sie den zulässigen Bereich für die Anzahl der Kühe und Schweine und bestimmen Sie die Koordinaten der Eckpunkte.

b) Stellen Sie die Zielfunktion auf und ermitteln Sie den maximal möglichen Nettogewinn pro Jahr sowie die dazugehörige Anzahl von Schweinen und Kühen.

Klausur 17

A

1. Gegeben sind die Mengen

   $A = \{(x,y) \in \mathbf{R}^2 \mid 1 < x^2+y^2 < 9\}$ und $B = \{x \in \mathbf{R} \mid 0 \le x \le 3\}$.

   a) Skizzieren Sie die Menge $(B \times B)\setminus A$.

   b) Bestimmen Sie $A \cap (\mathbf{N} \times \mathbf{N})$.

2. Für welche $x \in \mathbf{R}$ gilt $|x+2| \cdot x \le 1$?

3. Herr Rentenfuchs zahlt zu Beginn eines jeden Jahres seine Rentenversicherung ein. Ab 1.1.1950 zahlte er jährlich 7 000 DM; anfangs betrug der Zinssatz 4 % und fiel ab 1.1.1970 auf 3,5 %. Herr R. ging am 31.12.1989 in Rente.

   a) Berechnen Sie das Guthaben von Herrn R. am 1.1.1990.

   b) Welche ewige, monatliche, vorschüssige Rente steht ihm zu, wenn jährlich anteilsmäßig mit 3 % verzinst wird?

   c) Welche vorschüssige, monatliche Rente kann er erhalten, damit das Kapital nach genau 20 Jahren aufgebraucht ist?

4. Bestimmen Sie im Falle der Existenz die Grenzwerte der Folgen (a_n), $n \in \mathbf{N}$

   a) $a_n = \sqrt{9n^2+15n+7} - 3n$;

   b) $$a_n = \frac{3 \cdot 5^{2n-1} - \frac{1}{2} \cdot 5^{\frac{n}{2}-3} + e^{-n}}{6 \cdot 5^{2n+2} - 2^{4n}}.$$

5. a) Berechnen Sie

   α) $\displaystyle\sum_{n=1}^{\infty} \frac{3}{4^n}$; β) $\displaystyle\sum_{k=3}^{\infty} \frac{4^{k+1} - 2^k}{2^{3k-1}}$.

   b) Wie groß ist die Summe aller natürlichen Zahlen, die kleiner als 1 000 und durch 17 teilbar sind?

6. Gegeben ist die Funktion $f(x) = \dfrac{x^2+x-2}{x^2+2x-3}$.

   Bestimmen Sie den Definitionsbereich, und untersuchen Sie, ob sich die Funktion an den Definitionslücken stetig ergänzen läßt. Geben Sie gegebenenfalls die Ergänzung an.

7. Bilden Sie jeweils die erste Ableitung der folgenden Funktionen

a) $f(x) = e^{\sin\left(\frac{x}{2}\right)}$; b) $f(x) = \frac{\ln x^2}{x^2}$;

c) $f(x) = (x^e + 1)^\pi$; d) $f(x) = \sin x \cdot \cos(x^2)$.

8. Für die Vertriebskosten von x Mengeneinheiten einer Ware gelte

$K(x) = x \cdot e^{-\frac{x^2}{2} + 4x}$.

a) Berechnen Sie die Elastizität $\varepsilon_K(x)$ der Funktion K.

b) Geben Sie mit Hilfe der Elastizität die näherungsweise prozentuale Änderung der Vertriebskosten an, wenn $x_0 = 3{,}5$ um 4 % erhöht wird.

c) An welcher Stelle besitzt die Funktion $S(x) = \frac{K(x)}{x}$ der durchschnittlichen Vertriebskosten einen Extremwert?

9. Bestimmen Sie für die Funktion $f(x) = \frac{2x-1}{x^3}$ den maximal möglichen Definitionsbereich, die Nullstellen, Extremwerte, Wendepunkte und Asymptoten. Skizzieren Sie f.

10. Bestimmen Sie die Grenzwerte

a) $\lim\limits_{x \to 1} \frac{x^3 - x^2 + x - 1}{x^2 - 1}$; b) $\lim\limits_{x \to 0} \frac{e^{3x} - e^{-\frac{x}{2}}}{\ln(1+x)}$; c) $\lim\limits_{x \to 0} \left(\frac{1}{\sin x} - \frac{1}{x}\right)$.

B

11. Gegeben ist die reelle Funktion $f(x) = \sqrt{4 - x^2}$.

a) Bestimmen Sie für f(x) das Taylorpolynom 2. Grades an der Stelle $x_0 = 0$. Berechnen Sie damit einen Näherungswert für $\sqrt{3}$.

b) Schätzen Sie den Fehler ab, den Sie bei der Näherung in a) höchstens machen.

c) Mit Hilfe des Taylorpolynoms aus a) soll ein Näherungswert $\hat{A}$ berechnet werden für das bestimmte Integral

$$A = \int_0^1 \sqrt{4 - x^2}\, dx.$$

d) Um wieviel weicht $\hat{A}$ von A höchstens ab?

12. Berechnen Sie die Integrale

a) $\int_{-1}^{e-2} \frac{\ln(x+2)}{2(x+2)} dx$; b) $\int_0^1 x^2 \cdot e^{x-1} dx$.

13. Eine Produktionsfunktion P(x) besitze die Elastizität

$\varepsilon_P(x) = 3x^3 \cdot \sqrt{x^3+1}$; ferner gelte $P(0) = 1$.

Bestimmen Sie die Funktion P(x).

C

14. a) Berechnen Sie die Gleichung der Tangentialebene an die Funktion

$f(x,y) = \ln(x^2 + e^{2y}) + \frac{(x+1)^2}{y}, \; y \neq 0$

an der Stelle $(x_0, y_0) = (0, 1)$.

b) Bestimmen Sie die Schnittlinie, die beim Schnitt der durch f bestimmten Fläche mit der y-z-Ebene (x = 0) entsteht.

15. Gegeben sei die Funktion

$f(x,y) = \frac{(x+y)^2}{y} + 2x + \frac{y^2}{x}$; $x, y \neq 0$.

a) Ist f homogen?

b) Geben Sie für f die Summe der beiden partiellen Elastizitäten an.

16. Bestimmen Sie die Extremwerte von $f(x,y) = 2x + 3y$ unter der Nebenbedingung $x^2 + y^2 = 1$.

D

17. Gegeben sei die Gerade g: $\vec{x} = \begin{pmatrix} 1 \\ 0 \\ 1 \end{pmatrix} + \rho \cdot \begin{pmatrix} 1 \\ 2 \\ 1 \end{pmatrix}$, $\rho \in \mathbf{R}$ und die Ebene

E: $\vec{x} = \begin{pmatrix} 1 \\ 1 \\ 1 \end{pmatrix} + \lambda \cdot \begin{pmatrix} a \\ b \\ 1 \end{pmatrix} + \mu \cdot \begin{pmatrix} 1 \\ 1 \\ a \cdot b \end{pmatrix}$; $\lambda, \mu \in \mathbf{R}$.

a) Für welche Werte a,b steht die Gerade g senkrecht auf der Ebene E?

b) Schneiden sich g und E, wenn a = 1 und b = 2 gilt?

18. Gegeben ist die Matrix $X = \begin{pmatrix} 1 & 2 \\ 1 & 0 \\ 1 & -1 \end{pmatrix}$.

a) Berechnen Sie das Produkt $X^T \cdot X$, wobei X^T die Transponierte der Matrix X ist.

b) Zeigen Sie, daß für die Matrix $A = \frac{1}{14} \cdot \begin{pmatrix} 5 & -1 \\ -1 & 3 \end{pmatrix}$ gilt $A^{-1} = X^T \cdot X$.

19. Bestimmen Sie alle Punkte, welche die folgenden drei Ebenen gemeinsam haben:

E_1: $x - 7y + z - 7 = 0$

E_2: $2x + 3y - z + 4 = 0$

E_3: $5x - y - z + 1 = 0$.

20. Ein Zweiradhändler möchte zwei neue Fahrradmarken in sein Sortiment aufnehmen. Hierfür will er insgesamt 45 000 DM investieren. Die Anzahl x der Räder der Marke A soll wenigstens zwei Drittel und höchstens so groß sein wie die Anzahl y der Räder der Marke B. Ein Rad von A kostet den Händler 450 DM, eines von B 300 DM. Die Nettogewinne für A betragen 50 DM je Rad, für B je Rad 60 DM.

Wie viele Räder von den beiden Marken soll der Händler einstellen, um am meisten daran zu verdienen? Wie hoch ist dieser Gewinn? Fertigen Sie eine Skizze an.

Klausur 18

A

1. Gegeben seien die Mengen

   $A = \{(x,y) \in \mathbb{R}^2 \mid x^2 + y^2 \leq 9 \text{ und } y \geq 0\}$; $\quad B = [-4; 1)$.

   a) Skizzieren Sie A.

   b) Geben Sie die Menge $A \cap (B \times \mathbb{R}) \cap (\mathbb{N}_0 \times \mathbb{N}_0)$ an mit $\mathbb{N}_0 = \mathbb{N} \cup \{0\}$.

2. Ein eifriger Sparer ließ jährlich vorschüssig 8 000 DM auf sein Sparbuch einzahlen. Welche Summe steht ihm nach 14 Jahren zur Verfügung, wenn der jährliche Zinssatz zunächst 4 % betragen hat, dann nach 4 Jahren um 2 % gefallen und weitere 4 Jahre später auf 7 % angestiegen ist?

3. Geben Sie die Lösungsmenge der Ungleichung $\frac{1}{|x-1|} \leq 4x$ an.

4. Berechnen Sie im Falle der Existenz die Grenzwerte der Folgen (a_n), $n \in \mathbb{N}$

   a) $a_n = \frac{\sqrt{3n^2 + n} - \sqrt{n}}{\sqrt{2n+3}}$; $\qquad$ b) $a_n = \frac{e^{n+4}}{\sqrt[6]{e^{6n+3}} + 1}$;

   c) $a_n = \frac{5^{n+2} - 7^{n+1}}{5^{n-2} + 7^n}$.

5. Berechnen Sie die folgenden Summen:

   a) $\sum_{n=1}^{5} \frac{n-1}{(n+1)^2}$; $\qquad$ b) $\sum_{n=0}^{\infty} (-1)^n \cdot \frac{1}{2^{n-1}}$.

6. Bestimmen Sie jeweils die erste Ableitung der Funktionen

   a) $f(x) = x^e \cdot \pi^x$; $\qquad$ b) $f(x) = \sin\left(e^{2x-1}\right)$;

   c) $f(x) = \ln\left(\frac{1}{e^{\sin 2x}}\right)$; $\qquad$ d) $f(x) = \sqrt{1 + \sqrt[3]{x}}$.

7. Ein quaderförmiges Schwimmbassin mit quadratischer Grundfläche fasse, wenn es bis zum Rand gefüllt ist, 32 000 Liter. Wie tief ist es, wenn die Innenoberfläche minimal sein soll?

8. Bestimmen Sie den maximal möglichen Definitionsbereich, die Nullstellen, Extremwerte, Wendepunkte und Asymptoten der Funktionenschar

$f_t(x) = \frac{x}{t^2 + x^2}$; dabei sei t eine positive Konstante.

Skizzieren Sie den Graph von $f_t(x)$ für $t = 1$.

9. In Abhängigkeit vom Preis p einer Ware lautet die Nachfragefunktion $N(p) = e^{\frac{-p}{2}} \cdot \left(1 - \frac{4}{p}\right)$.

a) Berechnen Sie die Elastizität $\varepsilon_U(p)$ der zugehörigen Umsatzfunktion $U(p) = p \cdot N(p)$.

b) Mit Hilfe von $\varepsilon_U(p)$ ist näherungsweise die Änderung des Umsatzes anzugeben, wenn der Ausgangspreis p von 12 Geldeinheiten um 0,3 Geldeinheiten erhöht wird.

10. Berechnen Sie im Falle derExistenz die Grenzwerte

a) $\lim\limits_{x \to \infty} \frac{3x^3 - 2x - 1}{x^3 - \frac{1}{x}}$; b) $\lim\limits_{x \to 1} \frac{e^x - e \cdot x}{(\ln x)^2}$;

c) $\lim\limits_{x \to 3} \left(\frac{1}{x-3} - \frac{5}{x^2 - x - 6}\right)$.

B

11. Berechnen Sie folgende Integrale

a) $\int\limits_0^1 \sqrt[3]{2 + x^2} \cdot x \, dx$; b) $\int\limits_{\ln 3}^{\ln 4} \frac{e^{2x}}{e^{2x} - 4} \, dx$.

12. Eine Gewinnfunktion f(x) besitze die Elastizität

$\varepsilon_f(x) = \frac{2x^2}{3x^2 + 1}$. Bestimmen Sie die Funktion f mit $f(0) = 1$.

13. Gegeben sei die Funktion $f(x) = \sqrt[3]{\ln x + 1}$.

a) Bestimmen Sie für f(x) das Taylorpolynom 1. Grades an der Stelle $x_0 = 1$.

b) Berechnen Sie unter Verwendung dieses Polynoms einen Näherungswert $\hat{A}$ für $A = \int_1^2 \sqrt[3]{\ln x + 1}\, dx$.

c) Um wieviel weicht das Taylorpolynom aus a) im Intervall [1, 2] von f(x) höchstens ab?

d) Um wieviel weicht $\hat{A}$ von A höchstens ab?

C

14. Der Ersatzwiderstand R zweier parallel geschalteter elektrischer Widerstände R_1 und R_2 berechnet sich zu

$$R = \frac{R_1 \cdot R_2}{R_1 + R_2}.$$

a) Bestimmen Sie das totale Differential von R.

b) Berechnen Sie mit Hilfe des totalen Differentials näherungsweise die Änderung von R, falls $R_1 = 100\ \Omega$ um ein Prozent fällt, während $R_2 = 50\ \Omega$ um 4 % zunimmt.

15. a) Ist $f(x, y) = \frac{2 \cdot \sqrt{y}}{x^2} + \frac{10}{x \cdot \sqrt{x}}$ homogen? Wenn ja, von welchem Grad?

b) Geben Sie eine linear homogene (r = 1) Funktion zweier Veränderlicher an.

16. Bestimmen Sie die Lage möglicher Extremwerte der Funktion $f(x, y) = \frac{1}{2}x^3 + 6y^2 - xy$ unter der Bedingung $x + 2y = \frac{20}{21}$.

D

17. Geben Sie sämtliche Lösungen des folgenden Gleichungssystems an:

$$\begin{aligned} 2x_1 - 4x_2 + 2x_3 - 2x_4 &= 4 \\ -4x_1 + 6x_2 - 2x_3 + 6x_4 &= 2 \\ 2x_1 - 2x_2 \qquad\quad - 4x_4 &= -6\,. \end{aligned}$$

18. Gegeben sei die Matrix $A = \begin{pmatrix} 0 & 0 & -1 \\ 0 & 1 & 0 \\ -1 & 0 & 0 \end{pmatrix}$.

a) Bestimmen Sie A^{-1}.

b) Berechnen Sie A^5. (Verwenden Sie dabei das Ergebnis aus a)!).

19. Die Ebene E enthält den Punkt (1, 0, 2) und wird von den Richtungsvektoren

$\begin{pmatrix} a \\ 2 \\ 1 \end{pmatrix}$ und $\begin{pmatrix} a \\ -2a \\ 4 \end{pmatrix}$ aufgespannt.

a) Bestimmen Sie a so, daß diese beiden Richtungsvektoren orthogonal sind.

b) Geben Sie E in einer Parameterform an.

c) Für welchen Wert b schneidet die Gerade

$$g: \begin{pmatrix} x \\ y \\ z \end{pmatrix} = \begin{pmatrix} 1 \\ 0 \\ 3 \end{pmatrix} + \lambda \cdot \begin{pmatrix} b \\ -1 \\ 1 \end{pmatrix}, \lambda \in \mathbf{R}$$

die Ebene mit der Gleichung

$2x - y - 2z + 2 = 0$ nicht?

20. Ein Damenschneider will in sein Angebot eine Kollektion aus zwei Modellen, einem Kostüm und einem Abendkleid, aufnehmen. Für das Zuschneiden möchte er insgesamt maximal 120 Stunden, für das Fertigstellen höchstens 160 Stunden aufwenden. Pro Kostüm braucht er 2 h für den Zuschnitt und 5 h für die Fertigstellung; jedes Abendkleid benötigt 4 h für den Zuschnitt und 3 h für die Fertigung. Sein Reingewinn beträgt 400 DM für ein Kostüm und 600 DM pro Abendkleid.

a) Stellen Sie obige Restriktionen als Ungleichungen dar.

b) Skizzieren Sie den Bereich möglicher Herstellungskombinationen.

c) Berechnen Sie den Gewinn für sämtliche Eckpunkte des zulässigen Bereichs.

d) Bei welcher Kombination ist dieser Gewinn am größten?

Klausur 19

A

1. Gegeben sind die Mengen $A = \{(x,y) \in \mathbf{R}^2 \mid y \geq -x^2 + 5x - 4; y \geq 0\}$, $B = [1;4]$ und $C = [0;2{,}5]$.

   a) Skizzieren Sie $B \times C$.

   b) Skizzieren Sie A.

   c) Geben Sie die Elemente von $D = \big(A \cap (B \times C)\big) \cap (\mathbf{N} \times \mathbf{N})$ an.

2. Für welche reellen Zahlen $x \in \mathbf{R}$ gilt $4 < x \cdot |x+2| + x$?

3. Eine Stadt will anläßlich ihrer jährlich stattfindenden Touristik-Messe ein Werbepräsent verlosen. Im ersten Jahr kostet sie dieses Präsent 100 DM; von Jahr zu Jahr erhöht sich der Vorjahrespreis um 5 % plus 1 DM.

   a) Bei welchem Preis K_3 ist man im 3. Jahr angelangt?

   b) Welcher Preis K_n ergibt sich für das n-te Jahr?

   c) Welche Summe S_3 hat die Stadt innerhalb von 3 Jahren insgesamt für dieses Präsent aufgewendet?

   d) Welche Ausgaben S_n ergeben sich insgesamt für einen Zeitraum von n Jahren?

4. Berechnen Sie im Falle der Existenz

   a) $\lim\limits_{n\to\infty} \left(1+\frac{1}{n}\right)^n \cdot \frac{n}{n+1}$; b) $\lim\limits_{n\to\infty} \frac{3n - n\cdot\sqrt[3]{7n^3+n-1}}{n^2 - n\cdot\sqrt{n-1} + 2}$;

   c) $\sum\limits_{k=2}^{\infty} \frac{3^{k-1} - 2^k}{4^{k+1}}$.

5. Gegeben ist die durch $a_{n+1} = \frac{1}{8}\cdot a_n^2 + \frac{3}{2}$; $a_1 = 4$ für $n=1,2,\ldots$ definierte Folge.

   a) Zeigen Sie, daß die Folge nach unten beschränkt ist.

   b) Zeigen Sie, daß die Folge monoton fallend ist.

   c) Berechnen Sie den Grenzwert der Folge.

6. Berechnen Sie jeweils die erste Ableitung der Funktionen

a) $f(x) = \ln\left[(x^4+3)\cdot x^3\right]$; b) $f(x) = \frac{e^{2x}-1}{e^x+1}$;

c) $f(x) = \sum_{n=0}^{3} \sin(n x^n)$.

7. Gegeben ist die Kostenfunktion $K(x) = x \cdot (x^3 - x + 5)^{\frac{1}{3}}$, $x > 0$.

a) An welcher Stelle x nimmt die Stückkostenfunktion $S(x) = \frac{K(x)}{x}$ ein Extremum an?

b) Bestimmen Sie die Elastizität $\varepsilon_S(x)$ der Stückkostenfunktion.

c) $x_0 = 5$ werde um 10 % erhöht. Berechnen Sie mit Hilfe der Elastizität näherungsweise die prozentuale Änderung der Stückkosten.

d) Berechnen Sie mit Hilfe der Elastizität $\varepsilon_S(x)$ der Stückkostenfunktion die Elastizität $\varepsilon_K(x)$ der Kostenfunktion K(x).

8. Gegeben sei die Funktionenschar

$f_t(x) = \frac{x+t}{e^x}$ mit jeweils festem $t \in \mathbf{R}$.

a) Bestimmen Sie den maximal möglichen Definitionsbereich, die Nullstellen, Extremwerte, Wendepunkte und Asymptoten von $f_t(x)$.

b) Skizzieren Sie den Graph von f_t für $t = 2$.

9. Einem Kreis mit dem Radius 1 wird ein gleichschenkliges Dreieck mit der Grundseite 2 a einbeschrieben, dessen Höhe $h = 1 + \sqrt{1-a^2}$ ist.

a) Berechnen Sie den Fächeninhalt F(a) des Dreiecks.

b) Für welchen Wert a_M ist der Flächeninhalt maximal?

10. Gegeben sei die Funktion $f(x) = \frac{1}{\sqrt{1+x}}$.

a) Berechnen Sie das Taylorpolynom $T_2(x)$ zweiten Grades von f(x) um die Entwicklungsstelle $x_0 = 0$.

b) Bestimmen Sie damit einen Näherungswert für $\frac{1}{\sqrt{2}}$.

c) Wie groß ist der Fehler höchstens, der bei der Näherung in b) gemacht wird?

11. Bestimmen Sie die Grenzwerte

a) $\lim\limits_{x \to 1} \dfrac{x-1}{2-\sqrt{5-x}}$; b) $\lim\limits_{x \to 0} \dfrac{\cos 3x - \cos 2x}{x^2}$;

c) $\lim\limits_{x \to 0} (\sin x)^x$.

B

12. a) Berechnen Sie $A = \displaystyle\int_0^{\frac{\pi}{2}} \frac{\sin x \cdot \cos x}{1+\sin^2 x} dx$.

b) Bestimmen Sie den Inhalt der Fläche, den der Graph der Funktion $f(x) = \ln\left(\frac{x}{2}\right)$ im Intervall $[1;4]$ mit der x-Achse einschließt.

13. Eine Funktion f(x) besitze die Elastizität $\varepsilon_f(x) = \frac{1}{3x} \cdot [f(x)]^3$, $x \neq 0$ und den Funktionswert $f(1) = 1$. Bestimmen Sie die Funktion f(x).

C

14. Bestimmen Sie die Tangentialebene $T_1(x,y)$ der Funktion

$f(x,y) = x^2 \cdot \ln y + e^{-xy}$

an der Stelle $(x_0, y_0) = (0, 1)$.

15. Gegeben sei die Funktion $f(x,y) = x^2 + y^2$.

a) Berechnen Sie die partiellen Elastizitäten $\varepsilon_{f,x}(x,y)$ und $\varepsilon_{f,y}(x,y)$.

b) Bestimmen Sie die Summe der partiellen Elastizitäten und geben Sie eine Begründung für das erhaltene Ergebnis an.

16. Bestimmen Sie alle Extremwerte und Sattelpunkte der Funktion

$f(x,y) = (x+y) \cdot e^{x + \frac{1}{2}y^2}$.

17. Bestimmen Sie die Extremwerte der Funktion

$f(x,y,z) = x + 2y + 3z$

unter den Nebenbedingungen $z - x - y = 1$ und $y + z^2 = 9$.

D

18. a) Gegeben ist die Gerade g: $\vec{x} = \begin{pmatrix} x \\ y \\ z \end{pmatrix} = \begin{pmatrix} 0 \\ 2 \\ -1 \end{pmatrix} + \lambda \cdot \begin{pmatrix} 1 \\ -1 \\ 1 \end{pmatrix}, \lambda \in \mathbf{R}.$

    Geben Sie ein Gerade h an, die g schneidet und auf g senkrecht steht.

    b) Berechnen Sie die Inverse der Matrix $A = \begin{pmatrix} 2 & 0 \\ 1 & 3 \end{pmatrix}$.

19. Für welche Parameterwerte a ist das Gleichungssystem

$$\begin{aligned} x - 2y + z &= 4 \\ 2x + y - z &= 0 \\ -x + 2y + 2z &= -1 \\ 2x - 4y + 5z &= a \end{aligned}$$

lösbar? Geben Sie alle Lösungen an.

20. Um in den Genuß der Prämien für Flächenstillegung in der Landwirtschaft zu kommen, beschließt ein Agronom, x ha Wiesenland und y ha Ackerland, insgesamt aber höchstens 90 ha, brachliegen zu lassen. Aus betrieblichen Gründen sollen höchstens 35 ha Wiese darunter sein. Darüber hinaus darf die brachliegende Ackerfläche höchstens doppelt so groß sein wie die Wiesenfläche.

    a) Stellen Sie das entsprechende Ungleichungssystem auf und fertigen Sie ein Skizze an.

    b) Für 1 ha Wiese bekommt der Landwirt 300 DM, für 1 ha Ackerland 450 DM Prämie im Jahr.

    Geben Sie die Zielfunktion an. Berechnen Sie die Flächen, welche die größte Prämie insgesamt ergeben. Wie hoch ist diese?

Klausur 20

A

1. Gegeben sind die Mengen

   $A = \{(x,y) \in \mathbf{R}^2 \mid x^2 + y^2 \leq 1 \,;\, y \leq 0\}$; $\quad B = \{(x,y) \in \mathbf{R}^2 \mid y \geq 2x - 1\}$.

   a) Skizzieren Sie A und B.

   b) Stellen Sie $A \setminus B$ dar.

   c) Geben Sie $(\mathbf{Z} \times \mathbf{Z}) \cap A$ an.

2. Für welche $x \in \mathbf{R}$ gilt $\quad x - 2 \geq |x^2 - 16|$?

3. In 25 m Tiefe beträgt die Temperatur der Erde 10° C. Messungen haben ergeben, daß die Erdtemperatur ab dieser Tiefe um einen konstanten Wert je m zunimmt.

   a) Welche Zunahme z pro Meter ergibt sich demnach, wenn in 89 m Tiefe die Erdtemperatur 12° C beträgt?

   b) In welcher Tiefe t findet man 210° C vor?

   c) Welche Temperatur T erwartet man in 10 km Tiefe?

4. Wie lange dauert es, bis ein Kapital von 100 DM auf 100 000 DM anwächst, wenn der Jahreszins in den ersten 15 Jahren 6 % beträgt, danach aber nur noch 5,5 %?

5. Berechnen Sie im Falle der Existenz die Grenzwerte der Folgen (a_n), $n \in \mathbf{N}$

   a) $a_n = \dfrac{4 \cdot 7^n - 3 \cdot 7^{2n}}{3 \cdot 7^{n-1} + 2 \cdot 7^{2n-1}}$; $\qquad$ b) $a_n = \left(1 + \frac{1}{n}\right)^n \cdot \dfrac{2n+1}{3n+2}$;

   c) $a_n = \left[\dfrac{3n^2 - 1}{(4n+1)(n-1)}\right]^2$.

6. Berechnen Sie

   a) $\displaystyle\sum_{k=4}^{\infty} \frac{16 \cdot 4^{k-3} - 2 \cdot 3^{k-1}}{5^{k-2}}$; $\qquad$ b) $\displaystyle\sum_{n=2}^{4} \frac{(n-1)^3}{\cos(n\pi) + \sin(n\pi)}$.

7. Bilden Sie jeweils die erste Ableitung der Funktionen

a) $f(x) = \dfrac{\ln(e^x - e^{-x})}{x^2}$; b) $f(x) = \sqrt[3]{1 + \sqrt[4]{x}}$;

c) $f(x) = \dfrac{\sin(3x + 2\pi)}{\cos x}$ d) $f(x) = \sqrt{e^{\sin(ax+b)}}$; $a, b \in \mathbb{R}$.

8. Einem Kegel mit dem Radius $r = 15$ cm und der Höhe $h = 30$ cm soll ein Zylinder mit größtmöglichem Volumen einbeschrieben werden. Berechnen Sie Radius R und Höhe H dieses Zylinders.

9. Gegeben sei die Funktionenschar

$f_t(x) = \dfrac{x^2 - 3t^2}{x + 2t}$ mit jeweils festem $t > 0$.

a) Bestimmen Sie den maximal möglichen Definitionsbereich, die Nullstellen, Extremwerte, Wendepunkte und Asymptoten.

b) Skizzieren Sie den Graph von $f_t(x)$ für $t = 1$.

10. Berechnen Sie die Grenzwerte

a) $\lim\limits_{x \to 0} \dfrac{\ln(e^{2x} + 4x)}{x}$; b) $\lim\limits_{x \to \infty} x \cdot \ln(1 - \frac{1}{x})$;

c) $\lim\limits_{x \to 0} \dfrac{\sin(\alpha \cdot x)}{x}$, $\alpha \in \mathbb{R}$.

B

11. Gesucht ist das bestimmte Integral $A = \int\limits_0^{\frac{1}{2}} \ln(1 - x^2)\,dx$.

a) Bestimmen Sie von der Funktion

$f(x) = \ln(1 - x^2)$; $x \in [0; \frac{1}{2}]$

das Taylorpolynom $T_2(x)$ zweiten Grades an der Entwicklungsstelle $x_0 = 0$.

b) Geben Sie für $0 \le x \le \frac{1}{2}$ eine Abschätzung für das Restglied an.

c) Berechnen Sie mit dem Taylorpolynom aus a) einen Näherungswert $\hat{A}$ für das Integral A.

d) Bestimmen Sie den maximalen Fehler, der bei dieser Näherung gemacht wird.

12. a) Zur Berechnung von $A = \int_0^{\frac{1}{2}} \ln(1-x^2)\,dx$ soll die Funktion $f(x) = \ln(1-x^2)$ durch $g(x) = -x^2$ angenähert werden. Berechnen Sie den exakten Fehler, der hierbei gemacht wird, also

$$F = \left| \int_0^{\frac{1}{2}} (f(x) - g(x))\,dx \right| .$$

Hinweis: Es gilt $\ln(1-x^2) = \ln(1+x) + \ln(1-x)$.

b) Berechnen Sie $\int_0^{\frac{\pi}{4}} \frac{\sin x}{\cos^3 x}\,dx.$

13. Für die Elastizität einer Funktion f(x), $x > 1$ mit $f(e^2) = 2$ gelte $\varepsilon_f(x) = \frac{1}{[f(x)]^2}$. Bestimmen Sie f(x).

C

14. Gegeben sei die Funktion $f(x,y) = x^2 \cdot \ln y + e^{-xy}$.

Geben Sie das totale Differential df an.

15. Gegeben ist die Funktion $f(x,y) = \sqrt{x^2 + xy + y^2}$.

a) Berechnen Sie die partiellen Elastizitäten $\varepsilon_{f,x}(x,y)$ und $\varepsilon_{f,y}(x,y)$.

b) Ist f homogen?

c) Wie groß ist die Summe S der partiellen Elastizitäten?

16. Bestimmen Sie alle Extremwerte und Sattelpunkte der Funktion $f(x,y) = \sqrt{1 + x \cdot y}$.

17. Gesucht sind die Extremwerte der Funktion $f(x,y) = x + y$ unter der Nebenbedingung $\frac{1}{x} + \frac{4}{y} = 1$.

D

18. Gegeben sei die Ebene E: $\vec{x} = \begin{pmatrix} x \\ y \\ z \end{pmatrix} = \begin{pmatrix} 0 \\ 4 \\ 7 \end{pmatrix} + \lambda \cdot \begin{pmatrix} 1 \\ -1 \\ 2 \end{pmatrix} + \mu \cdot \begin{pmatrix} -2 \\ 3 \\ -5 \end{pmatrix}$.

Geben Sie eine Gerade g an, die auf E senkrecht steht und durch den Schnittpunkt der beiden Geraden

$$h: \vec{x} = \begin{pmatrix} -2 \\ 5 \\ 3 \end{pmatrix} + \rho \cdot \begin{pmatrix} 3 \\ -1 \\ 4 \end{pmatrix} \quad \text{und} \quad k: \vec{x} = \begin{pmatrix} 0 \\ 3 \\ 6 \end{pmatrix} + \nu \cdot \begin{pmatrix} 1 \\ 1 \\ 1 \end{pmatrix} \quad \text{geht.}$$

19. Für welche Parameterwerte a hat das Gleichungssystem

$$\begin{aligned} x \quad\quad - 25z &= 3 \\ x + 2y - 3z &= a \\ -x \quad\quad + a^2 z &= 2 - a \end{aligned}$$

keine Lösung bzw. unendlich viele Lösungen ?

Bestimmen Sie diese Lösungen.

20. Eine Lederverarbeitungsfirma stellt Schulranzen und Einkaufstaschen aus demselben Rohmaterial her. Um die Maschinen sinnvoll auszunutzen, müssen hiervon mindestens 18 m^2 pro Woche verarbeitet werden. Außerdem ist zu berücksichtigen, daß dem Betrieb 40 Arbeitsstunden in der Woche zur Verfügung stehen. Weiterhin wird für einen Ranzen dreimal soviel Rohmaterial wie für eine Tasche, zu deren Herstellung 0,6 m^2 benötigt werden, verbraucht. Die Herstellung einer Tasche dauert 1 Stunde, die eines Ranzens 5 Stunden. Es ist davon auszugehen, daß mindestens 2 Ranzen in der Woche verkauft werden.

a) Stellen Sie das Ungleichungssystem auf und skizzieren sie den Bereich der möglichen Herstellungsmengen.

b) Ermitteln Sie den maximalen Umsatz, wenn ein Ranzen 60 DM und eine Tasche 7 DM kosten soll. Geben Sie dazu die Zielfunktion an. (Graphische und rechnerische Lösung).

Klausur 21

A

1. Gegeben seien die Mengen

   $A = \{(x, y) \in \mathbf{R}^2 \mid x^2 + y^2 + 2 \leq 6\}$ und $B = [-4; 4] \times [-4; 4]$.

   a) Skizzieren Sie A und $\overline{B}$.

   b) Skizzieren Sie $\overline{A} \cap B$.

   c) Geben Sie die Elemente von $A \cap (\mathbf{N} \times \mathbf{N})$ an.

2. Ein Unternehmen hat einem Mitarbeiter 7 Jahre lang vierteljährlich 5 000 DM nachschüssig als Prämie zu zahlen. Mit welchem einmaligen Betrag muß das Unternehmen den Mitarbeiter jetzt abfinden bei 5 % Zinsen jährlich?

3. Für welche $x \in \mathbf{R}$ gilt $\frac{-1}{x-2} \leq x$?

4. a) Zeigen Sie, daß die Folge $a_n = \cos(n\pi)$ nicht konvergiert.
   Hinweis: Verwenden Sie eine einfachere Darstellung für a_n.

   b) Berechnen Sie mit Hilfe von a) $\sum_{n=3}^{\infty} \frac{3 \cdot \cos(n\pi)}{2^n}$;

   c) Berechnen Sie $\sum_{n=0}^{\infty} \frac{e^{2n} - e^{3n}}{e^{4n}}$.

5. Gegeben sei eine rekursiv definierte Folge (a_n), $n \in \mathbf{N}$ mit

   $a_{n+1} = (a_n - 2)^2 + 2$; $a_1 = 2{,}5$.

   a) Zeigen Sie, daß für alle $n \in \mathbf{N}$ gilt: $2 \leq a_n \leq 3$.

   b) Beweisen Sie, daß diese Folge monoton fallend ist.

   c) Berechnen Sie den Grenzwert g.

6. Bestimmen Sie jeweils die erste Ableitung folgender Funktionen

   a) $f(x) = \frac{e^{3x} - e^x}{e^x + 1}$; b) $f(x) = x^{\ln x}$;

   c) $f(x) = \frac{a}{x^2 (\ln x)^3}$; d) $f(x) = \sqrt{x} \cdot \cos(x^2) \cdot e^{-x}$.

7. Gegeben sei die Kostenfunktion $K(x) = \sqrt[4]{x^4\left(x+2x^2\right)}$.

   a) Geben Sie die Stückkostenfunktion S(x) und ihre 1. Ableitung S′(x) in möglichst einfacher Form an.

   b) Bestimmen Sie die Elastizität $\varepsilon_S(x)$ der Stückkosten.

   c) Die Einsatzmenge $x_0 = 6$ werde um 50 % erhöht. Berechnen Sie näherungsweise die prozentuale Änderung der Stückkosten.

8. Ein quaderförmiger Behälter mit quadratischer Grundfläche ist oben offen. Seine Innenoberfläche beträgt $20\,m^2$. Bei welcher Grundseitenlänge a und welcher Höhe h ist das Volumen des Behälters maximal?

9. Gegeben sei die Funktionenschar $f_t(x) = 1 - \frac{t}{x^3+2t}$ mit $t > 0$.

   a) Bestimmen Sie den maximal möglichen Definitionsbereich von f_t, die Nullstellen, Ableitungen, Extremwerte, Wendepunkte und Asymptoten von f_t.

   b) Skizzieren Sie den Graph von f_t für $t = 1$.

10. Berechnen Sie folgende Grenzwerte:

    a) $\lim\limits_{x\to 1} \frac{e^{x^2-3x+2}-1}{(x-1)\cdot(x-2)}$; b) $\lim\limits_{x\to 0} \frac{\ln\sqrt{1-x^2}}{x^2}$;

    c) $\lim\limits_{x\to -2} \frac{x^2+2x+3}{x^2+3x+10}$.

B

11. Gesucht ist ein Näherungswert für $F = \int\limits_1^{\frac{3}{2}} x^x\,dx$.

    a) Entwickeln Sie die Funktion $f(x) = x^x$ in ein Taylorpolynom $T_1(x)$ ersten Grades um $x_0 = 1$.

    b) Führen Sie zu a) eine Restgliedabschätzung durch.

    c) Berechnen Sie den Näherungswert $\hat{F} = \int\limits_1^{\frac{3}{2}} T_1(x)\,dx$.

    d) Schätzen Sie den Fehler $|\,F - \hat{F}\,|$ nach oben ab.

12. Berechnen Sie folgende Integrale:

a) $\int_1^e x^2 \cdot (\ln x)^2 \, dx$; b) $\int_{\frac{\pi}{3}}^{\frac{\pi}{2}} \frac{8 \sin x \cdot \cos x}{\sin^2 x - \cos^2 x} dx$.

13. Bei welcher Funktion f(x) mit dem Definitionsbereiche $D = (0; \infty)$ und dem Funktionswert $f(4) = \frac{1}{2}$ gilt für die Elastizität

$\varepsilon_f(x) = -\frac{1}{2} \cdot x^2 \cdot (f(x))^4$?

C

14. Gegeben sei die Funktion $f(x,y) = \sqrt[3]{x^4 - y^4}$.

a) Bestimmen Sie die partiellen Elastizitäten.

b) Berechnen Sie die Summe der partiellen Elastizitäten.

c) Ist f(x, y) homogen? Wenn ja, von welchem Grad?

D

15. Welcher Punkt Q, der in den beiden Ebenen

$E_1 : x - 3y - 2z = 2$

$E_2 : 2x + y + 3z = -3$

liegt, hat vom Punkt $P(1; 1; -1)$ den kürzesten Abstand?

Hinweis: Benutzen Sie die Lagrange-Funktion zur Bestimmung von Extremwerten unter 2 Nebenbedingungen!

16. Gegeben seien die zwei Ebenen

$$x + y + z = 1$$
$$x - y - 2z = 1 .$$

a) Berechnen Sie die Schnittgerade h dieser Ebenen.

b) Steht $g : \vec{x} = \begin{pmatrix} 1 \\ 1 \\ 1 \end{pmatrix} + \lambda \cdot \begin{pmatrix} 2 \\ 1 \\ 0,5 \end{pmatrix}$, $\lambda \in \mathbb{R}$ senkrecht auf h?

c) Geben Sie die Ebene an, die senkrecht auf g steht und h enthält.

17. Ein Betrieb stellt aus 3 Rohstoffen (R_i) über 3 Zwischenprodukte (Z_j) 3 Endprodukte (E_k) her. Der Materialverbrauch zur Herstellung einer Einheit der entsprechenden Produkte ist folgenden Tabellen zu entnehmen:

	R_1	R_2	R_3
Z_1	1	0	3
Z_2	4	2	2
Z_3	3	1	2

	Z_1	Z_2	Z_3
E_1	2	3	4
E_2	1	1	3
E_3	0	2	1

Geben Sie eine Tabelle an, die den Rohstoffverbrauch für die Endprodukte E_1, E_2 und E_3 angibt.

18. Für welche $a, b, c, d \in \mathbb{R}$ gilt:

$$\begin{pmatrix} a & 1 \\ 2 & c \\ 0 & 3 \end{pmatrix} \cdot \begin{pmatrix} a & b \\ 4 & 1 \end{pmatrix} = \begin{pmatrix} 8 & b \\ 2 & d \\ 12 & 3 \end{pmatrix} ?$$

19. Gegeben sei das Gleichungssystem

$$\begin{aligned} x + y + 2z &= -2 \\ 3x + 4y + 5z &= -5 \\ x + 2y + (a^2 + 3a + 2)z &= a^2 - 2a - 3 \;. \end{aligned}$$

Für welche Werte von $a \in \mathbb{R}$ hat das Gleichungssystem

a) keine Lösung?

b) Genau eine Lösung?

c) Unendlich viele Lösungen?

Die Lösungen sind nicht anzugeben!

20. Es sind 57 ha mit Kartoffeln und Getreide zu bebauen. Für den Getreideanbau eignen sich jedoch höchsten 40 ha. Der Arbeitsaufwand betrage für den Kartoffelanbau 0,8 Tage/ha, für den Getreideanbau 0,2 Tage/ha. Es stehen 3 Arbeiter zu je 8 Arbeitstagen zur Verfügung.

a) Stellen Sie das entsprechende Ungleichungssystem auf und fertigen Sie eine Skizze an.

b) Der Ertrag pro Hektar Kartoffeln wird in diesem Jahr auf 20 t geschätzt. Der Absatzpreis für die unbegrenzt absetzbaren Kartoffeln betrage 50 DM/t. Die variablen Kosten für den Kartoffelanbau (Saatkosten etc.) belaufen sich auf 200 DM/ha. Für Getreide wird mit einem Hektar-Bruttogewinn von 400 DM/ha gerechnet. (Von fixen Kosten wird abgesehen.) Geben Sie eine Zielfunktion an und berechnen Sie die Flächenaufteilung, die insgesamt den größten Gewinn ergibt. Wie hoch ist dieser?

Klausur 22

A

1. Gegeben seien die Mengen

   $A = \{(x,y) \in \mathbb{R}^2 \mid 2x^2 + 2y^2 \leq 18;\ y \geq 0\}$;

   $B = \{(x,y) \in \mathbb{R}^2 \mid y \leq 4 - 2x \text{ und } y \leq 4 + 2x\}$.

   a) Skizzieren Sie A und B.

   b) Skizzieren Sie $A \cap \overline{B}$.

   c) Geben Sie die Elemente von $(A \cap B) \cap (\mathbb{N} \times \mathbb{N})$ an.

2. Für welche reellen Zahlen $x \in \mathbb{R}$ gilt $x \leq \frac{1}{|x-1|}$, $x \neq 1$?

3. Ein Unternehmen hat einem Mitarbeiter 5 Jahre lang halbjährlich 6 000 DM nachschüssig als Prämie zu zahlen. Mit welchem einmaligen Betrag B soll das Unternehmen den Mitarbeiter jetzt abfinden bei einem jährlichen Zinssatz von 7 % ?

4. Berechnen Sie

   a) $A = \sum_{n=0}^{4} \left(\sin\left(\frac{n\pi}{2}\right) \cdot \cos(n\pi) + n \right)$; b) $B = \sum_{k=2}^{\infty} \frac{2^{k-1} + 4^k}{e^{2k}}$.

5. Gegeben sei die rekursiv definierte Folge (a_n), $n = 1, 2, \ldots$

   $a_{n+1} = \sqrt{5a_n - 4}$; $a_1 = 2$.

   a) Zeigen Sie, daß für alle $n \in \mathbb{N}$ gilt: $1 \leq a_n \leq 4$.

   b) Beweisen Sie, daß die Folge monoton wachsend ist.

   c) Berechnen Sie den Grenzwert a der Folge.

6. Bestimmen Sie jeweils die erste Ableitung der Funktionen

   a) $f(x) = (x+1)^3 \cdot \ln\left(\sin\frac{x}{2}\right)$; b) $f(x) = \frac{e^{2x} - 1}{e^{2x} + 1}$;

   c) $f(x) = (\ln x)^x$; d) $f(x) = 4^{\cos x}$.

7. Bei einem Preis x je Mengeneinheit lassen sich von einer Ware

$$f(x) = \sqrt{\frac{e^{-x}+3x}{x^2}}$$

Mengeneinheiten (ME) absetzen.

a) Geben Sie die Umsatzfunktion U(x) und ihre erste Ableitung U'(x) in möglichst einfacher Form an.

b) Bestimmen Sie die Elastizität $\varepsilon_U(x)$ der Umsatzfunktion.

c) Die Einsatzmenge $x_0 = 5$ werde um 8 % erhöht. Berechnen Sie mit Hilfe von b) näherunsgweise die prozentuale Änderung des Umsatzes U.

d) Berechnen Sie aus der Elastizität $\varepsilon_U(x)$ der Umsatzfunktion U(x) die Elastizität $\varepsilon_f(x)$ der obigen Mengenfunktion f(x).

8. Bestimmen Sie für die Funktion

$$f(x) = \frac{\ln x}{x^2}, \; x \in \mathbf{R}$$

den maximal möglichen Definitionsbereich, die Nullstellen, Extremwerte, Wendepunkte und Asymptoten. Skizzieren Sie f.

9. Ein Schwimmbad hat die Form eines oben offenen Zylinders. Das Volumen beträgt 20π m^3. Bei welchem Radius r und welcher Höhe h ist die Innenoberfläche minimal?

10. Gesucht sind die Nullstellen der Funktion $f(x) = -\frac{9}{4} + x + \ln\sqrt{x}$.

a) Entwickeln Sie f(x) in ein Taylorpolynom 2. Grades um $x_0 = 1$.

b) Berechnen Sie die Nullstellen des Taylorpolynoms.

c) Um wieviel weicht die Funktion f(x) an der kleineren Nullstelle aus b) von 0 höchstens ab?

11. Berechnen Sie die Grenzwerte

a) $\lim\limits_{x \to \frac{\pi}{2}} \dfrac{\sin^2 x - 1}{\sqrt{2x - \pi}}$;

b) $\lim\limits_{x \to 0} \dfrac{e^{(x-1)(x-2)} - e^3}{\sin(x + \frac{\pi}{2})}$;

c) $\lim\limits_{x \to 0} (1 - \cos x)^x$.

B

12. a) Berechnen Sie die Fläche, die der Graph der Funktion

$$f(x) = e^x - e^{2x-1}$$

mit der x-Achse zwischen $x = 0$ und $x = 2$ einschließt.

b) Berechnen Sie das bestimmte Integral $\int_1^e \sqrt{x} \cdot (\ln x)\, dx$.

13. Welche Funktion mit dem Definitionsbereich $D = \{x \in \mathbf{R} \mid x \geq 1\}$, dem Wertebereich $W = \{y \in \mathbf{R} \mid y > 0\}$ und dem Funktionswert $f(1) = 4$ besitzt die Elastizität

$$\varepsilon_f(x) = \frac{2}{\sqrt{f(x)}} \, ?$$

C

14. Gegeben sei die Funktion $f(x,y) = \sqrt{x y^3} + x^2$.

a) Bestimmen Sie die partiellen Elastizitäten.

b) Ist $f(x, y)$ homogen? Wenn ja, von welchem Grad?

15. Ein kleines Werkstück hat die Form eines Zylinders mit dem Radius r und der Höhe h mit einem speziell aufgesetzten Kegel, dessen Radius gleich seiner Höhe ist.

Das Volumen beträgt dann $V = \pi r^2 h + \frac{1}{3} \pi r^3$.

Durch ungenaues Einstellen der Maschine vergrößerten sich sowohl der Radius als auch die Höhe des Werkstückes um 10%.

Berechnen Sie mit Hilfe des totalen Differentials näherungsweise die prozentuale Änderung des Volumens.

16. Bestimmen Sie alle Extremwerte und Sattelpunkte der Funktion

$$f(x,y) = \frac{1}{2} x^2 + \frac{1}{4} y^2 - \frac{1}{2} xy - \frac{1}{2} x + y + 7 .$$

D

17. Für welche $a, b, c \in \mathbb{R}$ sind die 3 Vektoren

$$\vec{u} = \begin{pmatrix} 2 \\ 2 \\ b \end{pmatrix}; \quad \vec{v} = \begin{pmatrix} c \\ a-3 \\ 1 \end{pmatrix}; \quad \text{und } \vec{w} = \begin{pmatrix} 5 \\ -3 \\ -b \end{pmatrix}$$

paarweise senkrecht?

18. Ist das folgende lineare Gleichungssystem lösbar?

Wenn ja, geben Sie die Lösungen an!

$$\begin{aligned} x + y + z &= 3 \\ 2x + 2y + z &= 4 \\ 3x + 3y - z &= 0 . \end{aligned}$$

19. Für welche $a \in \mathbb{R}$ existiert die Inverse A^{-1}

der Matrix $A = \begin{pmatrix} 1 & -a & 0 \\ -a & 1 & -a \\ 0 & -a & 1 \end{pmatrix}$?

Berechnen Sie im Falle der Existenz die Matrix A^{-1}.

20. Ein Tankwart kauft bei einer Raffinerie Normal- und Superbenzin. Die Mindestabnahmemenge für Normalbenzin beträgt 1500 l, die für Super 1000 l. Die maximale Lagerkapazität für Superbenzin beträgt 8000 l. Der Anteil von Superbenzin muß mindestens 25% betragen. Die Einkaufspreise für Normal- bzw. Superbenzin sind 0,84 DM bzw. 0,98 DM pro Liter, die Verkaufspreise dagegen 1,20 DM und 1,30 DM.
Der Tankwart möchte höchstens 11 200 DM ausgeben.

a) Stellen Sie das entsprechende Ungleichungssystem auf und fertigen Sie eine Skizze an.

b) Geben Sie eine Zielfunktion zur Bestimmung des maximalen Gewinns an. Berechnen Sie die Einkaufsmengen von Normal- und Superbenzin, die zu diesem maximalen Gewinn führen und berechnen Sie diesen ebenfalls.

Klausur 23

A

1. Gegeben sind die Mengen

   $A = \{(x,y) \in \mathbf{R}\times\mathbf{R} \mid x^2 + y^2 < 9\}$; $B = \{(x,y) \in \mathbf{R}\times\mathbf{R} \mid y \geq |x|\}$;

   $C = \{(x,y) \in \mathbf{R}\times\mathbf{R} \mid y \leq 3 , x \in \mathbf{R}\}$.

   a) Skizzieren Sie B . b) Skizzieren Sie $\overline{A} \cap B \cap C$.

   c) Geben Sie die Elemente von $D = (A \cap B) \cap (\mathbf{N}\times\mathbf{N})$ an.

2. Für welche $x \in \mathbf{R}$ gilt $\frac{1}{1-x^2} \leq 2$?

3. Ein Sparer zahlt zu Beginn eines Jahres 6000 DM auf ein Sparkonto ein. In den folgenden 3 Jahren zahlt er jeweils zu Jahresbeginn die Hälfte der Einzahlung des Vorjahres ein. Anschließend erfolgen keine Einzahlungen mehr. Die Verzinsung erfolgt jährlich mit $p = 4\%$.

   a) Berechnen Sie das Guthaben K_5 am Ende des 5. Jahres.

   b) Nach wieviel Jahren beträgt das Guthaben 100 000 DM ?

4. a) Zeigen Sie, daß die Folge $a_n = \sin\left(\pi(n + \frac{1}{6})\right)$, $n = 1, 2, \ldots$ nicht konvergiert. Geben Sie dazu eine einfachere Darstellung für a_n an.

   b) Berechnen Sie $\sum_{n=1}^{\infty} \frac{0{,}5 \cdot (-1)^n}{2^{n-2}}$ und $\sum_{n=2}^{\infty} \frac{\pi^n - e^{n+1}}{4^n}$.

5. Gegeben sei eine rekursiv definierte Folge a_n durch

   $a_{n+1} = 1 - \frac{1}{1 + 2a_n}$; $a_1 = 1$.

   a) Zeigen Sie, daß für alle $n \in \mathbf{N}$ gilt: $\frac{1}{2} \leq a_n$.

   b) Beweisen Sie, daß die Folge monoton fällt.

   c) Berechnen Sie den Grenzwert a der Folge.

6. Bestimmen Sie jeweils die erste Ableitung folgender Funktionen :

   a) $f(x) = \sqrt{x + \sqrt{x}}$; b) $f(x) = e^{(x^{-x})}$;

   c) $f(x) = x \cdot \ln(\ln x)$; d) $f(x) = \frac{e^{3x}}{1 - e^{-x}}$.

7. Bei einem Preis x je Produktionseinheit läßt sich von einer Ware die Menge

$f(x) = \frac{e^{4x}}{\sqrt{x}}$ absetzen.

a) Bestimmen Sie die Elastizität $\varepsilon_U(x)$ der Umsatzfunktion $U(x) = x \cdot f(x)$.

b) Der Preis $x_0 = \frac{1}{2}$ werde um 3% erhöht. Berechnen Sie näherungsweise die prozentuale Änderung des Umsatzes.

c) Bestimmen Sie aus der Elastizität $\varepsilon_U(x)$ der Umsatzfunktion $U(x)$ die Elastizität $\varepsilon_f(x)$ der obigen Funktion $f(x)$.

8. Gegeben sei die Kurvenschar $f_t(x) = \frac{x^2 + t}{(x + t)^2}$; $t > 0$.

a) Bestimmen Sie den Definitionsbereich, die Nullstellen, Extremwerte, Wendepunkte und Asymptoten von f_t.

b) Skizzieren Sie den Graph von f_t für $t = 1$.

9. Dem endlichen Flächenstück, das der Graph der Funktion $f(x) = 4 - x^2$ mit der x-Achse einschließt, soll ein Rechteck mit größtmöglichem Umfang einbeschrieben werden. Berechnen Sie die beiden Seitenlängen und den Umfang dieses Rechtecks.

10. a) Bestimmen Sie das Taylorpolynom $T_2(x)$ 2. Grades der Funktion $f(x) = (\cos x)^2$ an der Stelle $x_0 = \frac{\pi}{2}$.

b) Geben Sie mit $T_2(x)$ einen Näherungswert für $\left(\cos \frac{3\pi}{8}\right)^2$ an.

c) Schätzen Sie den Fehler ab, der bei der Näherung in Aufgabe b) entsteht.

11. Berechnen Sie folgende Grenzwerte:

a) $\lim\limits_{x \to 0} \frac{\sqrt{2}\,x + 1 - \cos x}{x \cdot \sin x + x}$; b) $\lim\limits_{x \to \ln 2} \left(\frac{3e^x}{e^x - 2} - \frac{24}{e^{2x} - 4}\right)$;

c) $\lim\limits_{x \to 0} x^{(x^2)}$.

B

12. Berechnen Sie die folgenden Integrale

a) $\int\limits_0^{\frac{\pi}{2}} 2\cos x \cdot \sqrt{\sin x}\, dx$; b) $\int\limits_2^{e+1} (x-1) \cdot \ln(x-1)\, dx$.

13. Für welche Funktion f(x) mit dem Definitionsbereich $D = (-\infty; 1)$ und dem Funktionswert $f\left(\frac{3}{4}\right) = 2$ lautet die Elastizität $\varepsilon_f(x) = \frac{x}{2} \cdot \left(f(x)\right)^2$?

C

14. Gegeben sei die Funktion $f(x,y) = y^2 \cdot \sqrt{x}$.

Ermitteln Sie mit Hilfe des totalen Differentials näherungsweise die prozentuale Änderung von f, wenn x um 4 % erhöht und y um 3 % verringert wird.

15. Gegeben sei die Funktion $f(x,y) = x \cdot e^{\frac{x}{y}} + y$.

a) Bestimmen Sie die partiellen Elastizitäten.

b) Ist f(x, y) homogen? Wenn ja, von welchem Grad?

16. Gegeben sei die Funktion $f(x,y,z) = e^{x^2+y^2+z^2}$.

Bestimmen Sie die Extremwerte unter den Nebenbedingungen $y = 1 + x$ und $y + z = 5$.

D

17. a) Gegeben seien die Vektoren $\vec{a} = \begin{pmatrix} 1 \\ 4 \\ -2 \end{pmatrix}$ und $\vec{b} = \begin{pmatrix} -2 \\ 3 \\ -1 \end{pmatrix}$.

Geben Sie einen Vektor $\vec{c}$ an, der zu $\vec{a}$ und $\vec{b}$ senkrecht ist und die Länge 1 hat.

b) Gegeben seien die Vektoren $\vec{a} = \begin{pmatrix} 1 \\ 4 \\ x \end{pmatrix}$ und $\vec{b} = \begin{pmatrix} -2 \\ y-2 \\ -4 \end{pmatrix}$.

Gibt es Werte x und y, so daß $\vec{a}$ und $\vec{b}$ parallel sind? Berechnen Sie diese gegebenenfalls.

18. Gegeben sei das lineare Gleichungssystem

$$\begin{aligned} x_1 \qquad\quad - 2x_3 &= 1 \\ -2x_1 + t x_2 + x_3 &= 7 \\ x_2 - 2x_3 &= 1, \; t \in \mathbb{R}\setminus\{0\}. \end{aligned}$$

Für welche Werte von t hat das System

a) keine Lösung, b) genau eine Lösung,

c) unendlich viele Lösungen?

Geben Sie die Lösungen an.

19. Gegeben sind die Matrizen

$$A = \begin{pmatrix} 0 & 1 \\ 4 & 3 \\ -1 & 2 \end{pmatrix}, \; B = \begin{pmatrix} -1 & 1 & 0 \\ 3 & -2 & 1 \end{pmatrix}; \; C = \begin{pmatrix} -1 & -5 & 1 \\ 2 & 6 & -1 \\ 6 & 15 & -2 \end{pmatrix}.$$

Berechnen Sie $A \cdot B$ und C^{-1}.

20. Zur Herstellung eines Produktes stehen einer Firma maximal 7 festangestellte Mitarbeiter und maximal 10 Aushilfskräfte zur Verfügung.

Die festangestellten Mitarbeiter stellen 30 Stück, die Aushilfskräfte 20 Stück pro Stunde her, wobei die festangestellten Mitarbeiter 10 % und die Aushilfskräfte 20 % unverkäufliche Artikel (Ausschuß) produzieren. Pro Stunde sollen mindestens 180 Stück (einschließlich der unverkäuflichen) produziert werden. Jeder unverkäufliche Artikel verursacht Kosten in Höhe von 5 DM. Der Stundenlohn für die festangestellten Mitarbeiter beträgt 15 DM, derjenige für die Aushilfskräfte 10 DM.

a) Welche Kosten entstehen der Firma pro Stunde für einen festangestellten Mitarbeiter und welche für eine Aushilfskraft?

b) Stellen Sie die Zielfunktion auf, welche die Gesamtkosten der Firma pro Stunde angibt, falls x festangestellte Mitarbeiter und y Aushilfskräfte beschäftigt werden.

c) Stellen Sie das dazugehörige Ungleichungssystem auf.

d) Wie viele festangestellte Mitarbeiter und wie viele Aushilfskräfte soll die Firma beschäftigen, wenn sie ihre Kosten möglichst gering halten will?

Klausur 24

A

1. Gegeben seien die Mengen

   $A = \{(x,y) \in \mathbf{R} \times \mathbf{R} \mid -|x| \geq y\}$; $B = \{(x,y) \in \mathbf{R} \times \mathbf{R} \mid 4 \geq x^2 + y^2\}$;

   $C = (x,y) \in \mathbf{R} \times \mathbf{R} \mid |x| \leq 1\}$.

   a) Skizzieren Sie A. b) Skizzieren Sie $A \cap B \cap C$.

   c) Skizzieren Sie $B \setminus C$.

   d) Geben Sie die Elemente von $D = (A \cap B \cap C) \cap (\mathbf{Z} \times \mathbf{Z})$ an.

2. Für welche $x \in \mathbf{R}$ gilt $\frac{1}{|x-1|} < \frac{1}{x-1} - x$?

3. Zu Beginn eines Jahres werden auf ein Sparkonto 4 000 DM eingezahlt. In den folgenden 9 Jahren werden jeweils zu Jahresbeginn 2 000 DM eingezahlt. Anschließend erfolgen keine weiteren Einzahlungen mehr. Die Verzinsung erfolgt jährlich mit 3 %.

   a) Wie hoch ist das Guthaben K_{12} am Ende des 12. Jahres?

   b) Nach wieviel vollen Jahren beträgt das Guthaben erstmals mehr als 75 000 DM?

4. Ein Pflanzenbestand umfaßt anfangs $500\,m^2$ Fläche. In den folgenden Winterperioden sterben jeweils 20 % der vorhandenen Fläche ab, als Ausgleich werden jedes Frühjahr $60\,m^2$ neu bepflanzt.

   a) Wie hängt der Pflanzenbestand a_n nach der n-ten Neupflanzung von derjenigen des Vorjahres ab?

   b) Zeigen Sie, daß diese Folge monoton fallend und beschränkt ist.

   c) Berechnen Sie den Grenzwert a dieser Folge.

5. Berechnen Sie

   a) $\sum_{n=3}^{6} \frac{\cos(3n\pi)}{n^2 - n}$; b) $\sum_{n=1}^{\infty} \frac{(e-2)^{n+1}}{3}$;

   c) $\lim_{n\to\infty} \frac{n^2 - n \cdot \sqrt{n^3 - 2}}{\sqrt{(n^2-2)(2n^3-1)}}$.

6. Gegeben sei die Funktion $f(x) = \frac{x - \ln 5}{e^{2x} - 5e^x}$.

a) Bestimmen Sie den Definitionsbereich von f.

b) Wo ist f stetig?

c) Ist f an der Definitionslücke stetig ergänzbar?

7. Geben Sie jeweils die erste Ableitung folgender Funktionen an:

a) $f(x) = \frac{1}{\cos^k x}$, $k \in \mathbb{N}$; b) $f(x) = \sqrt{1-x} \cdot \ln x$;

c) $f(x) = e^{\sqrt{e^x}}$; d) $f(x) = \ln\left(5 \cdot (x-2)^{20}\right)$.

8. Dem endlichen Flächenstück, das der Graph der Funktion $f(x) = x^2 - 9$ mit der x-Achse einschließt, wird ein Rechteck (siehe Skizze) einbeschrieben. Bestimmen Sie die Länge l und Breite b des Rechtecks, dessen Diagonale d am kleinsten ist.
(Hinweis: Betrachten Sie das Extremwertproblem für das Quadrat der Diagonalen.)

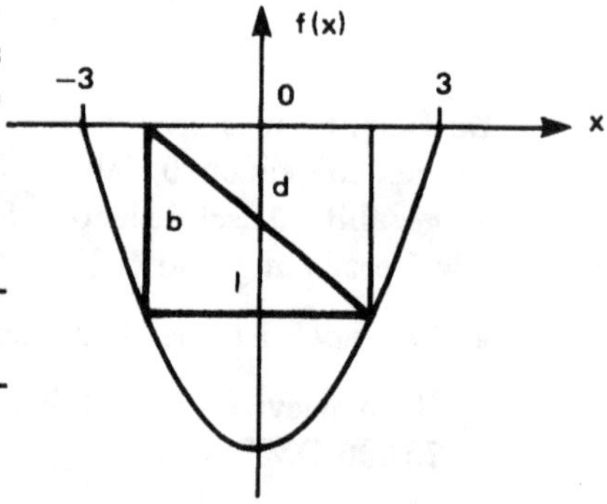

9. Gegeben sei die Kurvenschar $f_t(x) = (-2t + \ln x) \cdot \ln x$ mit $t \in \mathbb{R}$.

a) Bestimmen Sie den Definitionsbereich, die Nullstellen, Extremwerte, Wendepunkte und Asymptoten von f_t.

b) Skizzieren Sie den Graph von f_t für $t = 0{,}5$.

10. Gesucht sind die Nullstellen der Funktion

$f(x) = x^2 + 2x - \frac{13}{8} + \ln(x+1)$, $x > -1$.

a) Bestimmen Sie für f(x) das Taylorpolynom 2. Grades um $x_0 = 0$.

b) Berechnen Sie die Nullstellen des Taylorpolynoms.

c) Um wieviel weicht f an der im Definitionsbereich liegenden Nullstelle aus b) von 0 höchstens ab?

11. Berechnen Sie folgende Grenzwerte:

a) $\lim\limits_{x \to 3} \dfrac{\sqrt{x-2} - \frac{1}{3}x}{\ln(x-2)}$; b) $\lim\limits_{x \to \ln a} \dfrac{x - \ln a}{e^x - a}$, $a > 0$;

c) $\lim\limits_{x \to 0} x^{\sin x}$.

B

12. Berechnen Sie die Integrale

a) $\int\limits_0^1 \dfrac{e^x}{\sqrt{1+e^x}}\,dx$; b) $\int\limits_{-\frac{\pi}{2}}^{0} (x+1) \cdot \sin 2x\,dx$.

13. Für welche Funktion f(x) mit $f(1) = \sqrt{2}$ gilt für die Elastizität

$\varepsilon_f(x) = \left(\dfrac{x}{f(x)}\right)^2$?

C

14. Gegeben sei die Funktion $f(x,y) = x^2 \cdot \ln \frac{x}{y}$.

a) Bestimmen Sie die partiellen Elastizitäten. (Fassen Sie diese soweit wie möglich zusammen!)

b) Ist f(x, y) homogen? Wenn ja, von welchem Grad?

15. Berechnen Sie alle Extremwerte und Sattelpunkte der Funktion

$f(x,y) = -3(y+1)^2 + \dfrac{2x^2}{y+2} + (y+1)^3$; $y \neq -2$.

16. Gegeben sei die Funktion

$f(x,y) = x^2 \cdot \sqrt{y} + \frac{1}{x} + \frac{y}{x^2} - (1-\sqrt{x})^3$; $x, y > 0$.

Bestimmen Sie die Gleichung der Tangentialebene T(x, y) an f(x, y) an der Stelle (1; 9).

D

17. Gegeben sei die Ebene $E: \vec{x} = \begin{pmatrix} 1 \\ 0 \\ -2 \end{pmatrix} + \lambda \cdot \begin{pmatrix} 3 \\ -1 \\ -1 \end{pmatrix} + \mu \cdot \begin{pmatrix} -1 \\ 2 \\ 1 \end{pmatrix}$.

a) Bestimmen Sie eine Koordinatengleichung der Ebene E.

b) Geben Sie eine Gleichung der Geraden g an, die durch den Punkt $P(4, -6, 7)$ geht und auf E senkrecht steht.

18. Gegeben sind die Matrizen

$$A = \begin{pmatrix} 1 & 3 & -2 \\ 7 & 0 & 1 \end{pmatrix},\ B = \begin{pmatrix} 4 & 1 \\ 2 & b \end{pmatrix},\ C = \begin{pmatrix} 1 & 8 \\ -3 & 2 \\ 6 & -1 \end{pmatrix},\ b \in \mathbf{R}.$$

a) Welche der Matrizenprodukte $A \cdot B$, $A \cdot C$, $B \cdot C$, $B \cdot A$, $C \cdot A$ und $C \cdot B$ sind ausführbar? Hierbei ist keine Berechnung erforderlich!

b) Berechnen Sie allgemein in Abhängigkeit vom Parameter b die Inverse B^{-1}. Für welchen Wert b existiert diese nicht?

19. Für welches $a \in \mathbf{R}$ hat das lineare Gleichungssystem

$$\begin{aligned} x_1 + x_2 \quad\quad - x_3 &= 4 \\ 2x_1 - x_2 \quad\quad + 4x_3 &= 2 \\ 3x_1 + x_2 + (2a^2 - 1)x_3 &= a + 7 \end{aligned}$$

unendlich viele Lösungen? Geben Sie die Lösungen an.

20. Aus Himbeeren und Brombeeren soll eine Marmeladenmischung hergestellt werden. Dabei können höchstens 10 kg Himbeeren und 8 kg Brombeeren verarbeitet werden. Die gesamte zu verarbeitende Menge darf 12 kg nicht überschreiten. Außerdem soll der Anteil von Brombeeren an der Gesamtmenge mindestens 20 % betragen. Beim anschließenden Verkauf beträgt der Gewinn 1,50 DM je Kilogramm verwendeter Himbeeren und 1 DM je Kilogramm verwendeter Brombeeren.

a) Stellen Sie das dazugehörige Ungleichungssystem auf.

b) Ermitteln Sie die Zielfunktion z, welche den Gesamtgewinn beim Verkauf der Marmelade angibt.

c) Bei welchen Einsatzmengen für Him- und Brombeeren wird dieser Gesamtgewinn maximal?

Klausur 25

A

1. Gegeben seien die Mengen

$A = \{(x,y) \in \mathbf{R}\times\mathbf{R} \mid x^2 + y^2 \leq 25\}$;

$B = \{(x,y) \in \mathbf{R}\times\mathbf{R} \mid 0 \leq y + x < 6\}$; $C = [0;5) \times [0;4)$.

a) Skizzieren Sie B .

b) Skizzieren Sie die Menge $A \cap (B \setminus C)$.

c) Geben Sie die Menge $((A \setminus B) \cap C) \cap (\mathbf{N}\times\mathbf{N})$ an.

2. Für welche $x \in \mathbf{R}$ gilt $\frac{x^2}{2+|x-1|} \leq 1$?

3. Ein Sparer zahlt zu Beginn eines Jahres x DM auf ein Sparkonto ein. Jeweils am 1.7. des ersten Jahres und der folgenden Jahre bezahlt er zusätzlich 1 000 DM ein. Das Kapital wird am Jahresende mit 4 % anteilmäßig verzinst. Wie groß muß x sein, damit zu Beginn des dritten Jahres das Guthaben 5 000 DM beträgt?

4. a) Bestimmen Sie die Summe aller dreistelligen natürlichen Zahlen, die nicht durch 3 teilbar sind.

b) Berechnen Sie den Grenzwert $\lim\limits_{n\to\infty} \left(\sqrt{n^2+n+1} - \sqrt{n^2+1}\right)$.

c) Berechnen Sie $\sum\limits_{n=2}^{\infty} \frac{6^n - 2^n}{5^{n+1} \cdot 2^{n-1}}$.

5. Gegeben sei eine rekursiv definierte Folge (a_n), $n \in \mathbf{N}$ durch

$$a_{n+1} = \frac{2a_n^2}{1+2a_n^2}, \quad a_1 = 1.$$

a) Geben Sie eine sinnvolle untere Schranke an und zeigen Sie dann, daß a_n nach unten beschränkt ist.

b) Beweisen Sie, daß die Folge monoton fällt.

c) Berechnen Sie den Grenzwert a.

6. Geben sei die Funktion $f(x) = \begin{cases} 2-e^{-x} & , \ x \leq 0 \\ x^2+3x+1 , & 0 < x \leq 2 \\ \ln x & , \ x > 2 . \end{cases}$

a) Für welche $x \in \mathbf{R}$ ist f(x) stetig?

b) Für welche $x \in \mathbf{R}$ ist f(x) differenzierbar?

7. Geben Sie jeweils die erste Ableitung folgender Funktionen an:

a) $f(x) = \left(1+e^{-x}\right)^{\frac{7}{4}}$; b) $f(x) = \tan\left(\frac{x}{x+1}\right)$;

c) $f(x) = \left(x^2\right)^{\sqrt{x}}$; d) $f(x) = \sqrt{e^{-\left(\ln\frac{1}{x^2-1}+\ln(x-1)\right)}}$.

8. Gegeben sei die Kurvenschar $f_t(x) = \frac{1}{x(x-t)}$ mit $t > 0$, t fest.

a) Bestimmen Sie den maximal möglichen Definitionsbereich, die Nullstellen, Extremwerte, Wendepunkte und Asymptoten von f_t.

b) Skizzieren Sie den Graph von f_t für $t = 2$.

9. Welches rechtwinklige Dreieck mit der Hypothenusenlänge 1 besitzt den größten Umfang? Geben Sie die Kathetenlängen x und y dieses Dreiecks und dessen Umfang an.

10. Gesucht ist ein Näherungswert für $\sqrt{2}$.

a) Entwickeln Sie dazu $f(x) = \sqrt{\frac{9}{4}+x}$ in ein Taylorpolynom 2. Grades um $x_0 = 0$.

b) Berechnen Sie mit Hilfe dieses Taylorpolynoms einen Näherungswert N für $\sqrt{2}$. Dabei soll N als Bruch angegeben werden.

c) Um wieviel weicht N von $\sqrt{2}$ höchstens ab?

11. Berechnen Sie folgende Grenzwerte:

a) $\lim\limits_{x\to\infty} \frac{e^{2x}+e^x+1}{2-e^{2x}-x}$; b) $\lim\limits_{x\to 3} \left(\frac{2x+1}{x-3} - \frac{77}{(x-3)(x+8)}\right)$;

c) $\lim\limits_{x\to 0} (\sin x)^{\sin x}$.

B

12. Berechnen Sie folgende Integrale

a) $\int\limits_0^{\frac{\pi}{2}} \left(\sin x \cdot \sqrt{\cos x} + 1\right) dx$; b) $\int\limits_{\frac{1}{3}}^{1} e^{3x} \cdot (x-1)\, dx$.

13. Bei welcher Funktion $f(x)$, $x < \sqrt[3]{2}$, $f(1) = 1$ gilt für die Elastizität $\varepsilon_f(x) = -\frac{3}{2} x \cdot \left(\frac{x}{f(x)}\right)^2$?

C

14. Gegeben sei die Funktion $f(x,y) = -\frac{1}{2} x \cdot \sqrt{x \cdot y}$.

   a) Bestimmen Sie die partiellen Elastizitäten. (Fassen Sie diese soweit wie möglich zusammen!)

   b) Ist $f(x,y)$ homogen? Wenn ja, von welchem Grad?

15. Gegeben sei die Funktion $f(x,y) = x \cdot y \cdot e^{\frac{x}{y}}$.

   a) Bestimmen Sie die beiden partiellen Ableitungen $f_x(x,y)$ und $f_y(x,y)$ an der Stelle $(2;1)$.

   b) Bestimmen Sie die Richtungsableitung an der Stelle $(2;1)$ in Richtung des Vektors $\vec{v} = \begin{pmatrix} 1 \\ 1 \end{pmatrix}$.

16. Bestimmen Sie den Abstand d des Punktes $P(1;1;1)$ von der Ebene $E:\ x + y + z - 6 = 0$ mit Hilfe der Methode "Extremwerte unter Nebenbedingungen".

D

17. Gegeben seien zwei Geraden g_1 und g_2 durch

$$g_1:\ \vec{x} = \begin{pmatrix} 4 \\ 0 \\ 1 \end{pmatrix} + \lambda \cdot \begin{pmatrix} 2 \\ -1 \\ 4 \end{pmatrix}; \qquad g_2:\ \vec{x} = \begin{pmatrix} -1 \\ 1 \\ 2 \end{pmatrix} + \mu \cdot \begin{pmatrix} -2{,}6 \\ 1{,}3 \\ -5{,}2 \end{pmatrix}.$$

   a) Zeigen Sie, daß g_1 und g_2 parallel sind.

   b) Geben Sie die Ebene E an, in der g_1 und g_2 liegen.

   c) Der Punkt $P(-27;\ 14;\ -50)$ liegt auf g_2. Geben Sie eine Gerade h an, die g_2 im Punkt P senkrecht schneidet.

18. Gegeben seien die vier linearen Gleichungssysteme $A \cdot \vec{x}_i = \vec{b}_i$ für $i = 1, 2, 3, 4$ mit

$$A = \begin{pmatrix} 1 & 0 & -2 \\ -1 & 2 & 2 \\ 0 & 4 & 2 \end{pmatrix} \text{ und}$$

$$\vec{b}_1 = \begin{pmatrix} 1 \\ 0 \\ 2 \end{pmatrix}, \quad \vec{b}_2 = \begin{pmatrix} -3 \\ 2 \\ 4 \end{pmatrix}, \quad \vec{b}_3 = \begin{pmatrix} 0 \\ -\frac{1}{2} \\ 2 \end{pmatrix}, \quad \vec{b}_4 = \begin{pmatrix} \frac{1}{4} \\ \frac{1}{4} \\ \frac{1}{4} \end{pmatrix}.$$

Bestimmen Sie die Vektoren $\vec{x}_1$, $\vec{x}_2$, $\vec{x}_3$ und $\vec{x}_4$.

19. Gegeben seien die Matrizen A und B in Abhängigkeit der Parameter a, b, c und d durch

$$A = \begin{pmatrix} a & 4 & c+1 \\ 3 & b & d \end{pmatrix} \quad \text{und} \quad B = \begin{pmatrix} 1 & b \\ c & d \\ -4 & 0 \end{pmatrix}.$$

a) Welche der folgenden Matrizenprodukte können gebildet werden und welche nicht? $A \cdot B$, $A^T B$, $A B^T$, $B \cdot A$.

Geben Sie, falls möglich, Zeilen-und Spaltenanzahl der Produkte an.

b) Bestimmen Sie a, b, c und d so, daß $A \cdot B = \begin{pmatrix} -6 & -10 \\ 15 & 1 \end{pmatrix}$ gilt.

20. Gesucht sind das Minimum und das Maximum der Funktion

$z = 3x + 3y$ unter den Nebenbedingungen:

$x \geq 1, \ y \geq 1$

$x + y \geq 3$

$x \leq 9 - 2y$.

a) Stellen Sie den zulässigen Bereich graphisch dar!

b) Ermitteln Sie dessen Eckpunkte.

c) Geben Sie alle Punkte an, in denen das Minimum bzw. das Maximum angenommen wird.

Lösungen

Klausur 1

1. B: bestanden; G: gut vorbereitet; O: Optimisten;
gegeben: $|\Omega| = 200$; $|G| = 100$; $|B \cap \overline{G} \cap \overline{O}| = 20$; $|\overline{B} \cap \overline{G} \cap O| = 13$;
$|\overline{B} \cap \overline{G} \cap \overline{O}| = 57$; gesucht: $|B \cap \overline{G} \cap O|$

$|B \cap \overline{G} \cap O| = |B \cap \overline{G}| - |B \cap \overline{G} \cap \overline{O}| = |B \cap \overline{G}| - 20$;

$|\overline{B} \cap \overline{G}| = |\overline{B} \cap \overline{G} \cap O| + |\overline{B} \cap \overline{G} \cap \overline{O}| = 70$; $|\overline{G}| = 200 - |G| = 100$;

$|B \cap \overline{G}| + |\overline{B} \cap \overline{G}| = |\overline{G}| \Rightarrow |B \cap \overline{G}| = 100 - 70 = 30$;

$|B \cap \overline{G} \cap O| = |B \cap \overline{G}| - 20 = 30 - 20 = 10$.

2. a)

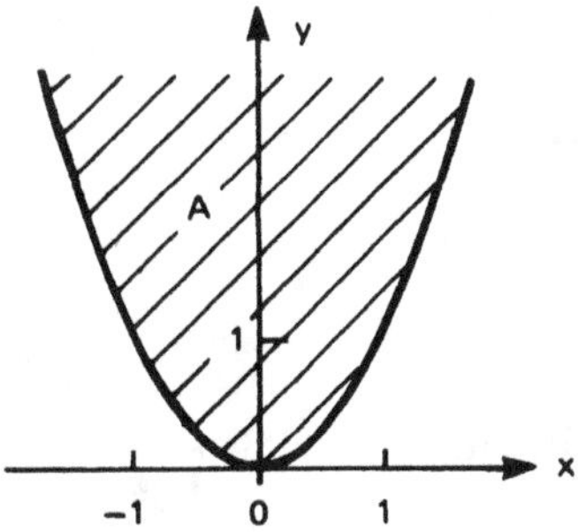

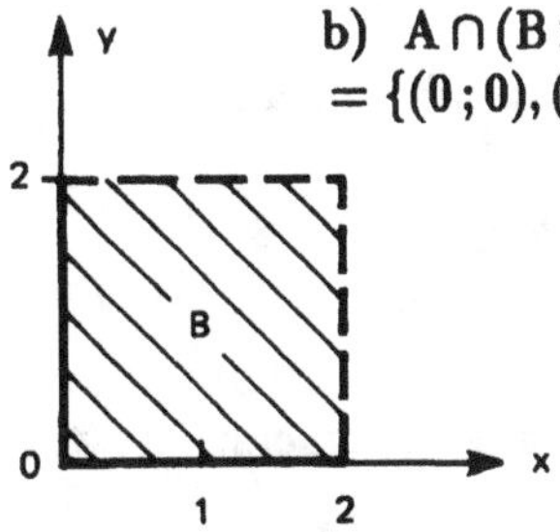

b) $A \cap (B \times B) \cap (\mathbb{Z} \times \mathbb{Z}) = \{(0;0), (0;1), (1;1)\}$.

3. Gleichung wird mit $|x| - 1$ durchmultipliziert;

I) (Nenner positiv) $|x| > 1 \Leftrightarrow x > 1$ oder $x < -1$

$\Rightarrow 1 > |x| - 1 \Rightarrow |x| < 2$; $-2 < x < 2$; $L_I = (-2; -1) \cup (1;2)$;

II) (Nenner negativ) $|x| < 1 \Rightarrow 1 < |x| - 1 \Leftrightarrow |x| > 2$; $L_{II} = \emptyset$;

Lösung: $L = L_I \cup L_{II} = (-2; -1) \cup (1;2)$.

4. $|101 - k| < 26 \Leftrightarrow 75 < k < 127$; arithmetische Reihe mit $a_1 = 76$;

$a_n = 126 = 76 + (n-1) \cdot 2 \Rightarrow n = 26$;

$s_{26} = 13 \cdot (76 + 126) = 2\,626$.

5. a) $q = 1{,}03^4 = 1{,}12550881$; $p_{eff.} = 12{,}550881\ \%$;

b) $K_n =$ Kapital am Ende des n-ten Jahres;

$K_1 = K \cdot q + S$;

$K_2 = K \cdot q^2 + S \cdot q + S = 1\,532\,458{,}68\ \text{DM}$;

$K_n = K \cdot q^n + S \cdot q^{n-1} + S \cdot q^{n-2} + \ldots + S = K \cdot q^n + S \cdot \dfrac{q^n - 1}{q - 1}$.

6. a) $a_n = \frac{n^2 + n^3 - 2n^{3/2} + 1}{64n^3 - 32n^3 + 1} = \frac{\frac{1}{n} + 1 - 2n^{-3/2} + \frac{1}{n^3}}{32 + \frac{1}{n^3}}$; $\lim_{n\to\infty} a_n = \frac{1}{32}$.

b)

$$0 \le \sqrt{\sqrt{n}+1} - \sqrt{\sqrt{n}-1}$$

$$= \frac{(\sqrt{\sqrt{n}+1} - \sqrt{\sqrt{n}-1})\cdot(\sqrt{\sqrt{n}+1} + \sqrt{\sqrt{n}-1})}{\sqrt{\sqrt{n}+1} + \sqrt{\sqrt{n}-1}}$$

$$= \frac{2}{\sqrt{\sqrt{n}+1} + \sqrt{\sqrt{n}-1}} < \frac{2}{2\sqrt{\sqrt{n}-1}} \to 0 \Rightarrow \lim_{n\to\infty} a_n = 0.$$

c) $a_n = (-1)^n \cdot \left(n^2 - n^2 + 2 - \frac{1}{n^2}\right) = (-1)^n \cdot \left(2 - \frac{1}{n^2}\right)$;

Teilfolge mit geradem Index $\lim_{n\to\infty} a_{2n} = 2$;

Teilfolge mit ungeradem Index $\lim_{n\to\infty} a_{2n-1} = -2$.

Die Folge ist divergent.

7. Nullstellen des Nenners: $-1; 2$; Nullstellen des Zählers: $-1; -\frac{1}{2}$.

$f(x) = \frac{(x+1)(2x+1)}{(x+1)(x-2)}$ ist stetig auf $\mathbb{R}\setminus\{-1; 2\}$.

$$f(-1+h) = \frac{(-1+h+1)\cdot[2(-1+h)+1]}{(-1+h+1)(-1+h-2)} = \frac{-1+2h}{-3+h};\ h \neq 0;$$

$$\lim_{h\to 0} f(-1+h) = \lim_{h\to 0} \frac{-1+2h}{-3+h} = \frac{1}{3};\quad g(-1) = \frac{1}{3}.$$

An der Stelle -1 läßt sich f fortsetzen zur Funktion $g(x) = \frac{2x+1}{x-2}$ mit $g(-1) = \frac{1}{3}$. Wegen

$$\lim_{x\to 2+} g(x) = +\infty \quad \text{und} \quad \lim_{x\to 2-} g(x) = -\infty$$

ist an der Stelle $x = 2$ keine stetige Fortsetzung möglich.

$x = 2$ ist vertikale Asymptote (Polstelle).

Es gilt

$$\lim_{x\to\pm\infty} \frac{2x^2 + 3x + 1}{x^2 - x - 2} = 2.$$

Daher ist $y(x) = 2$ horizontale Asymptote.

8. $f(x) = \left(\frac{1}{2}x^2 + x + \frac{1}{2}\right) \cdot e^{-2x+7} = \frac{1}{2}(x+1)^2 \cdot e^{-2x+7}$;

Definitionsbereich: $D = \mathbb{R}$; Nullstellen : $x_{1,2} = -1$ (doppelt);

$f'(x) = (x+1) \cdot e^{-2x+7} - (x+1)^2 \cdot e^{-2x+7} = -x(x+1) \cdot e^{-2x+7}$

$$f''(x) = (-2x-1) \cdot e^{-2x+7} + 2(x^2+x) \cdot e^{-2x+7}$$
$$= (2x^2-1) \cdot e^{-2x+7};$$
$$f'''(x) = (-4x^2+4x+2) \cdot e^{-2x+7}.$$

Extremwerte: $f'(x) = 0$; $x_{E_1} = 0$; $x_{E_2} = -1$.

$f''(0) < 0 \quad \Rightarrow$ relatives Maximum an der Stelle $P(0; \frac{e^7}{2})$;

$f''(-1) > 0 \quad \Rightarrow$ relatives Minimum an der Stelle $P(-1; 0)$.

Wendepunkte: $f''(x) = 0$; $x_{W_{1,2}} = \pm\frac{\sqrt{2}}{2}$; $f'''(x_{W_{1,2}}) \neq 0$.

Asymptoten: Wegen $\lim\limits_{x\to\infty} f(x) = 0$ ist die positive x-Achse Asymptote.

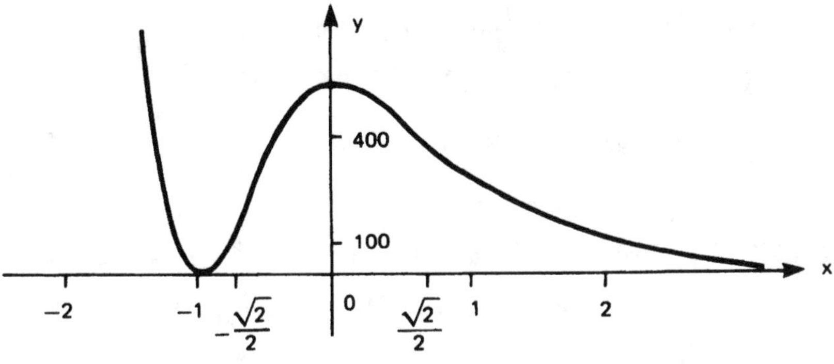

9. a) $f(x) = 2e^{-2x^2}$; $f'(x) = -8xe^{-2x^2}$; $\varepsilon_f(x) = \frac{f'(x)}{f(x)} \cdot x = -4x^2$.

b) $U'(x) = f(x) \cdot [1 + \varepsilon_f(x)] = 2(1-4x^2)e^{-2x^2} = (x \cdot f(x))'$.

c) $U'(x) = 0$; $x_1 = \frac{1}{2}$; $x_2 = -\frac{1}{2}$ kann keine Nachfragemenge sein.

$U''(x) = (32x^2 - 24x)e^{-2x^2}$; $U''(\frac{1}{2}) < 0 \quad \Rightarrow$ Maximum.

10. $k(x) = x^3 - 0{,}3x - 1 \qquad k(1) = -0{,}3$;

$k'(x) = 3x^2 - 0{,}3 \qquad k'(1) = 2{,}7$;

$k''(x) = 6x \qquad k''(1) = 6$;

$k'''(x) = 6$;

a) $T_2(x) = -0{,}3 + 2{,}7(x-1) + \frac{6}{2!}(x-1)^2$

$= 3x^2 - 3{,}3x = 3x(x-1{,}1);\ x_N = 1{,}1;$

b) $R_2(1{,}1) = \frac{6}{3!}(1{,}1-1)^3 = 0{,}001.$

11. a) Substitution: $u = \sqrt{x}$; $du = \frac{1}{2\sqrt{x}}dx$;

$$\int_{\frac{\pi^2}{4}}^{\pi^2} \frac{\sin\sqrt{x}}{2\sqrt{x}}dx = \int_{\frac{\pi}{2}}^{\pi} \sin u\,du = -\cos u \Big|_{\frac{\pi}{2}}^{\pi} = 1.$$

b) Substitution: $\ln x = u;\ \frac{1}{x}dx = du$

$$\int_e^{e^2} \frac{1}{(\ln x)^2}\cdot\frac{1}{x}dx = \int_1^2 \frac{1}{u^2}du = -\frac{1}{u}\Big|_1^2 = \frac{1}{2}.$$

c) Partielle Integration $x^2 = f(x);\ \sin x = g'(x)$

$$\int x^2\cdot\sin x\,dx = -x^2\cos x + 2\int x\cos x\,dx$$

$$= -x^2\cos x + 2x\sin x - 2\int \sin x\,dx$$

$$\int_0^{\frac{\pi}{2}} x^2\cdot\sin x\,dx = [-x^2\cos x + 2x\sin x + 2\cos x]\Big|_0^{\frac{\pi}{2}} = \pi - 2.$$

12. a) $A(p) = N(p) \Rightarrow p^2 + p + 11 = 110 - p;\ p^2 + 2p + 1 = 100;$

$(p+1)^2 = 100;\ p = -1 + 10;$ Marktpreis $p_M = 9.$

$$\text{b) } P = \int_5^9 (p^2 + p + 11)\,dp = \left[\frac{p^3}{3} + \frac{p^2}{2} + 11p\right]_5^9 = \frac{820}{3};$$

$$K = \int_9^{50} (110 - p)\,dp = \left[110p - \frac{p^2}{2}\right]_9^{50} = 3\,300{,}5.$$

13. $K(T) = \int_0^T (t+2)\,e^{0{,}05(T-t)}dt = e^{0{,}05T}\cdot\int_0^T (t+2)\,e^{-0{,}05t}dt$

$= e^{0{,}05T}\cdot v(T)$ (wird nach b) ausgerechnet).

b) $v(T) = \int_0^T \underbrace{(t+2)}_{f} \cdot \underbrace{e^{-0,05\,t}}_{g'} dt$

$= -20 \cdot \left[(t+2)\,e^{-0,05\,t}\right]_0^T + 20 \cdot \int_0^T e^{-0,05\,t}\,dt$

$= -20\,(T+2)\,e^{-0,05\,T} + 40 \; - \; 400 \cdot e^{-0,05\,T} \Big|_0^T$

$= -20\,(T+2)\,e^{-0,05\,T} + 40 \; - \; 400 \cdot e^{-0,05\,T} + 400$

$= \; 440 \; - (440 + 20\,T)\,e^{-0,05\,T};$

a) $K(T) = \; e^{0,05\,T} \cdot v(T) \; = 440 \cdot e^{0,05\,T} \; - (440 + 20\,T)$ (s. o);

c) $\lim\limits_{T\to\infty} v(T) = 440 - \lim\limits_{T\to\infty} \dfrac{440 + 20\,T}{e^{0,05\,T}} = 440 - \lim\limits_{T\to\infty} \dfrac{20}{0,05 \cdot e^{0,05\,T}} = 440.$

14. $f(x,y) \;=\; 5\,y^2 x + 3\,(y-5)^2 - 20\,x$

$f_x(x,y) \;=\; 5\,y^2 - 20;$ $\qquad f_y(x,y) \;=\; 10\,x\,y + 6\,(y-5);$

$f_{xx}(x,y) = 0;\; f_{yy}(x,y) = 10\,x + 6;\; f_{xy}(x,y) = 10\,y;$

$f_x(x,y) \;= 0 \;\Rightarrow y = \pm 2;$

$f_y(x,y) \;= 0;\;\; y = +2 \Rightarrow x = 0,9;\; y = -2 \Rightarrow x = -2,1.$

Stationäre Punkte: $P_1(0,9;2);\;\; P_2(-2,1;-2);$
$\Delta_1 = \Delta_2 = -400 < 0$. Beide Punkte sind Sattelpunkte.

15. a) Eliminationsmethode:

$y = \frac{20}{\sqrt{x}} \quad \Rightarrow \quad K(x,y) = 5\,x + \frac{80}{\sqrt{x}} = g(x);$

$g'(x) = 5 - 40\,x^{-3/2} = 0;\;\; x^{3/2} = 8;\; x = \sqrt[3]{64} = 4;\;\; \underline{x = 4; y = 10.}$

$g''(x) = 60\,x^{-5/2};\;\; g''(4) > 0 \;\Rightarrow$ Minimum.

b) Methode von Lagrange: Lagrange - Funktion

$L(x,y,\lambda) \;=\; 5\,x + 4\,y + \lambda \cdot (\sqrt{x} \cdot y - 20)$

$L_x(x,y,\lambda) \;=\; 5 + \lambda \frac{y}{2\sqrt{x}} = 0; \qquad | \cdot 2\,x$

$L_y(x,y,\lambda) \;=\; 4 + \lambda \cdot \sqrt{x} = 0; \qquad | \cdot y$

$L_\lambda(x,y,\lambda) \;=\; \sqrt{x} \cdot y - 20 = 0$ (Nebenbedingung)

$\left.\begin{array}{l} 10\,x + \lambda\,y\sqrt{x} = 0 \\ 4\,y + \lambda\,y\sqrt{x} = 0 \end{array}\right\} - \quad \Rightarrow \quad 10\,x = 4\,y;\;\; y = \frac{5}{2}x;$

Nebenbedingung: $\sqrt{x} \cdot \frac{5}{2}x = 20;\;\; x^{3/2} = 8;\qquad \underline{x = 4;\quad y = 10.}$

16. a) $f_x(x,y) = \frac{3}{2}\sqrt{xy}$; $f_y(x,y) = \frac{1}{2}\,x^{\frac{3}{2}} \cdot y^{-\frac{1}{2}}$;

$$df(x,y) = \frac{3}{2}\sqrt{xy}\,dx + \frac{1}{2}\,x^{\frac{3}{2}} \cdot y^{-\frac{1}{2}}\,dy$$

$$df(100,25) = \frac{3}{2}\sqrt{100 \cdot 25} \cdot 5 - \frac{1}{2}\,100^{\frac{3}{2}} \cdot 25^{-\frac{1}{2}} \cdot 1 = 275;$$

b) $f(\lambda x, \lambda y) = \lambda^2 \cdot f(x,y) \;\Rightarrow\;$ f ist homogen vom Grad $r = 2$.

17. a)

$$\begin{aligned} x + 2y + 3z &= 25 \\ 6x + 2y + 8z &= 50 \\ 4x + 10y + 4z &= 100 \end{aligned}$$

b) Lösung mit dem Gaußschen Algorithmus

1	2	3	25	(1)
6	2	8	50	(2)
4	10	4	100	(3)
1	2	3	25	(1)
0	−10	−10	−100	(2) − 6 × (1) = (2')
0	2	−8	0	(3) − 4 × (1) = (3')
1	2	3	25	(1)
0	1	1	10	(2'):(−10) = (2'')
0	0	−10	−20	(3') − 2 × (2'') = (3'')
1	0	0	3	(1) − 2 × (2''') − 3 × (3''')
0	1	0	8	(2'') − (3''') = (2''')
0	0	1	2	(3''):(−10) = (3''')

<u>Lösung: $x = 3$; $y = 8$; $z = 2$.</u>

18. a)

2	−3	5	2	
3	1	2	−8	
1	2	−1	−6	
1	2	−1	−6	(3. Gleichung)
0	−7	7	14	
0	−5	5	10	
1	2	−1	−6	
0	1	−1	−2	
0	0	0	0	(Gleichung ist immer erfüllt)

$z = \lambda$ (beliebig); $y = -2 + \lambda$; $x = -6 + \lambda - 2(-2 + \lambda) = -2 - \lambda$.

b) $x + y + z = -2 - \lambda - 2 + \lambda + \lambda = 5$; $\lambda = 9$;

$x = -11$; $y = 7$; $z = 9$.

19. a)

$$
\begin{array}{ccc|ccc|l}
-1 & 1 & \sqrt{2} & 2 & 0 & 0 & (1) \\
1 & -1 & \sqrt{2} & 0 & 2 & 0 & (2) \\
\sqrt{2} & \sqrt{2} & 0 & 0 & 0 & 2 & (3) \\
\hline
1 & -1 & \sqrt{2} & 0 & 2 & 0 & (2) = (1') \\
0 & 0 & 2\sqrt{2} & 2 & 2 & 0 & (2) + (1) = (2') \\
0 & 2\sqrt{2} & 2 & 2\sqrt{2} & 0 & 2 & (3) + \sqrt{2} \times (1) = (3') \\
\hline
1 & -1 & 0 & -1 & 1 & 0 & (2) - \sqrt{2} \times (3'') = (1'') \\
0 & 2\sqrt{2} & 0 & \sqrt{2} & -\sqrt{2} & 2 & (3) - 2 \times (3'') = (2'') \\
0 & 0 & 1 & \frac{\sqrt{2}}{2} & \frac{\sqrt{2}}{2} & 0 & (2') : 2\sqrt{2} = (3'') \\
\hline
1 & 0 & 0 & -\frac{1}{2} & \frac{1}{2} & \frac{\sqrt{2}}{2} & (1') + (2''') \\
0 & 1 & 0 & \frac{1}{2} & -\frac{1}{2} & \frac{\sqrt{2}}{2} & (2''):2\sqrt{2} = (2''') \\
0 & 0 & 1 & \frac{\sqrt{2}}{2} & \frac{\sqrt{2}}{2} & 0 & (3'')
\end{array}
$$

$$A^{-1} = \frac{1}{2} \cdot \begin{pmatrix} -1 & 1 & \sqrt{2} \\ 1 & -1 & \sqrt{2} \\ \sqrt{2} & \sqrt{2} & 0 \end{pmatrix} = A.$$

b) Aus $A^{-1} = A$ folgt $A^2 = E$ und

$$A \cdot (A + A) = 2A^2 = 2E = \begin{pmatrix} 2 & 0 & 0 \\ 0 & 2 & 0 \\ 0 & 0 & 2 \end{pmatrix}.$$

20. x = Liefermenge an R_1 pro Tag; y = Liefermenge an R_2 pro Tag

a)

$$
\begin{aligned}
x &\le 8000 \\
y &\le 5000 \\
x + y &\le 10000 \\
x, y &\ge 0.
\end{aligned}
$$

b) Zielfunktion

$z = 200x + 300y = \max.$

Lösung: $x = y = 5000$;

$z_{Max.} = 2{,}5$ Mio.

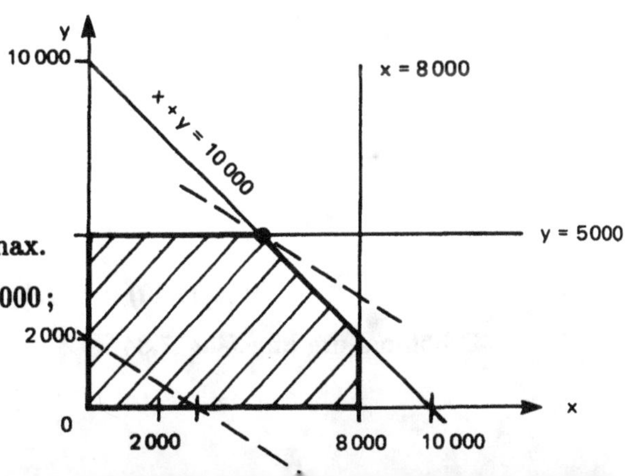

Klausur 2

1. a) $|d| = 2\cdot\sqrt{3}$; b) $A \cap N^3 = \{(1,1,1)\}$.

2. a) 63 ;

   b) höchstens 57 können eine Punktzahl von mindestens 20 erreichen.

3. Fallunterscheidungen:

   I: $x < 0 \Rightarrow L_I = [-1;0)$; II: $0 \leq x < 1 \Rightarrow L_{II} = [0;\frac{1}{3}]$;

   III: $x > 1 \Rightarrow L_{III} = \emptyset$. Lösungsmenge $L = [-1;\frac{1}{3}]$.

4. 15 554.

5. a) $a_n = 4\,500\cdot(1{,}052)^{n-1}$; b) $1\,125\,000\cdot(1{,}052^n - 1)$ DM.

6. a) $\lim\limits_{n\to\infty} a_n = 0$; b) $\lim\limits_{n\to\infty} a_n = -\frac{3}{2}$; c) $\lim\limits_{n\to\infty} a_n = 1$.

7. a) $x_M = \frac{1}{(10+r)^2}$ (Maximum); b) $r_M = 10$ (Maximum).

8. $D = [-2;+\infty)$; Nullstellen: $x_1 = 0$; $x_2 = -2$;

   Minimum an der Stelle $P(-\frac{4}{3};-\frac{4}{3}\cdot\sqrt{\frac{2}{3}})$;

   kein Wendepunkt im Definitionsbereich.

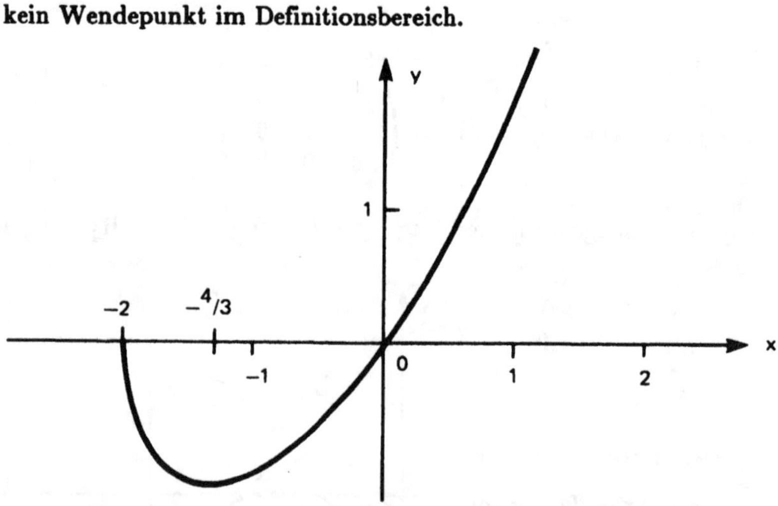

9. a) $\varepsilon_f(x) = 4x^2$; b) $\varepsilon_f(1{,}40) = 4\cdot 1{,}4^2 = 7{,}84$;

   Erhöhung um ungefähr 7,84 %.

10. $f(x) = \begin{cases} 1 & \text{für} \quad x > 1 \\ -1 & \text{für} \quad x < 1 \end{cases}$

$\lim\limits_{x \to 1+} f(x) = 1$; $\lim\limits_{x \to 1-} f(x) = -1$; nicht stetig ergänzbar.

11. a) 1; b) $-\frac{1}{2} \cdot \ln 2 + \frac{1}{2}$; c) -2.

12. a) $T_2(x) = 1 - x^2$; b) $\int\limits_0^{\frac{1}{2}} T_2(x)\,dx = \frac{11}{24}$;
c) $|R_2(x)| \leq \frac{5}{6}x^3$;

d) $\left| \int\limits_0^{\frac{1}{2}} [f(x) - T_2(x)]\,dx \right| \leq \frac{5}{6} \cdot \int\limits_0^{\frac{1}{2}} x^3\,dx = \frac{5}{384}$.

13. $P_1(0;0)$ ist globales Minimum; $P_2(-2;-2)$ ist Sattelpunkt.

14. a) $T(x,y) = 10 + \frac{1}{4}(x-40) - \frac{5}{2}(y-4) = \frac{1}{4}x - \frac{5}{2}y + 100$;
b) $T(36;3{,}8) = 9{,}5$.

15. $T(x,y) = x + 2y - 1$.

16. $x = 15$; $y = 10$.

17. $d = \sqrt{3}$.

18. $\begin{pmatrix} x \\ y \\ z \end{pmatrix} = \begin{pmatrix} 1 \\ 0 \\ 0 \end{pmatrix} + \lambda \cdot \begin{pmatrix} -2 \\ 1 \\ 0 \end{pmatrix} + \mu \cdot \begin{pmatrix} 1 \\ 0 \\ 1 \end{pmatrix}, \quad \lambda, \mu \in \mathbf{R}$.

19. a) Keine Lösung;
b) $\begin{pmatrix} x \\ y \\ z \end{pmatrix} = \begin{pmatrix} 7 \\ 5 \\ 0 \end{pmatrix} + \lambda \cdot \begin{pmatrix} -2 \\ -1 \\ 1 \end{pmatrix}, \lambda \in \mathbf{R}$.

20. $A^{-1} = \begin{pmatrix} 1 & 0 & -1 \\ 0 & 1 & -1 \\ -1 & -1 & 3 \end{pmatrix}$.

Klausur 4

1. A: weniger als 1 000 Beschäftigte; G: Gewinn wird ausgewiesen.

   Gegeben: $|\Omega| = 100$; $|A| = 70 \Rightarrow |\overline{A}| = 30$;

   $|G \cap \overline{A}| = 20$; $|\overline{G}| = 29 \Rightarrow |G| = 71$; gesucht $|G \cap A|$.

   $|G \cap A| = |G| - |G \cap \overline{A}| = 71 - 20 = 51.$

2. Fall I: $x < -1$; $\Rightarrow -3x < -(x+1) - x$; $1 < x$; $L_I = \emptyset$;

   Fall II: $-1 \leq x < 0$; $\Rightarrow -3x < (x+1) - x$; $x > -\frac{1}{3}$; $L_{II} = (-\frac{1}{3}; 0)$;

   Fall III: $x \geq 0$; $\Rightarrow 3x < (x+1) - x$; $x < \frac{1}{3}$; $L_{III} = [0; \frac{1}{3})$.

   Lösungsmenge $L = L_{II} \cup L_{III} = (-\frac{1}{3}; \frac{1}{3})$.

3. Die Zahlen müssen durch 6 teilbar sein. Arithmetische Reihe mit

   $a_1 = 6$; $d = 6$; $a_n = 96 = 6 + (n-1) \cdot 6$; $n = 16$;

   $s_{16} = 8 \cdot (6 + 96) = 816$.

4. $$U = 30 \cdot \sum_{i=0}^{10} 1{,}06^i = 30 \cdot \frac{1{,}06^{11} - 1}{0{,}06} = 500 \cdot (1{,}06^{11} - 1)$$

   $$= 449{,}14927917 \text{ Mio DM.}$$

5. a) I: $K_I = (K + 10) \cdot 1{,}04^2 = 510 \cdot 1{,}0816 = 551{,}62$ DM.

   II: $K_{II} = 500 \cdot 1{,}1 = 550$ DM. Angebot I ist günstiger.

   b) $K_{II} > K_I$; $K \cdot 1{,}1 > (K + 10) \cdot 1{,}04^2$

   $$K \cdot (1{,}1 - 1{,}04^2) > 10 \cdot 1{,}04^2$$

   $$K > \frac{10 \cdot 1{,}04^2}{1{,}1 - 1{,}04^2} = 587{,}83 \text{ DM.}$$

6. a) $$a_n = \frac{2n^{\frac{5}{2}} + 3n^{\frac{3}{2}} + 2n^{\frac{7}{2}}}{4n^{\frac{7}{2}} + n^{\frac{5}{2}}} = \frac{2n^{-1} + 3n^{-2} + 2}{4 + n^{-1}}$$

   $$\lim_{n \to \infty} a_n = \lim_{n \to \infty} \frac{2n^{-1} + 3n^{-2} + 2}{4 + n^{-1}} = \frac{2}{4} = \frac{1}{2}.$$

b) $a_n = \dfrac{7\,n^{\frac{4}{3}} - 0{,}5\,n^{\frac{7}{3}}}{n^2 + n^{\frac{7}{3}}} = \dfrac{7\,n^{-1} - 0{,}5}{n^{-\frac{1}{3}} + 1}$; $\qquad \lim\limits_{n\to\infty} a_n = -\frac{1}{2}$.

c) $a_n = \sqrt[3]{\dfrac{(3-\sqrt{n})\cdot(\sqrt{n}+2)}{8\,n-4}} = \sqrt[3]{\dfrac{-n+\sqrt{n}+6}{8\,n-4}}$

$= \sqrt[3]{\dfrac{-1+\frac{1}{\sqrt{n}}+\frac{6}{n}}{8-\frac{4}{n}}}$;

$\lim\limits_{n\to\infty} a_n = \lim\limits_{n\to\infty} \sqrt[3]{\dfrac{-1+\frac{1}{\sqrt{n}}+\frac{6}{n}}{8-\frac{4}{n}}} = \sqrt[3]{-\frac{1}{8}} = -\frac{1}{2}$.

d) $a_n = \dfrac{(\frac{1}{2})^n + 1}{(\frac{3}{4})^n + 4}$; $\qquad \lim\limits_{n\to\infty} a_n = \frac{1}{4}$.

7. $f(x) = \dfrac{x^2 - 3\,x}{x+1} = \dfrac{x\cdot(x-3)}{x+1}$; $\quad D = \mathbb{R}\setminus\{-1\}$.

Nullstellen: $x_1 = 0$; $x_2 = 3$;

$f'(x) = \dfrac{(x+1)(2\,x-3) - (x^2 - 3\,x)}{(x+1)^2} = \dfrac{x^2 + 2\,x - 3}{(x+1)^2}$

$f''(x) = \dfrac{(x+1)^2(2\,x+2) - (x^2+2\,x-3)\,2\,(x+1)}{(x+1)^4}$

$= \dfrac{(x+1)(2\,x+2) - 2\,(x^2+2\,x-3)}{(x+1)^3} = \dfrac{8}{(x+1)^3}$.

Extremwerte: $f'(x) = 0$; $\quad x^2 + 2\,x - 3 = 0$; $\quad x_3 = 1$; $\quad x_4 = -3$.

$f''(1) = 1 > 0 \qquad \Rightarrow$ rel. Minimum an der Stelle $P_3(1\,;-1)$;

$f''(-3) = -1 < 0 \qquad \Rightarrow$ rel. Maximum an der Stelle $P_4(-3\,;-9)$;

Globale (absolute) Extremwerte gibt es nicht.

Wendepunkte : $f''(x) \neq 0$ für alle x $\quad\Rightarrow$ keine Wendepunkte.

Asymptoten:

$\lim\limits_{x\to -1+} f(x) = +\infty$ und $\lim\limits_{x\to -1-} f(x) = -\infty$.

$x = -1$ ist vertikale Asymptote.

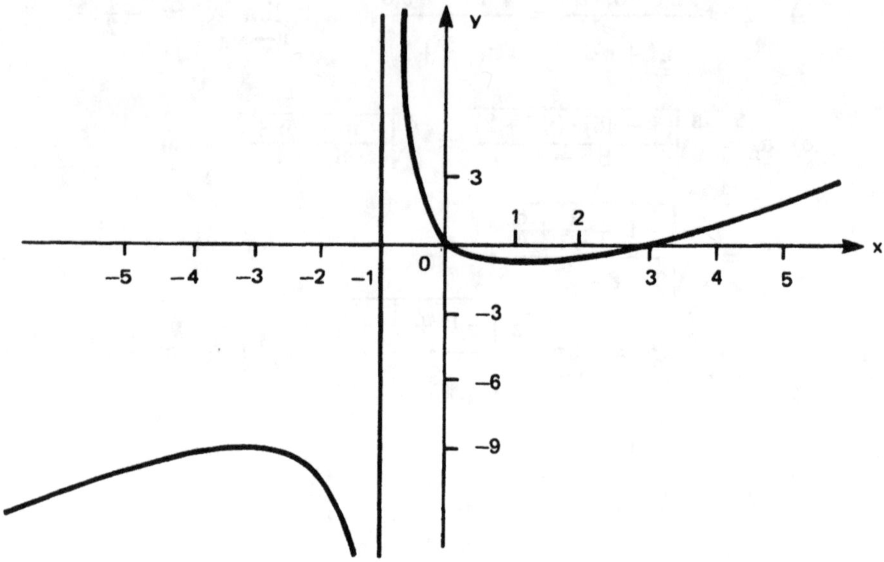

8. a) $f(x) = x \cdot e^{x^2+1}$; $f'(x) = e^{x^2+1} + 2x^2 \cdot e^{x^2+1} = (1+2x^2) \cdot e^{x^2+1}$;

$$\varepsilon_f(x) = \frac{f'(x)}{f(x)} \cdot x = 1 + 2x^2.$$

b) $\varepsilon_f(1) = 3$; die Nachfrage nimmt um ungefähr $3 \cdot 1{,}5 = 4{,}5\ \%$ zu.

9. a) $K(x) = e^{\frac{1}{8}x^2}$; $K'(x) = \frac{x}{4} \cdot e^{\frac{1}{8}x^2}$;

$$K''(x) = \left(\frac{1}{4} + \frac{x^2}{16}\right) \cdot e^{\frac{1}{8}x^2} > 0 \text{ für alle } x \quad \Rightarrow \text{ K ist konvex.}$$

b) $S'(x) = \left(\frac{K(x)}{x}\right)' = \frac{(\frac{x^2}{4} - 1) \cdot e^{\frac{1}{8}x^2}}{x^2} = 0$; $\underline{x = 2}$.

Wegen $S'(x) < 0$ für $0 < x < 2$ und $S'(x) > 0$ für $x > 2$ handelt sich um ein globales (absolutes) Minimum aus dem Definitionsbereich.

$$S(2) = \frac{K(2)}{2} = \frac{\sqrt{e}}{2}.$$

c) $\varepsilon_K(x) = \frac{x \cdot K'(x)}{K(x)}$; $\varepsilon_K(x) - 1 = \frac{x \cdot K'(x)}{K(x)} - 1 = \frac{x \cdot K'(x) - K(x)}{K(x)}$;

$$\frac{K(x)}{x^2} \cdot [\varepsilon_K(x) - 1] = \frac{x \cdot K'(x) - K(x)}{x^2} = \left(\frac{K(x)}{x}\right)'.$$

10. a)
$$f(x) = \ln(1+\tfrac{1}{2}x); \qquad f(0)=0;$$
$$f'(x) = \frac{\frac{1}{2}}{1+\frac{1}{2}x} = \frac{1}{2+x} \qquad f'(0)=\tfrac{1}{2};$$
$$f''(x) = -\frac{1}{(2+x)^2} \qquad f''(0) = -\tfrac{1}{4};$$
$$T_2(x) = \tfrac{1}{2}x - \tfrac{1}{8}x^2;$$

b) $\ln\frac{5}{4} = f(\frac{1}{2}) \approx T_2(\frac{1}{2}) = \frac{1}{4} - \frac{1}{32} = \frac{7}{32};$

c) $f'''(x) = \dfrac{2}{(2+x)^3}; \quad R_2(x) = \dfrac{1}{3!}\cdot\dfrac{2}{(2+\eta)^3}\cdot x^3, \quad 0<\eta<x;\ x>0.$

$$|R_2(\tfrac{1}{2})| \le \frac{1}{3!}\cdot\frac{1}{2^3}\cdot \max_{0\le\eta\le\frac{1}{2}} \frac{2}{(2+\eta)^3} = \frac{1}{6\cdot 8\cdot 4} = \frac{1}{192}.$$

Das Maximum wird für $\eta = 0$ angenommen.

11. a)
$$\int_1^4 \frac{2x+\sqrt{x}}{x^{\frac{3}{2}}}dx = \int_1^4 (2x^{-\frac{1}{2}} + x^{-1})\,dx = \left(4x^{\frac{1}{2}} + \ln x\right)\Big|_1^4$$
$$= 8 + \ln 4 - 4 = 4 + \ln 4.$$

b) Zweimalige partielle Integration mit $e^x = f'(x)$, $g(x) = \sin x$ bzw. $\cos x$ ergibt

$$\int e^x\cdot\sin x\,dx = e^x\cdot\sin x - \int e^x\cdot\cos x\,dx$$
$$= e^x\cdot\sin x - e^x\cdot\cos x - \int e^x\cdot\sin x\,dx;$$

Addition von $\int e^x\cdot\sin x\,dx$ auf beiden Seiten ergibt

$$\int e^x\cdot\sin x\,dx = \tfrac{1}{2}e^x(\sin x - \cos x) + C \quad \text{und mit } C=0$$
$$\int_0^\pi e^x\cdot\sin x\,dx = \left[\tfrac{1}{2}e^x(\sin x-\cos x)\right]_0^\pi = \tfrac{1}{2}\cdot(e^\pi + 1).$$

c) Substitution: $\sin x = u; \quad \cos x\,dx = du;$

$x = 0 \Rightarrow u = 0; \quad x = \frac{\pi}{2} \Rightarrow u = 1;$

$$\int_0^{\frac{\pi}{2}} \sqrt{\sin x}\cdot\cos x\,dx = \int_0^1 u^{\frac{1}{2}}du = \left[\tfrac{2}{3}\cdot u^{\frac{3}{2}}\right]_0^1 = \tfrac{2}{3}.$$

12. $f(x) = x(x-6) = 0; \quad x_1 = 0; \quad x_2 = 6.$

$$\int_0^6 f(x)\,dx = \left[\frac{x^3}{3} - 3x^2\right]_0^6 = 72 - 3\cdot 36 = -36; \ |F| = 36.$$

13. $g(x,t) = \frac{2x}{t^2}; \quad g_x(x,t) = \frac{2}{t^2}; \quad g_t(x,t) = -\frac{4x}{t^3};$

$dg(x,t) = \frac{2}{t^2}\cdot\Delta x - \frac{4x}{t^3}\cdot\Delta t;$

I: $\Delta x = +0{,}005; \ \Delta t = -0{,}001$ (beide Summanden positiv)

$\Delta g \approx 2\cdot 0{,}005 + 4\cdot 4{,}9\cdot 0{,}001 = 0{,}0296;$

II: $\Delta x = -0{,}005; \ \Delta t = +0{,}001$ (beide Summanden negativ)

$\Delta g \approx -2\cdot 0{,}005 - 19{,}6\cdot 0{,}001 = -0{,}0296;$

$g = 9{,}8000 \pm 0{,}0296.$

14. $f(x,y) = x^3 + \frac{2y^2}{1+x} - 3x^2$

$f_x(x,y) = 3x^2 - \frac{2y^2}{(1+x)^2} - 6x = 0$

$f_y(x,y) = \frac{4y}{1+x} = 0 \quad \Leftrightarrow \quad \underline{y = 0}$

$f_x(x,y) = 0 \quad \Leftrightarrow 3x^2 - 6x = 3x\cdot(x-2) = 0. \quad \underline{x_1 = 0; \ x_2 = 2}.$

$f_{xx}(x,y) = 6x + \frac{4y^2}{(1+x)^3} - 6; \quad f_{yy}(x,y) = \frac{4}{1+x}$

$f_{xy}(x,y) = -\frac{4y}{(1+x)^2};$

$P_1(0;0); \ \Delta_1 = -24 < 0;$ P_1 ist Sattelpunkt.

$P_2(2;0); \ \Delta_2 = 6\cdot\frac{4}{3} - 0 > 0; \quad f_{yy}(2;0) = \frac{4}{3} < 0$

$\Rightarrow$ P_2 ist relatives Minimum.

Wegen

$$\lim_{x\to-\infty} f(x,y) = -\infty$$

ist P_2 kein globales (absolutes) Minimum.

15. Lagrange-Funktion $L(x,y,\lambda) = 4x + y + \lambda \cdot (\sqrt{x \cdot y} - 10)$

$$L_x(x,y,\lambda) = 4 + \lambda \cdot \frac{1}{2} \cdot \sqrt{\frac{y}{x}} = 0 \qquad (1)$$

$$L_y(x,y,\lambda) = 1 + \lambda \cdot \frac{1}{2} \cdot \sqrt{\frac{x}{y}} = 0 \qquad (2)$$

$$L_\lambda(x,y,\lambda) = \sqrt{x \cdot y} - 10 = 0 \text{ (Nebenbedingug)}.$$

$$(1) \times \sqrt{\frac{x}{y}} \Rightarrow 4 \cdot \sqrt{\frac{x}{y}} + \frac{1}{2}\lambda = 0$$

$$(2) \times \sqrt{\frac{y}{x}} \Rightarrow \sqrt{\frac{y}{x}} + \frac{1}{2}\lambda = 0 .$$

Subtraktion dieser beiden Gleichungen ergibt

$$4 \cdot \sqrt{\frac{x}{y}} = \sqrt{\frac{y}{x}} ; \quad 16 \cdot \frac{x}{y} = \frac{y}{x} ; \quad y^2 = 16x^2 ; \quad y = 4x \; (x, y > 0).$$

Aus der Nebenbedingung folgt $\sqrt{x \cdot 4x} - 10 = 0$; $\underline{x = 5; \quad y = 20}$.

16. a) $$\vec{x} = \begin{pmatrix} x \\ y \\ z \end{pmatrix} = \overrightarrow{OP_1} + \lambda \cdot \overrightarrow{P_1P_2} + \mu \cdot \overrightarrow{P_1P_3} , \; \lambda, \mu \in \mathbf{R}$$

$$= \begin{pmatrix} -1 \\ 2 \\ 3 \end{pmatrix} + \lambda \cdot \begin{pmatrix} 1 \\ 1 \\ 1 \end{pmatrix} + \mu \cdot \begin{pmatrix} 3 \\ -1 \\ 0 \end{pmatrix} = \begin{pmatrix} 3 \\ 2 \\ 4 \end{pmatrix} = \overrightarrow{OP_4} ;$$

komponentenweiser Vergleich:

$\lambda + 3\mu = 4; \quad \lambda - \mu = 0; \quad \lambda = 1;$

Lösung: $\lambda = \mu = 1 \quad \Rightarrow \quad P_4$ liegt in E.

b) $$\begin{aligned} -1 + \lambda + 3\mu &= x && (1) \\ 2 + \lambda - \mu &= y && (2) \\ 3 + \lambda &= z && \Rightarrow \quad \lambda = z - 3 \end{aligned}$$

$(1) + 3 \times (2) \quad \Rightarrow \quad 5 + 4\lambda = x + 3y$

$\lambda = z - 3$ hier eingesetzt ergibt

$5 + 4(z - 3) = x + 3y$; $\quad \underline{x + 3y - 4z + 7 = 0}$.

17. a) Die Rohstoffe, die zur Herstellung je einer Einheit von den Endprodukten E_1 und E_2 benötigt werden, werden durch die Produktmatrix A B beschrieben mit

$$AB = \begin{pmatrix} 4 & 11 \\ 12 & 29 \\ 0 & 2 \end{pmatrix}; \qquad \begin{matrix} \\ R_1 \\ R_2 \\ R_3 \end{matrix} \begin{matrix} E_1 & E_2 \\ \left(\begin{matrix} 4 \\ 12 \\ 0 \end{matrix}\right. & \left.\begin{matrix} 11 \\ 29 \\ 2 \end{matrix}\right) \end{matrix}$$

$$AB \cdot \begin{pmatrix} 5 \\ 3 \end{pmatrix} = \begin{matrix} R_1 \\ R_2 \\ R_3 \end{matrix} \begin{pmatrix} 53 \\ 147 \\ 6 \end{pmatrix};$$

von R_1 werden 53 Einheiten, von R_2 147 Einheiten von R_2 6 Einheiten benötigt.

b) $(2;1;4) \cdot \begin{pmatrix} 53 \\ 147 \\ 6 \end{pmatrix} = 277$ (Einheiten) Gesamtkosten.

18.

2	2	−6	1	0	0	(1)
0	−1	3	0	1	0	(2)
4	1	−2	0	0	1	(3)
2	2	−6	1	0	0	(1) = (1')
0	1	−3	0	−1	0	−(2) = (2')
0	−3	10	−2	0	1	(3) − 2 × (1) = (3')
2	0	0	1	2	0	(1') − 2 × (3') = (1")
0	1	−3	0	−1	0	−(2) = (2")
0	0	1	−2	−3	1	(3') + 3 × (1') = (3")
1	0	0	0,5	1	0	$\frac{1}{2}$ × (1")
0	1	0	−6	−10	3	(2") + 3 × (3")
0	0	1	−2	−3	1	

$$A^{-1} = \begin{pmatrix} \frac{1}{2} & 1 & 0 \\ -6 & -10 & 3 \\ -2 & -3 & 1 \end{pmatrix}.$$

19. Im Gleichungssystem $A\vec{x} = \vec{b}$ wurde die Matrix A in Aufgabe 18 invertiert. Damit lauten die Lösungen

$$\vec{x} = A^{-1}\vec{b}.$$

a) $$\begin{pmatrix} x \\ y \\ z \end{pmatrix} = \begin{pmatrix} \frac{1}{2} & 1 & 0 \\ -6 & -10 & 3 \\ -2 & -3 & 1 \end{pmatrix} \begin{pmatrix} 2 \\ 2 \\ -1 \end{pmatrix} = \begin{pmatrix} 3 \\ -35 \\ -11 \end{pmatrix};$$

b) $$\begin{pmatrix} x \\ y \\ z \end{pmatrix} = \begin{pmatrix} \frac{1}{2} & 1 & 0 \\ -6 & -10 & 3 \\ -2 & -3 & 1 \end{pmatrix} \begin{pmatrix} -4 \\ 3 \\ 0 \end{pmatrix} = \begin{pmatrix} 1 \\ -6 \\ -1 \end{pmatrix};$$

c) $$\begin{pmatrix} x \\ y \\ z \end{pmatrix} = \begin{pmatrix} \frac{1}{2} & 1 & 0 \\ -6 & -10 & 3 \\ -2 & -3 & 1 \end{pmatrix} \begin{pmatrix} 0 \\ 0 \\ 0 \end{pmatrix} = \begin{pmatrix} 0 \\ 0 \\ 0 \end{pmatrix}.$$

20. x = Anzahl der Morgen Erbsen; y = Anzahl der Morgen Möhren

Land: $x + y \leq 30$
Investition: $200x + 100y \leq 5\,000$
Arbeitstage: $x + 2y \leq 50$
Zielfunktion: $z = 400x + 600y = \max.$

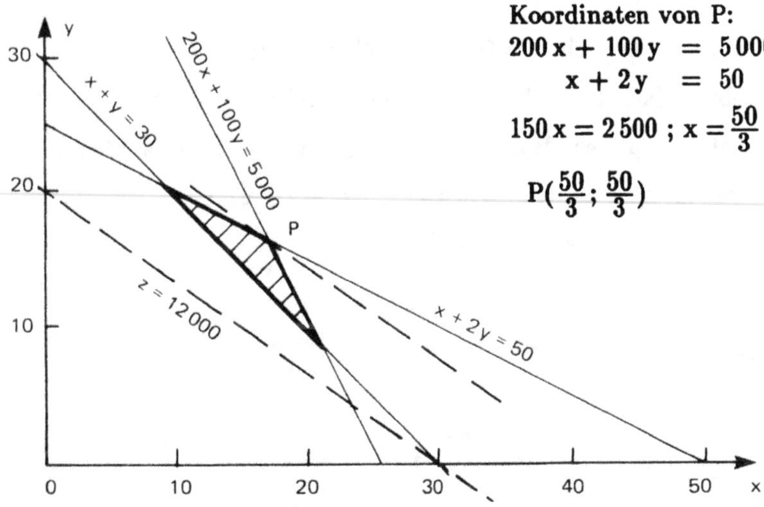

Koordinaten von P:

$$200x + 100y = 5\,000$$
$$x + 2y = 50$$
$$150x = 2\,500\ ;\ x = \frac{50}{3} = y$$
$$P\left(\frac{50}{3}; \frac{50}{3}\right)$$

Lösung: $x = y = \frac{50}{3}$; maximaler Gewinn $z_{Max} = \frac{50\,000}{3}$.

Klausur 5

1. a) $B \times C = \{(1,1), (1,3), (2,1), (2,3)\}$;

   b) $A \times A = \{(x,y) \in \mathbf{R}^2 \mid 0 \leq x, y \leq 2\}$.

   $(A \times A) \cap (B \times C) = \{(1,1), (2,1)\}$.

2. Ansatz: $|x - 96| \leq 0{,}2\,x$. Lösung: Preisintervall $L = [80; 120]$.

3. a) $f(2) = \frac{1}{4}$; $\lim_{x \to 2+} f(x) = \frac{1}{4} = f(2)$; f ist an der Stelle 2 stetig.

   b) $f(x) \geq 0$ für alle x $\Rightarrow$ keine Abbildung auf $\mathbf{R}$.

   c) $f(-1) = f(1)$ $\Rightarrow$ f ist nicht eineindeutig.

4. 995 DM.

5. a) $K_1 = K \cdot 1{,}1 - r$;

   b) $K_n = K \cdot (1{,}1)^n - 10\,r \cdot [(1{,}1)^n - 1]$;

   c) $K_7 = 256{,}41$ DM.

6) a) $\lim_{n \to \infty} a_n = \frac{1}{7}$; b) $\lim_{n \to \infty} a_n = 4$; c) $\lim_{n \to \infty} a_n = \frac{1}{16}$.

7. $x_M = 5 \cdot \sqrt{2}$.

8. Definitionsbereich $D = \mathbf{R}$; Nullstelle $x_0 = 0$;

   globales (absolutes) Minimum an der Stelle $P(0;0)$;

   lokales (relatives) Maximum $P(-2; \frac{4}{e^2})$; kein globales Maximum.

   Wendepunkte an den Stellen $x_{w_{1,2}} = -2 \pm \sqrt{2}$;

   Asymptote: negative x – Achse.

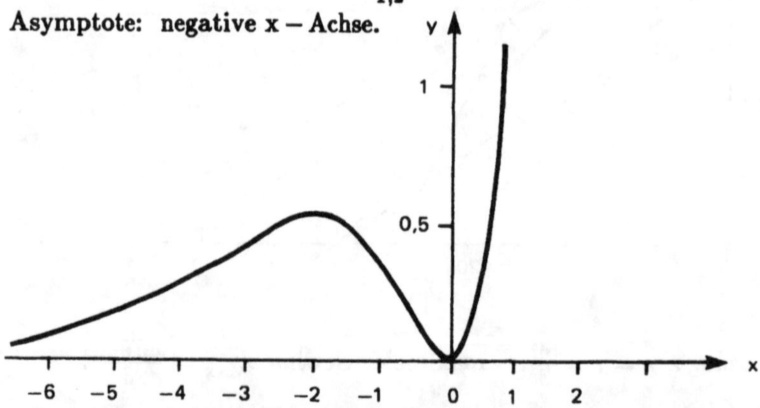

9. a) $\varepsilon_f(x) = \frac{2x+10}{x+10}$; b) ungefähr um 5 %.

10. a) $T_2(x) = x + \frac{11}{24}x^2$;

b) $|R_2(x)| \le \frac{11}{80000} = 0{,}0001375$.

c) $T_2(0{,}06) = 0{,}06165$. $p_{eff.} \approx 6{,}165$ %.

11. a) $\frac{1}{3}$; b) $\frac{\pi}{8} - \frac{1}{4}$; c) $\frac{15}{64}$.

12. $$1 = \int_{-\infty}^{\infty} f(x)\,dx = \lim_{b\to\infty} a \cdot \int_0^b e^{-\frac{x}{2}}\,dx = \lim_{b\to\infty} -2a \cdot \left[e^{-\frac{x}{2}}\right]_0^b$$
$$= \lim_{b\to\infty} -2a \cdot (e^{-\frac{b}{2}} - 1) = 2a \quad \Rightarrow \quad a = \frac{1}{2}.$$

13. Lokales (relatives) Minimum an der Stelle P(6;0), kein globales (absolutes) Minimum.

P(−2; 4) und P(−2; −4) sind Sattelpunkte.

14. $P(-\frac{6}{5}; \frac{3}{5})$. Abstand $d = \frac{3}{5} \cdot \sqrt{5}$.

15. a) f ist homogen vom Grad $r = 2$;

b) $f(1{,}1 \cdot x_1, 1{,}1 \cdot x_2, 1{,}1 \cdot x_3) = 1{,}1^2 \cdot f(x_1, x_2, x_3) = 1{,}21 \cdot z$;

z nimmt um 21 % zu.

c) $\varepsilon_{x_1,f} \equiv 1$; $\varepsilon_{x_2,f} \equiv 2$; $\varepsilon_{x_3,f} \equiv -1$; Summe $= 2 = r$.

16. a) $z = x^2 + y^2 + 4$

b) Globales Minimum an der Stelle P(0,0) mit $z_{Min.} = 4$.

17. a) $z = \lambda$ ergibt g: $\begin{pmatrix} x \\ y \\ z \end{pmatrix} = \begin{pmatrix} 5 \\ 0 \\ 0 \end{pmatrix} + \lambda \cdot \begin{pmatrix} -1 \\ 1 \\ 1 \end{pmatrix}$, $\lambda \in \mathbf{R}$;

b) nein, es gibt kein λ;

c) X(2;3;3); $d = \sqrt{8} = 2 \cdot \sqrt{2}$.

18. a) $\begin{pmatrix} x \\ y \\ z \end{pmatrix} = \begin{pmatrix} -2 \\ 3 \\ 0 \end{pmatrix} + \lambda \cdot \begin{pmatrix} 1 \\ -2 \\ 1 \end{pmatrix}, \lambda \in \mathbf{R}.$

b) $x = 10;\ y = -21;\ z = 12.$

19. $A^{-1} = \begin{pmatrix} -2 & 0 & 3 \\ -1 & 0 & 1 \\ 4 & 1 & -7 \end{pmatrix}$; b) $\begin{pmatrix} -7 & 3 & -3 \\ -2 & -6 & -2 \\ -5 & 1 & -1 \end{pmatrix}$.

20. x = Abnahmemenge aus A; y = Abnahmemenge aus B.

a) $$\begin{aligned} 50 \leq \quad x \quad &\leq 400 \\ 80 \leq \quad y \quad &\leq 200 \\ x+y \quad &\leq 500 \end{aligned}$$

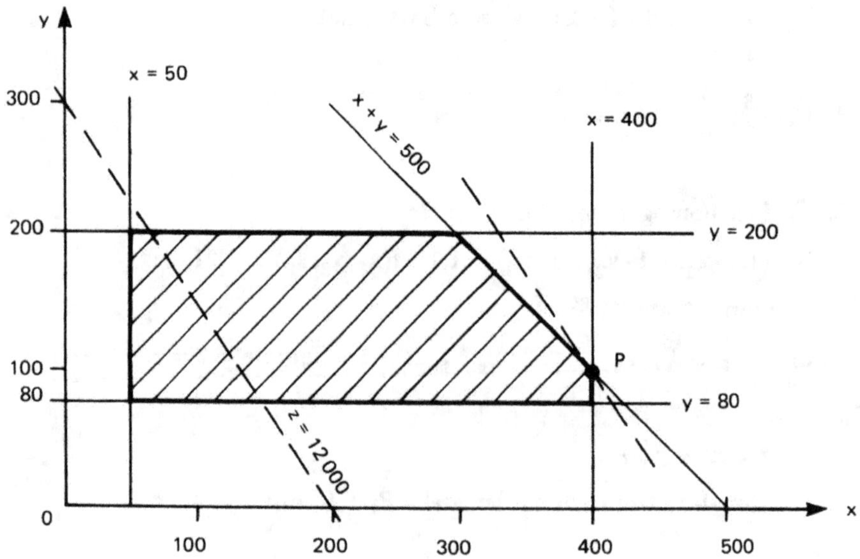

b) Zielfunktion: $z = 60x + 40y = \max.$

Lösung: $x = 400;\ y = 100;\ z_{max.} = 28\,000$ DM.

Klausur 7

1. R: Radiohörer; Z: Zeitungsleser; Normierung auf 100 [%].

   Gegeben: $|R| = 70$; $|Z| = 50$; $|R \cap Z| \leq 40$;

   gesucht: obere Schranke für $|\overline{R} \cap \overline{Z}| = |\overline{R \cup Z}|$;

   $$|\overline{R \cup Z}| = 100 - |R \cup Z| = 100 - (|R| + |Z| - |R \cap Z|)$$
   $$= 100 - |R| - |Z| + |R \cap Z| \leq 100 - 70 - 50 + 40 = 20;$$

   Antwort: höchstens 20 % der Befragten.

2. $A \cap B = \{(x, y) \in \mathbf{R}^2 \mid y = x^2 \text{ und } y = 4x + 5\}$.

   $x^2 - 4x - 5 = 0$; $x_{1,2} = 2 \pm 3$;

   $A \cap B = \{(-1; 1), (5; 25)\}$.

3. a) f ist keine Abbildung auf Y wegen $|X| < |Y|$.

   b) $f(-1) = 1$; $f(0) = 0$; $f(2) = 4$ $\Rightarrow$ f ist eineindeutig.

4. <u>I: $x > 0$</u>

   $1 + \frac{1}{x} < \frac{2}{x} \mid \cdot x \;\Leftrightarrow\; x + 1 < 2 \;\Leftrightarrow\; x < 1 \;\Rightarrow\; L_1 = (0; 1)$.

   <u>II: $x < 0$</u>

   $1 + \frac{1}{x} < -\frac{2}{x} \mid \cdot x \;\Leftrightarrow\; x + 1 > -2 \;\Leftrightarrow x > -3 \Rightarrow\; L_2 = (-3; 0)$.

   $L = L_1 \cup L_2 = (-3; 0) \cup (0; 1) = (-3; 1) \setminus \{0\}$.

5. a) $(5\,500 \cdot 1{,}1 + x) \cdot 1{,}1 = 11\,000$;

   $x = \dfrac{11\,000}{1{,}1} - 5\,500 \cdot 1{,}1 = 3\,950$ DM.

   b) K_n = Kontostand zu Beginn des $(n+2)$-ten Jahres nach der jeweiligen Abhebung.

   $K_1 = 11\,000 - y$; $K_2 = K_1 \cdot 1{,}1 - y = 11\,000 \cdot 1{,}1 - y \cdot (1{,}1 + 1)$;

   $K_3 = K_2 \cdot 1{,}1 - y = 11\,000 \cdot 1{,}1^2 - y \cdot (1{,}1^2 + 1{,}1 + 1)$.

   $$K_n = 11\,000 \cdot 1{,}1^{n-1} - y \cdot (1 + 1{,}1 + 1{,}1^2 + \ldots + 1{,}1^{n-1})$$
   $$= 11\,000 \cdot 1{,}1^{n-1} - y \cdot \frac{1{,}1^n - 1}{0{,}1}$$

   $K_{10} = 11\,000 \cdot 1{,}1^9 - y \cdot \dfrac{1{,}1^{10} - 1}{0{,}1} = 0$; $\quad y = 1\,627{,}45$ DM.

6. a) $a_1 = 10 > 0$;

Annahme: für ein n_0 gelte $a_{n_0} > 0$; z. z. $a_{n_0+1} > 0$

$$a_{n_0} > 0 \Rightarrow a_{n_0}^2 \text{ und } a_{n_0} + 4 > 0 \Rightarrow a_{n_0+1} = \frac{a_{n_0}^2}{a_{n_0}+4} > 0.$$

b) $a_{n+1} < a_n \Leftrightarrow \dfrac{a_n^2}{4+a_n} < a_n \mid \cdot (4+a_n) > 0$

$$\Leftrightarrow a_n^2 < 4a_n + a_n^2 \Leftrightarrow 0 < a_n \text{ (ist nach a) richtig).}$$

c) $\lim\limits_{n\to\infty} a_n = a; \quad \dfrac{a^2}{4+a} = a; \; a^2 = 4a + a^2 \Rightarrow a = 0.$

7. a) $N(x) = 3 \cdot x^{\frac{1}{3}} - 3x + 5 - ax$

$$N'(x) = x^{-\frac{2}{3}} - 3 - a = 0 \Leftrightarrow x^{-\frac{2}{3}} = \frac{1}{x^{\frac{2}{3}}} = 3 + a$$

$$x_M = (3+a)^{-\frac{3}{2}} = \frac{1}{(3+a)^{\frac{3}{2}}} = \frac{1}{\sqrt{(3+a)^3}} = \frac{1}{(3+a)\cdot\sqrt{3+a}}.$$

$$N''(x) = -\frac{2}{3}x^{-\frac{5}{3}} < 0 \text{ für alle } x > 0 \text{ (konkav)}$$

$\Rightarrow$ es handelt sich um ein globales (absolutes) Maximum.

$$N(x_M) = \frac{3}{\sqrt{3+a}} - \frac{3}{(3+a)\cdot\sqrt{3+a}} + 5 = \frac{9+3a-3}{(3+a)\cdot\sqrt{3+a}} + 5$$

$$= \frac{2\cdot(3+a)}{(3+a)\cdot\sqrt{3+a}} + 5 = \frac{2}{\sqrt{3+a}} + 5.$$

b) $L(a) = a \cdot (3+a)^{-\frac{3}{2}}$

$$L'(a) = (3+a)^{-\frac{3}{2}} + a \cdot \left(-\frac{3}{2}\right) \cdot (3+a)^{-\frac{5}{2}}$$

$$= (3+a)^{-\frac{5}{2}} \cdot \left(3 + a - \frac{3}{2}a\right) = (3+a)^{-\frac{5}{2}} \cdot \left(3 - \frac{a}{2}\right) = 0$$

$$\Leftrightarrow 3 - \frac{a}{2} = 0 \Leftrightarrow a_M = 6.$$

$$L''(a) = -\frac{5}{2}\cdot\left(3-\frac{a}{2}\right)\cdot(3+a)^{-\frac{7}{2}} - \frac{1}{2}\cdot(3+a)^{-\frac{5}{2}}$$

$$L''(6) = -\frac{1}{2}\cdot(3+6)^{-\frac{5}{2}} = -\frac{1}{2\sqrt{9^5}} = -\frac{1}{2\cdot 3^5} < 0$$

(globales Maximum). $L(6) = \dfrac{6}{9^{3/2}} = \dfrac{6}{9\cdot 3} = \dfrac{6}{27}.$

8. Definitionsbereich: $D = (-1;\infty)$;

Nullstellen $f(x) = -x + \ln(x+1) = 0$; $x_0 = 0$;

$$f(x) = -x + \ln(x+1)$$

$$f'(x) = -1 + \frac{1}{x+1} = 0 \quad \Leftrightarrow \quad x_1 = 0$$

$$f''(x) = -\frac{1}{(x+1)^2} = 0\ ; \quad f''(x) < 0 \text{ für alle } x \in D \text{ (konkav)}$$

$\Rightarrow$ globales (absolutes) Maximum an der Stelle $P_1(0;0)$;

keine Wendepunkte wegen $f''(x) < 0$.

Asymptoten: $\lim\limits_{x \to -1+0} f(x) = -\infty$;

Parallele zur negativen y-Achse durch $x_0 = -1$ ist Asymptote.

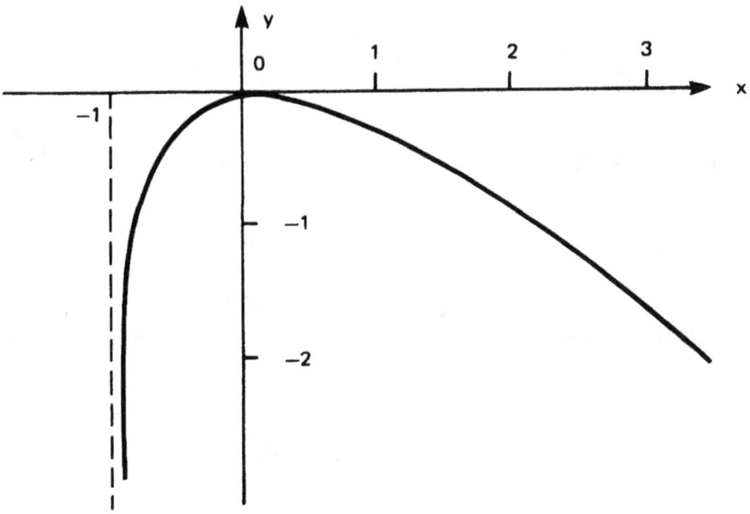

9. a) $P'(x) = \dfrac{(1+x)\,2x - x^2}{(1+x)^2} = \dfrac{x^2+2x}{(1+x)^2}$;

$$\varepsilon_P(x) = \frac{x^2+2x}{(1+x)^2} \cdot \frac{1+x}{x^2} \cdot x = \frac{x+2}{x+1};$$

b) $\varepsilon_P(2) = \frac{4}{3}$;

die Produktionsmenge erhöht sich um ungefähr $\frac{4}{3} \cdot 3 = 4$ %.

c) $\lim\limits_{x\to\infty} \varepsilon_P(x) = \lim\limits_{x\to\infty} \dfrac{x+2}{x+1} = 1$.

Bei großem x ändert sich die Produktionsfunktion ungefähr wie x.

10. a) $f(x) = \ln(x+1) - x + \frac{1}{18}$ $\qquad f(0) = \frac{1}{18}$

$f'(x) = \frac{1}{x+1} - 1$ $\qquad f'(0) = 0$

$f''(x) = -\frac{1}{(x+1)^2}$ $\qquad f''(0) = -1$

$f'''(x) = \frac{2}{(x+1)^3}$.

$T_2(x) = \frac{1}{18} - \frac{x^2}{2} = 0 \Leftrightarrow x^2 = \frac{1}{9}; \quad x_{1,2} = \pm\frac{1}{3}$.

b) $|R_2(\frac{1}{3})| \le \frac{1}{3!} \cdot \frac{1}{3^3} \cdot \max\limits_{0 \le \theta \le 1} \frac{2}{(\theta \cdot \frac{1}{3} + 1)^3} = \frac{2}{2 \cdot 3 \cdot 3^3 \cdot 1} = \frac{1}{81}$

(das Maximum wird für $\theta = 0$ angenommen).

11. a) $\lim\limits_{x \to 0} \frac{1 - \cos x}{\sin^2 x}$ $(\text{"}\frac{0}{0}\text{"}) = \lim\limits_{x \to 0} \frac{\sin x}{2 \cdot \sin x \cdot \cos x} = \frac{1}{2} \cdot \lim\limits_{x \to 0} \frac{1}{\cos x} = \frac{1}{2}$;

b) $\lim\limits_{x \to \infty} x \cdot \sin\frac{\pi}{x}$ $(\text{"}\infty \cdot 0\text{"}) = \lim\limits_{x \to \infty} \frac{\sin\frac{\pi}{x}}{\frac{1}{x}}$ $(\text{"}\frac{0}{0}\text{"}) = \lim\limits_{x \to \infty} \frac{-\frac{\pi}{x^2} \cdot \cos\frac{\pi}{x}}{-\frac{1}{x^2}}$

$= \lim\limits_{x \to \infty} \pi \cdot \cos\frac{\pi}{x} = \pi \cdot \cos 0 = \pi.$

c) $\lim\limits_{x \to \infty} \frac{\ln(ax^2+1)}{\ln(x^2+1)}$ $(\text{"}\frac{\infty}{\infty}\text{"}) = \lim\limits_{x \to \infty} \frac{\frac{2ax}{ax^2+1}}{\frac{2x}{x^2+1}} = \lim\limits_{x \to \infty} \frac{a \cdot (x^2+1)}{ax^2+1}$

$= \lim\limits_{x \to \infty} \frac{2ax}{2ax} = 1.$

12. Substitution: $\ln p = u$; $\frac{1}{p}dp = du$; $p = 1 \Rightarrow u = 0$; $p = e \Rightarrow u = 1$;

$$K = \int_1^e \sqrt{\ln p} \cdot \frac{1}{p}\, dp = \int_0^1 \sqrt{u} \cdot du = \left[\frac{2}{3} \cdot u^{\frac{3}{2}}\right]_0^1 = \frac{2}{3}.$$

13. a) $K(x) - K(0) = K(x) = \int_0^x k(u)\,du = \int_0^x 2u \cdot e^{-u^2} du$;

Substitution : $u^2 = t$; $2u\,du = dt$; $u = 0 \Rightarrow t = 0$; $u = x \Rightarrow t = x^2$

$$K(x) = \int_0^{x^2} e^{-t} dt = -e^{-t} \Big|_0^{x^2} = 1 - e^{-x^2};$$

b) $1 - e^{-x^2} = 1 - e^{-4} \Rightarrow x = 2.$

14. $\varepsilon_f(x) = \frac{f'(x)}{f(x)} \cdot x = a \cdot x^{\alpha}$; $\frac{f'(x)}{f(x)} = a \cdot x^{\alpha - 1}$;

$\int \frac{f'(x)}{f(x)} dx = a \cdot \int x^{\alpha - 1} dx$; wegen $f(x) > 0$ folgt hieraus

$\ln f(x) = a \cdot \int x^{\alpha - 1} dx;$

<u>1. Fall: $\alpha = 0$:</u>

$\ln f(x) = a \cdot \int \frac{1}{x} dx = a \cdot \ln x + C = \ln x^{a} + C$ mit $C \in \mathbf{R}$;

$f(x) = e^{\ln x^{a} + C} = e^{C} \cdot e^{\ln x^{a}} = c \cdot x^{a}$ mit $c > 0$.

<u>2. Fall: $\alpha \neq 0$:</u>

$\ln f(x) = a \cdot \int x^{\alpha - 1} dx = \frac{a}{\alpha} \cdot x^{\alpha} + C$, $C \in \mathbf{R}$

$f(x) = e^{\frac{a}{\alpha} \cdot x^{\alpha} + C} = e^{C} \cdot e^{\frac{a}{\alpha} \cdot x^{\alpha}} = c \cdot e^{\frac{a}{\alpha} \cdot x^{\alpha}}$ mit $c > 0$.

15. $dx = 0{,}1$; $dy = -0{,}1$

$f_x(x, y) = \frac{x}{\sqrt{x^2 + y^2}}$; $f_y(x, y) = \frac{y}{\sqrt{x^2 + y^2}}$;

$d f(x, y) = f_x(x, y) \cdot dx + f_y(x, y) \cdot dy$

$d f(4, 3) = \frac{4}{5} \cdot 0{,}1 + \frac{3}{5} \cdot (-0{,}1) = 0{,}02.$

16. $f(x, y) = -x^3 - y^2 + 3x + 8y + 38$

$f_x(x, y) = -3x^2 + 3 = 3(1 - x^2) = 0;$ <u>$x_1 = 1;\ x_2 = -1$</u>

$f_y(x, y) = -2y + 8 = 0;$ <u>$y = 4$</u>

$f_{xx}(x, y) = -6x;$ $f_{yy}(x, y) = -2;$ $f_{xy}(x, y) = 0$.

$P_1(1; 4)$: $\Delta_1 = 12 > 0$; $f_{xx}(x, y) < 0 \Rightarrow$ lokales (relatives) Maximum;

wegen $\lim\limits_{x \to -\infty} f(x, y) = +\infty$ gibt es kein globales (absolutes) Maximum.

$P_2(-1; 4)$: $\Delta_2 = -12 < 0$ $\Rightarrow$ Sattelpunkt.

17. Nebenbedingung $y + z = 3 \Rightarrow z = 3 - y$.

$$f(x,y,z) = \frac{1}{4}x^3 + x\cdot y + \frac{1}{10}z^2 = \frac{1}{4}x^3 + x\cdot y + \frac{1}{10}(3-y)^2 = g(x,y).$$

$g_x(x,y) = \frac{3}{4}x^2 + y = 0 \Rightarrow \underline{y = -\frac{3}{4}x^2}$;

$g_y(x,y) = x - \frac{1}{5}(3-y) = 0$; mit $y = -\frac{3}{4}x^2$ erhält man hieraus

$$x - \frac{1}{5}(3 + \frac{3}{4}x^2) = 0;$$

$$5x - 3 - \frac{3}{4}x^2 = 0; \qquad x^2 - \frac{20}{3}x = -4;$$

$$(x - \frac{10}{3})^2 = -4 + \frac{100}{9} = \frac{64}{9}$$

$$x_{1,2} = \frac{10}{3} \pm \frac{8}{3}; \qquad \underline{x_1 = 6;\ x_2 = \frac{2}{3};\ y_1 = -27;\ y_2 = -\frac{1}{3}}.$$

$g_{xx}(x,y) = \frac{3}{2}x$; $\qquad g_{yy}(x,y) = \frac{1}{5}$; $\qquad g_{xy}(x,y) = 1$

$P_1(6;-27)$: $\Delta_1 = 9\cdot\frac{1}{5} - 1 > 0$;

$g_{xx}(6;-27) > 0 \Rightarrow$ lokales (rel.) Minimum;

kein globales (absolutes) Minimum.

$P_2(\frac{2}{3};-\frac{1}{3})$: $\Delta_2 = 1\cdot\frac{1}{5} - 1 < 0 \Rightarrow$ Sattelpunkt.

18. a) Skalarprodukt: $\vec{a}_t^{\,T}\cdot\vec{b}_t = 3t^2 + t + \frac{1}{12} = 0$;

$$0 = 3\cdot(t^2 + \frac{1}{3}t + \frac{1}{36}) = 3\cdot(t + \frac{1}{6})^2 \Leftrightarrow \underline{t = -\frac{1}{6}};$$

b) Beide Vektoren sind parallel, wenn es eine Konstante λ gibt mit

$$\begin{pmatrix} 3t \\ t \\ \frac{1}{2} \end{pmatrix} = \lambda\cdot\begin{pmatrix} t \\ 1 \\ \frac{1}{6} \end{pmatrix};$$

Vergleich der dritten Komponenten: $\lambda = 3$

Vergleich der zweiten Komponenten: $t = 3$

Vergleich der ersten Komponenten: $9 = 3\cdot 3$ (ist erfüllt).

Für $t = 3$ sind die Vektoren parallel.

19. a)

$$\begin{array}{rrr|r}
2 & 1 & 3 & 24 \\
2 & 2 & 4 & 32 \\
4 & 0 & 4 & 32 \\
\hline
2 & 1 & 3 & 24 \\
0 & 1 & 1 & 8 \\
0 & -2 & -2 & -16 \\
\hline
1 & 0{,}5 & 1{,}5 & 12 \\
0 & 1 & 1 & 8 \\
0 & 0 & 0 & 0
\end{array}$$

$p_3 = \lambda$ (bleliebig); $p_2 = 8 - \lambda$

$p_1 = 12 - 4 + \frac{\lambda}{2} - \frac{3}{2}\lambda = 8 - \lambda.$

b) $$\begin{pmatrix} p_1 \\ p_2 \\ p_3 \end{pmatrix} = \begin{pmatrix} 8 \\ 8 \\ 0 \end{pmatrix} + \lambda \cdot \begin{pmatrix} -1 \\ -1 \\ 1 \end{pmatrix}, \lambda \in \mathbf{R}.$$

c) $p_2 = p_3 \Leftrightarrow 8 - \lambda = \lambda \Leftrightarrow \lambda = 4 \Rightarrow p_1 = p_2 = p_3 = 4.$

20. a)

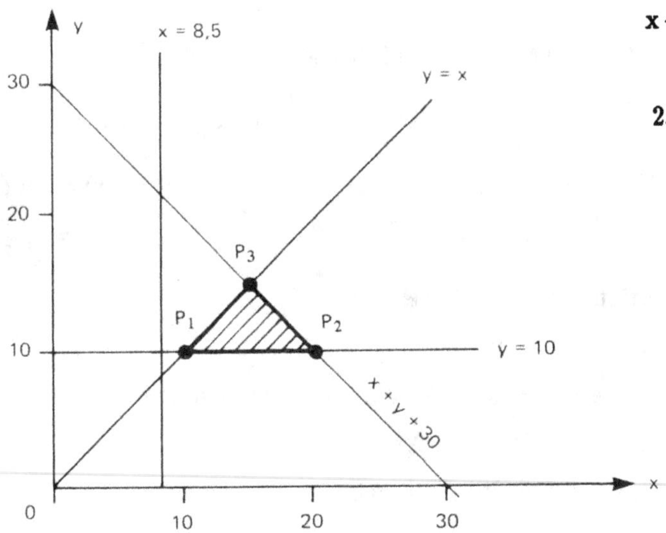

$x + y \leq 30$

$2x \geq 17$

$2{,}5x \geq 25$

$y \leq x$

$x, y \geq 0$

Eckpunkte: $P_1(10;10)$; $P_2(20;10)$; $P_3(15;15)$.

b) Zielfunktion $z_1 = x + y = \min.$

Werte der Zielfunktion an den Eckpunkten: P_1: 20; P_2: 30; P_3: 30
Lösung: $x = y = 10$: $z_1 = 20$ Std.

c) Zielfunktion $z_2 = 8x + 10y = \max.$

Zielfunktion an den Eckpunkten: P_1: 180; P_2: 260; P_3: 270
Lösung: $x = y = 15$: $z_2 = 270$ DM Belohnung.

Klausur 8

1. a) $(A \times B) \backslash (B \times A) = \{(0;1), (0;4), (4;1)\}$.

   b) $(A \backslash B) \times (B \backslash A) = \{(0;1)\}$.

2. Z. B. $X = [-\frac{\pi}{2}; +\frac{\pi}{2}]$, $Y = [-1; +1]$ mit $Y = f(X)$.

   $f(x) = \sin x$ ist auf X streng monoton wachsend und nimmt jeden Wert zwischen -1 und $+1$ genau einmal an.

   In $X^* = [\frac{\pi}{2}; \frac{3}{2}\pi]$ ist f streng monoton fallend. Damit ist f ebenfalls eine eineindeutige Abbildung von X^* auf Y.

3. $L = (0; \frac{4}{5})$.

4. a) 57 100 DM; b) 605 400 DM.

5. a) $-\frac{5}{14}$; b) $\frac{1}{3}$.

6. 2 000 DM; 1 600 DM; 1 280 DM.

7. a) $\sqrt{2}$; b) $-\frac{1}{2}$; c) 1.

8. a) $f'(x) = e \cdot x^{e-1}$; b) $f'(x) = -e^{-x}$; c) $f'(x) = \cos(e^x) \cdot e^x$;

   d) $f'(x) = \ln(\sin e) \cdot (\sin e)^x$; e) $f'(x) = \frac{x}{\sqrt{x^2 + e}}$.

9. Definitionsbereich: $D = \mathbf{R}$;

   Nullstelle: $x_0 = 0$;

   Extremwerte: $P(\ln 2; \frac{1}{4})$ ist globales (absolutes) Maximum;

   Wendepunkt: $W(\ln 4; \frac{3}{16})$;

   Asymptoten: positive x – Achse.

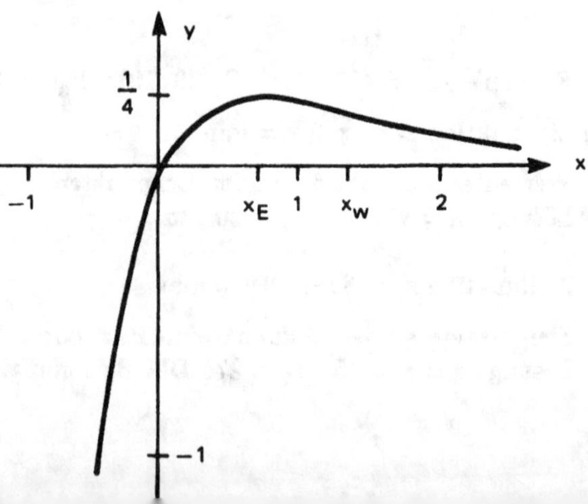

10. a) $T_3(x) = (x-1) + \frac{1}{2}(x-1)^2 - \frac{1}{6}(x-1)^3$;

b) $T_3(\frac{1}{2}) = -\frac{17}{48}$; $T_3(2) = \frac{4}{3}$; c) $|R_3(\frac{1}{2})| \le \frac{1}{24}$; $|R_3(2)| \le \frac{1}{12}$.

11. a) a; b) 0; c) $-\frac{1}{\pi}$.

12. a) $\frac{1}{8}$; b) $\frac{1}{\pi}$.

13. $p_o = 19$.

14. $-\frac{1}{10 \cdot \sqrt{2\pi}}$.

15. $P(3; \frac{17}{6})$ ist ein relatives Maximum.

16. $(x, y, z) = (\frac{2}{3}, \frac{4}{3}, \frac{2}{3})$.

17. Globales (absolutes) Maximum für $x = 1{,}5$; $y = 3$.

18. Eine Einheit von P_1, zwei Einheiten von P_2, 5 Einheiten von P_3.

19. $A^{-1} = \begin{pmatrix} 0 & 1 & -1 \\ -2 & 3 & -2 \\ -1 & 1 & 0 \end{pmatrix}$.

20. a)

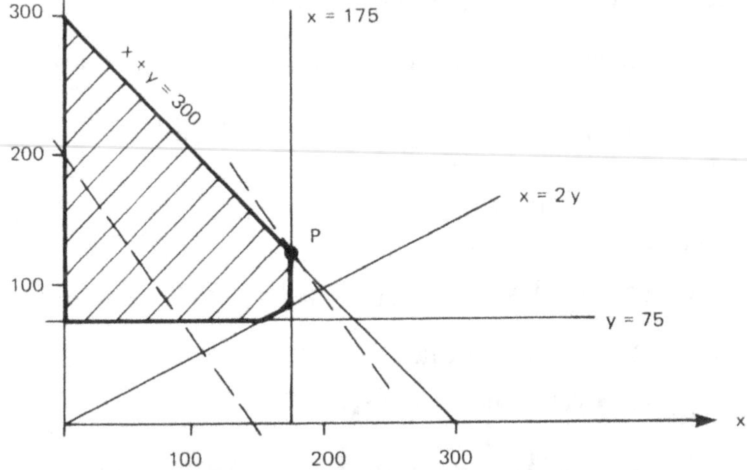

b) Bei 175 m^2 für die Sport- und 125 m^2 für die Musik-Abteilung. Maximaler Jahresgewinn = 1 075 Einheiten.

Klausur 10

1. Angaben in relativen Anteilen: 0,1 entspricht z. B. 10%. Gegeben sind die unterstrichenen Werte, wobei 30 % der leicht oder schwer geschädigten Bäume behandelt wurden (gehört zu beiden Bereichen zusammen), das entspricht 27 % vom Gesamtbestand.

<table>
<tr><th>gesund</th><th>leicht gesch.</th><th>schwer gechädigt</th><th></th></tr>
<tr><td rowspan="2">0</td><td colspan="2">0,3 · 0,9 = 0,27</td><td rowspan="2">behandelt</td></tr>
<tr><td></td><td>y (= 0,095)</td></tr>
<tr><td>0,1</td><td>0,7 · 0,75
= 0,525</td><td>x(= 0,105)</td><td>nicht beh.</td></tr>
<tr><td>0,1</td><td>0,7</td><td>0,2</td><td></td></tr>
</table>

$x = 0{,}9 - 0{,}525 - 0{,}27 = 0{,}105\,; \quad y = 0{,}2 - x = 0{,}095.$

a) $\frac{0{,}105}{0{,}20} = 0{,}525 \Rightarrow 52{,}5\,\%$; b) $100 \cdot y = 9{,}5\,\%$.

2. $|x - 75| \leq \frac{x}{100} + 0{,}15$

I: $x \geq 75$: $x - 75 \leq \frac{x}{100} + 0{,}15$

$$0{,}99 \cdot x \leq 75{,}15 \Leftrightarrow x \leq \frac{7\,515}{99} = 75{,}\overline{90}\ ;\ L_I = [75\,;\ 75{,}\overline{90}]\,;$$

II: $x < 75$: $-x + 75 \leq \frac{x}{100} + 0{,}15$

$$74{,}85 \leq 1{,}01\,x \Leftrightarrow x \geq \frac{7\,485}{101} = 74{,}\overline{1089}\ ;\ L_{II} = [74{,}\overline{1089}\ ;\ 75\,).$$

Lösungsmenge: $L = L_I \cup L_{II} = [74{,}\overline{1089}\ ;\ 75{,}\overline{90}]$.

3. Da $|x - 2| > 0$ für $x \neq 2$ immer erfüllt ist, muß der Nenner $x - 1 > 0$ sein $\Rightarrow x > 1$ und $x \neq 2$.

Lösungsmeng: $L = (1\,;\ \infty) \setminus \{2\}$.

4. a) α) Jährliche ewige Rente: $r_J = 100\,000 \cdot 0{,}07 = 7\,000$ DM pro Jahr;

β) monatliche ewige Rente: r_M :

$$r_M \cdot \left[12 + \frac{11 \cdot 7}{200}\right] = r_J = 7\,000; \quad r_M = 565{,}20 \text{ DM pro Monat.}$$

b) $K_{20} = 100\,000 \cdot 1{,}07^{20} - A \cdot \frac{1{,}07^{20} - 1}{0{,}07} = 0.$ $A = 9\,439{,}29$ DM.

5. $a_{n+1} = \frac{1}{2}\cdot(a_n^2+1)$, $a_1 = 0$.

a) $0 \le a_1 \le 1$ (Induktionsverankerung);

Schluß von n_0 auf n_0+1:

Annahme, für ein n_0 gelte $0 \le a_{n_0} \le 1$

$$\Rightarrow \quad 0 \le a_{n_0}^2 \le 1 \qquad |+1$$
$$\Rightarrow \quad 1 \le a_{n_0}^2+1 \le 2 \qquad |:2$$
$$\Rightarrow \quad 0 \le \tfrac{1}{2} \le \tfrac{1}{2}\cdot(a_{n_0}^2+1) = a_{n_0+1} \le 1;$$

damit gilt die Behauptung auch für n_0+1.

b) $a_{n+1} = \frac{1}{2}\cdot(a_n^2+1) \ge a_n \Leftrightarrow a_n^2+1 \ge 2a_n$

$\Leftrightarrow (a_n^2-2a_n+1) \ge 0 \Leftrightarrow (a_n-1)^2 \ge 0$ (ist immer erfüllt).

c) $\lim\limits_{n\to\infty} a_n = a$; $a = \frac{1}{2}(a^2+1)$; $a^2+1 = 2a$; $(a-1)^2 = 0$; $\underline{a=1}$.

d) $a_1 = 1 \Rightarrow a_n = 1$ für alle n.

6. a) $a_n = \dfrac{4^n+5\cdot 3^n}{\frac{1}{3}\cdot 3^n - 16\cdot 4^n} = \dfrac{1+5\cdot(\frac{3}{4})^n}{\frac{1}{3}\cdot(\frac{3}{4})^n - 16}$; $\quad \lim\limits_{n\to\infty} a_n = -\frac{1}{16}$;

b) $a_n = \dfrac{2n}{n+1} - \dfrac{n^2}{2n^2+1} = \dfrac{2}{1+\frac{1}{n}} - \dfrac{1}{2+\frac{1}{n^2}}$; $\quad \lim\limits_{n\to\infty} a_n = 2-\frac{1}{2} = \frac{3}{2}$;

c) $a_n = (-1)^{2n+1} - (-1)^{2n+2} = (-1)^1 - 1 = -2$;

$\lim\limits_{n\to\infty} a_n = -2.$

7. a) $f'(x) = (\cos x - \sin x)\cdot e^{\sin x + \cos x}$;

b) $f(x) = x^2$; $\quad f'(x) = 2x$;

c) $f'(x) = \cos(\ln x)\cdot\frac{1}{x}$;

d) $f'(x) = \dfrac{1}{\sqrt{x}+1}\cdot\dfrac{1}{2\sqrt{x}} = \dfrac{1}{2x+2\sqrt{x}}$;

e) $f(x) = (2x)^x$; $\quad \ln(f(x)) = x\cdot\ln(2x)$;

$$\frac{f'(x)}{f(x)} = \ln(2x) + x\cdot\frac{1}{2x}\cdot 2 = \ln(2x)+1;$$

$f'(x) = f(x)\cdot[\ln(2x)+1] = (2x)^x\cdot[\ln(2x)+1]$.

8. a) $f_t(x) = 1 - \frac{2e^x}{e^x + t}$; $t > 0$

Definitionsbereich: $D = \mathbb{R}$ wegen $e^x + t > 0$ für alle x;

Nullstellen: $2e^x = e^x + t;\; t = e^x;\; x_0 = \ln t;\; N_t(\ln t; 0);$

$$f_t'(x) = -\frac{(e^x + t)\,2e^x - 2e^x \cdot e^x}{(e^x + t)^2} = -\frac{2t\,e^x}{(e^x + t)^2} < 0 \text{ für alle } x$$

daher gibt es <u>keine Extremwerte</u>.

$$f_t'(x) = -2t\,\frac{e^x + t - t}{(e^x + t)^2} = \frac{-2t}{e^x + t} + \frac{2t^2}{(e^x + t)^2}$$

$$f_t''(x) = \frac{2t\,e^x}{(e^x + t)^2} - \frac{4t^2 e^x}{(e^x + t)^3} = \frac{2t\,e^{2x} + 2t^2 e^x - 4t^2 e^x}{(e^x + t)^3}$$

$$= \frac{2t\,e^x \cdot (e^x - t)}{(e^x + t)^3} = 0; \quad x_1 = \ln t.$$

Da $f_t''(x)$ an der Stelle $\ln t$ einen Vorzeichenwechsel hat, ist

$W_t(\ln t; 0) = N_t(\ln t; 0)$ ein Wendepunkt.

Asymptotisches Verhalten:

$$\lim_{x \to \infty} \left(1 - \frac{2e^x}{e^x + t}\right) = 1 - 2 = -1;$$

$y = -1$ ist rechtsseitige Asymptote;

$$\lim_{x \to -\infty} \left(1 - \frac{2e^x}{e^x + t}\right) = 1 - 0 = 1;$$

$y = 1$ ist linksseitige Asymptote.

b)

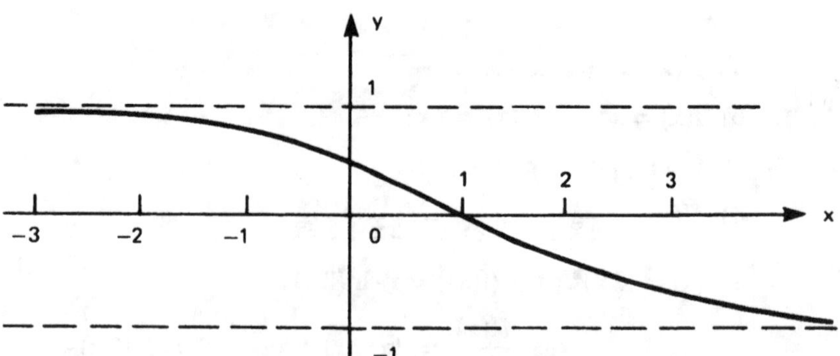

9. a) $m(x) = m_0 \cdot \left(1 - \frac{x^2}{c^2}\right)^{-\frac{1}{2}}$

$$m'(x) = -\tfrac{1}{2} m_0 \cdot \left(1 - \frac{x^2}{c^2}\right)^{-\frac{3}{2}} \cdot \left(-\frac{2x}{c^2}\right) = \frac{m_0 \cdot x}{c^2 \cdot \left(1 - \frac{x^2}{c^2}\right)^{\frac{3}{2}}};$$

$$\varepsilon_m(x) = \frac{x^2}{c^2 \cdot \left(1 - \frac{x^2}{c^2}\right)} = \frac{x^2}{c^2 - x^2};$$

b) $\varepsilon_m(\alpha \cdot c) = \frac{\alpha^2 \cdot c^2}{c^2 - \alpha^2 \cdot c^2} = \frac{\alpha^2}{1 - \alpha^2}$. Änderung um ca $\frac{\alpha^2}{1-\alpha^2}$ %.

10. a) $\lim\limits_{x \to 1} \frac{\sin \pi x}{\ln x} \; (\text{"}\tfrac{0}{0}\text{"}) = \lim\limits_{x \to 1} \frac{\pi \cdot \cos \pi x}{\frac{1}{x}} = -\pi.$

b) $\lim\limits_{x \to 0} \frac{2(1 - \cos 2x)}{x^2} \; (\text{"}\tfrac{0}{0}\text{"}) = \lim\limits_{x \to 0} \frac{4 \sin 2x}{2x} \; (\text{"}\tfrac{0}{0}\text{"}) = \lim\limits_{x \to 0} \frac{8 \cos 2x}{2} = 4.$

c) Die Regel von L'Hospital führt hier nicht zum Ziel.

$$\lim_{x \to \infty} \frac{(x+1)^2 + \sin x}{2x^2} = \lim_{x \to \infty} \frac{x^2 + 2x + 1 + \sin x}{2x^2}$$

$$= \lim_{x \to \infty} \left(\frac{1}{2} + \frac{1}{x} + \frac{1}{2x^2} + \frac{\sin x}{2x^2}\right).$$

Wegen $\left|\frac{\sin x}{2x^2}\right| \le \frac{1}{|2x^2|} \to 0$ für $x \to \infty$ folgt

$$\lim_{x \to \infty} \left(\frac{1}{2} + \frac{1}{x} + \frac{1}{2x^2} + \frac{\sin x}{2x^2}\right) = \frac{1}{2} + 0 + 0 + 0 = \frac{1}{2}.$$

11. a) Substitution: $u = \ln x$; $du = \frac{1}{x} dx$

$$\int_1^e \frac{(\ln x)^2}{2x} dx = \int_0^1 \frac{u^2}{2} du = \left[\frac{u^3}{6}\right]_0^1 = \frac{1}{6}.$$

b) Partielle Integration mit $\ln x = f(x)$ und $\frac{1}{x^2} = g'(x)$

$$\int_1^e \frac{2 \cdot \ln x}{x^2} dx = \left[-\frac{2}{x} \cdot \ln x\right]_1^e + \int_1^e \frac{2}{x^2} dx$$

$$= -\frac{2}{e} - \left[\frac{2}{x}\right]_1^e = -\frac{2}{e} - \frac{2}{e} + 2 = 2 - \frac{4}{e}.$$

12. a) $\varepsilon_f(x) = \frac{f'(x)}{f(x)} \cdot x = x^2 e^x$; $\frac{f'(x)}{f(x)} = x e^x$;

$$\int \frac{f'(x)}{f(x)} dx = \int x e^x dx$$

$$\ln|f(x)| = x e^x - \int e^x dx = x e^x - e^x + C = (x-1)e^x + C$$

$$|f(x)| = e^{(x-1)e^x + C} = e^C \cdot e^{(x-1)e^x} = c_1 \cdot e^{(x-1)e^x} \; ; \; c_1 > 0;$$

$$f(x) = c e^{(x-1)e^x}; \; c \neq 0 .$$

b) $2 = f(1) = c \;\Rightarrow\; f(x) = 2 e^{(x-1)e^x}$.

13. a) $f(\lambda x, \lambda y) = \lambda x \cdot \sin\left(\frac{\lambda x}{\lambda y}\right) + \lambda y \cdot \cos\left(\frac{\lambda y}{\lambda x}\right) = \lambda \cdot f(x,y)$; $\underline{r = 1}$.

b) $f(\lambda x, \lambda y) = \lambda x + \sin(\lambda(x+y)) + \lambda y + \cos(\lambda(x+y))$

$\neq \lambda^r \cdot f(x,y)$; $f(x,y)$ ist nicht homogen.

14. $f(x,y) = xy - \ln[(x+y)^2] = xy = 2 \cdot \ln|x+y|$.

a) $D = \{(x,y) | \; y \neq -x\}$.

b) $$\left.\begin{aligned} f_x(x,y) &= y - \frac{2}{x+y} = 0 \\ f_y(x,y) &= x - \frac{2}{x+y} = 0 \end{aligned}\right\} - \;\Rightarrow\; x = y .$$

Einsetzen von $x = y$ in $f_x(x,y) = 0$ ergibt

$x = \frac{1}{x}$; $x^2 = 1$; $x_{1,2} = \pm 1$;

stationäre Stellen $P_1(1;1)$; $P_2(-1;-1)$.

$f_{xx}(x,y) = f_{yy}(x,y) = \frac{2}{(x+y)^2}$; $f_{xy}(x,y) = 1 + \frac{2}{(x+y)^2}$;

$P_1(1;1)$: $\Delta_1 = \frac{1}{2} \cdot \frac{1}{2} - (\frac{3}{2})^2 = -2 < 0 \;\Rightarrow$ Sattelpunkt;

$P_2(-1;-1)$: $\Delta_2 = \frac{1}{2} \cdot \frac{1}{2} - (\frac{3}{2})^2 = -2 < 0 \;\Rightarrow$ Sattelpunkt.

Die Funktion besitzt keine Extremwerte.

15. a) $V(a,b) \;=\; \frac{3}{2}\sqrt{3}\cdot a^2\cdot h\,.$

$V(\lambda a,\lambda b) \;=\; \frac{3}{2}\sqrt{3}\cdot(\lambda a)^2\cdot\lambda h = \lambda^3\cdot V(a,h)$; homogen mit $r = 3$.

b) $V(1{,}015\cdot a, 1{,}015\cdot b) = 1{,}015^3\cdot V(a,h) = 1{,}045678$; um 4,5678 %.

c) $dV = 3\sqrt{3}\cdot a\cdot h\cdot da \;+\frac{3}{2}\sqrt{3}\cdot a^2\cdot dh\,.$

d) $da = 0{,}02\,a;\;\; dh = \;-0{,}03\,h.$

$$dV = 3\sqrt{3}\cdot a^2\cdot h\cdot 0{,}02 \;-\; \frac{3}{2}\sqrt{3}\cdot a^2\cdot h\cdot 0{,}03$$
$$= \frac{3}{2}\sqrt{3}\cdot a^2\cdot h\cdot 0{,}04 \;-\; \frac{3}{2}\sqrt{3}\cdot a^2\cdot h\cdot 0{,}03 \;=\; 0{,}01\cdot V(a,h).$$

Das Volumen nimmt um ca 1 % zu.

16 a) Lagrange - Funktion

$$L(x,y,\lambda) \;=\; 4x^2+y^2+\lambda\cdot(x\,y-1)$$
$$L_x(x,y,\lambda) \;=\; 8x+\lambda\,y = 0$$
$$L_y(x,y,\lambda) \;=\; 2y+\lambda\,x = 0$$
$$L_\lambda(x,y,\lambda) \;=\; x\,y-1 \;\;= 0 \quad \text{(Nebenbedingung)}$$
$$x\cdot L_x - y\cdot L_y \;= 8x^2-2y^2 = 0 \;\;\Rightarrow\;\; y = 2x \;\text{ wegen } x,y>0.$$
$$L_\lambda(x,y,\lambda) = 0 \;\;\Rightarrow x\cdot 2x = 1 \;\;; \quad x = \frac{\sqrt{2}}{2};\; y = \sqrt{2}\,.$$
$$f(\tfrac{\sqrt{2}}{2};\sqrt{2}\,) \;= 4\,.$$

b) Mit der Nebenbedingung erhält man $f(x,\frac{1}{x}) = 4x^2+\frac{1}{x^2} \;\geq 4.$

17.

1	−1	3	6
3	−2	11	21
−1	2	a	3a
1	−1	3	6
0	1	2	3
0	1	3+a	6+3a
1	−1	3	6
0	1	2	3
0	0	1+a	3+3a

<u>$a = -1$</u> $\Rightarrow$ unendlich viele Lösungen (letzte Zeile Nullzeile);

$z = \lambda;\; y = 3-2\lambda;\;\; x = 6-3\lambda+y = 6-3\lambda+3-2\lambda = 9-5\lambda;$

Lösung für $a = -1$: $\begin{pmatrix}x\\y\\z\end{pmatrix} = \begin{pmatrix}9\\3\\0\end{pmatrix} + \lambda\cdot\begin{pmatrix}-5\\-2\\1\end{pmatrix};$

$\underline{a \neq -1}$ ⇒ genau eine Lösung, nämlich

$z = 3;\ y = 3 - 2z = -3;\ x = 6 - 3z + y = -6;$

Lösung für $a \neq -1$: $\begin{pmatrix} x \\ y \\ z \end{pmatrix} = \begin{pmatrix} -6 \\ -3 \\ 3 \end{pmatrix}$.

18.
$$\begin{array}{rrr|rrr}
1 & 2 & -4 & 1 & 0 & 0 \\
2 & -2 & 3 & 0 & 1 & 0 \\
4 & 2 & -5 & 0 & 0 & 1 \\
\hline
1 & 2 & -4 & 1 & 0 & 0 \\
0 & -6 & 11 & -2 & 1 & 0 \\
0 & -6 & 11 & -4 & 0 & 1 \\
\hline
1 & 2 & -4 & 1 & 0 & 0 \\
0 & -6 & 11 & -2 & 1 & 0 \\
0 & 0 & 0 & -2 & -1 & 1
\end{array}$$

Links ensteht eine Nullzeile ⇒ A^{-1} existiert nicht .

19. a) Multiplikation von A mit sich selbst ergibt $A \cdot A = A$.

b) Annahme: Die Inverse A^{-1} existiere.
Wegen $A^2 = A$ würde daraus mit der Einheitsmatrix E folgen
$E = A^{-1} \cdot A = A^{-1} \cdot A^2 = (A^{-1} \cdot A) \cdot A = E \cdot A = A$,
also $A = E$, was nicht der Fall ist (Widerspruch).

20. a)
$$\begin{aligned} 0 \leq x &\leq 60 \\ 0 \leq y &\leq 150 \\ x + 0{,}2y &\leq 70 \\ 150x + 50y &\leq 12\,500 \end{aligned}$$

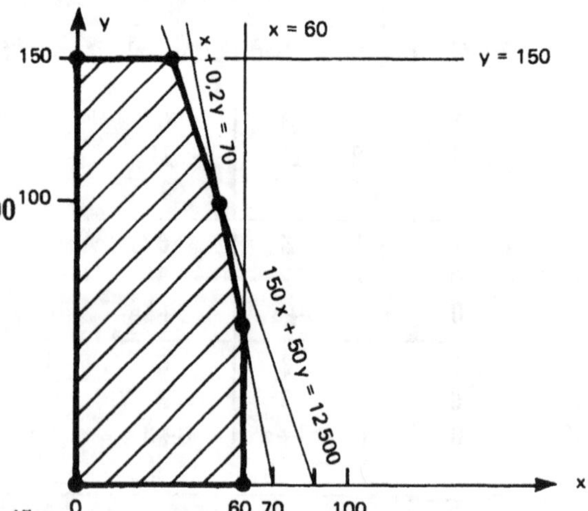

b) Zielfunktion: $z = 250x + 45y$.

Eckpunkte	(0;0)	(60;0)	(60;50)	(50;100)	$(33\frac{1}{3};150)$	(0;150)
Zielfunktion	0	16 200	<u>18 450</u>	18 000	15 750	6 750

Gewinnmaximum $z_{max} = 18\,450$ DM für $x = 60$ und $y = 50$.

Klausur 11

1. a) $(A \cup B) \cap \overline{A} = B \backslash A = \{4\}$.

   b) $(A \times A) \cap (B \times B) = \{(2,2), (2,3), (3,2), (3,3)\}$.

2. $L = (0; \sqrt[5]{2})$.

3. a) $K = 8\,638{,}38$ DM.

   b) 3 021,03 DM vorschüssig pro Jahr.

   c) α) $p = 100 \cdot (\sqrt[4]{1{,}05} - 1) = 1{,}22722\ \%$.

   β) 769,13 DM vierteljährlich vorschüssig.

4. a) $\frac{1}{2}$; b) $\frac{3}{2}$; c) 3.

5. a) Durch vollständige Induktion.

   b)
$$\begin{aligned} a_{n+1} = \sqrt{a_n^2 + a_n + 5} - 1 &\geq a_n \\ \Leftrightarrow \quad a_n^2 + a_n + 5 &\geq (a_n + 1)^2 = a_n^2 + 2a_n + 1 \\ \Leftrightarrow \quad 4 &\geq a_n \quad \text{(wurde in a) bewiesen)}; \end{aligned}$$

   c) $\lim\limits_{n \to \infty} a_n = 4$.

6. a) $\lim\limits_{h \to 0} f(0 + h) = 0$;

   f ist stetig ergänzbar an der Stelle $x_1 = 0$ durch $f(0) = 0$;

   b) $\lim\limits_{h \to 0} f(1 + h) = \frac{1}{2}$;

   f ist stetig ergänzbar an der Stelle $x_2 = 1$ durch $f(1) = \frac{1}{2}$.

7. a) $f'(x) = e^{\sqrt{x}} \cdot \frac{1}{2\sqrt{x}}$; b) $f'(x) = \frac{1}{2} e \cdot x^{\frac{1}{2}e - 1}$;

   c) $f'(x) = \frac{2x}{1 + x^2}$; d) $f'(x) = \cos(\ln(1 + x^2)) \cdot \frac{2x}{1 + x^2}$;

   d) $f'(x) = \frac{-1}{[\sin(x + \pi) + \pi]^2} \cdot \cos(\pi + x)$.

8. Definitionsbereich: $D = (-1; \infty)$;

Nullstellen: $x_0 = 0$ (doppelt);

globales (absolutes) Minimum an der Stelle $P(0;0)$;

Wendepunkt an der Stelle $W(2; \frac{4}{\sqrt{3}} - 2)$;

Asymptoten:

$\lim\limits_{x \to -1+} f(x) = +\infty \Rightarrow x = -1$ ist vertikale Asympote (Polstelle).

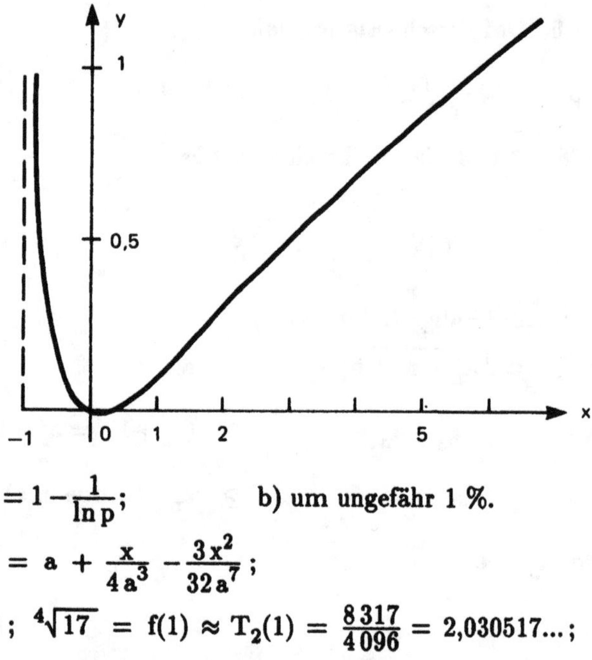

9. a) $\varepsilon_U(p) = 1 - \frac{1}{\ln p}$; b) um ungefähr 1 %.

10. a) $T_2(x) = a + \frac{x}{4a^3} - \frac{3x^2}{32a^7}$;

b) $a = 2$; $\sqrt[4]{17} = f(1) \approx T_2(1) = \frac{8\,317}{4\,096} = 2{,}030517...$;

$a = 3$; $\sqrt[4]{83} = f(2) \approx T_2(2) = \frac{52\,809}{17\,496} = 3{,}018347...$

c) $|R_2(1)| \leq \frac{7}{2^{18}} = 0{,}000026...$; $|R_2(2)| \leq \frac{7}{2^4 \cdot 3^{11}} = 0{,}0000024...$

11. a) 1; b) $-\pi$; c) -1.

12. a) 2; b) $\frac{1}{2} \cdot (e^{\pi} + 1)$.

13. a) homogen mit $r = 2$; b) nicht homogen.

14. Lokales (relatives) Maximum an der Stelle $(-2;0)$, kein globales Maximum; Sattelpunkt an der Stelle $(0;0)$.

15. $r = 3$; $h = 3\sqrt{2}$; $V(3, 3\sqrt{2}) = 9\sqrt{2}\,\pi$.

16. a) F ist homogen vom Grad $r = -1$.

b) F ist um ungefähr 2 % zu klein.

17. a) $g_1 \cap g_2$: $P_1(1;0;1)$; $g_1 \cap g_3$: $P_2(1;2;3)$; $g_2 \cap g_3$: $P_3(3;2;1)$;

b) $\vec{x} = \begin{pmatrix} x \\ y \\ z \end{pmatrix} = \begin{pmatrix} 1 \\ 0 \\ 1 \end{pmatrix} + \lambda \begin{pmatrix} 0 \\ 2 \\ 2 \end{pmatrix} + \mu \begin{pmatrix} 2 \\ 2 \\ 0 \end{pmatrix}$, $\lambda, \mu \in \mathbf{R}$;

c) $x - y + z - 2 = 0$.

18. $\begin{pmatrix} x \\ y \\ z \end{pmatrix} = \begin{pmatrix} -1 \\ -2 \\ 0 \end{pmatrix} + \lambda \begin{pmatrix} 1 \\ 2 \\ 1 \end{pmatrix}$, $\lambda \in \mathbf{R}$.

19. a) $A^2 = -E$ (E = Einheitsmatrix); $A^3 = -A$; $A^4 = E$;

b) $A^{-1} = -A$.

20.

a)

$$\begin{aligned} x + y &\leq 14 \\ 2x + 5y &\geq 40 \\ 7y &\geq 28 \\ 12x + 5y &\geq 65 \\ x, y &\geq 0. \end{aligned}$$

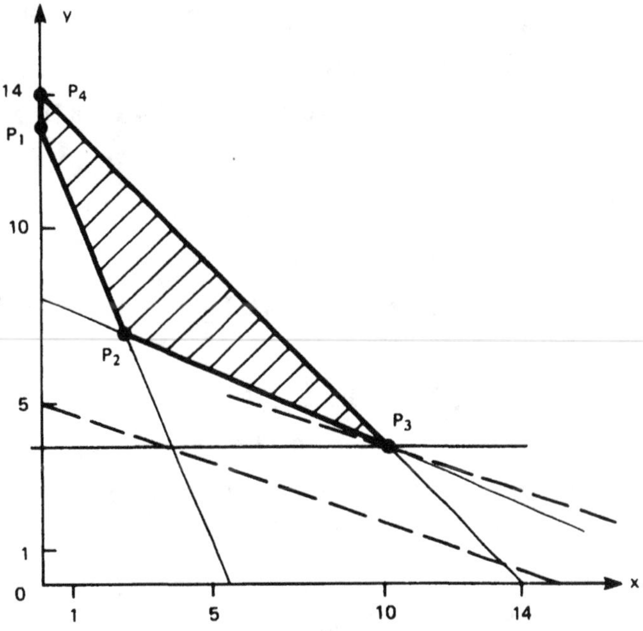

b) Zielfunktion: $z = 2x + 6y \rightarrow$ Min.

Lösung: $x = 10$; $y = 4$; $z_{Min.} = 44$ (im Eckpunkt P_3).

Klausur 13

1. a)

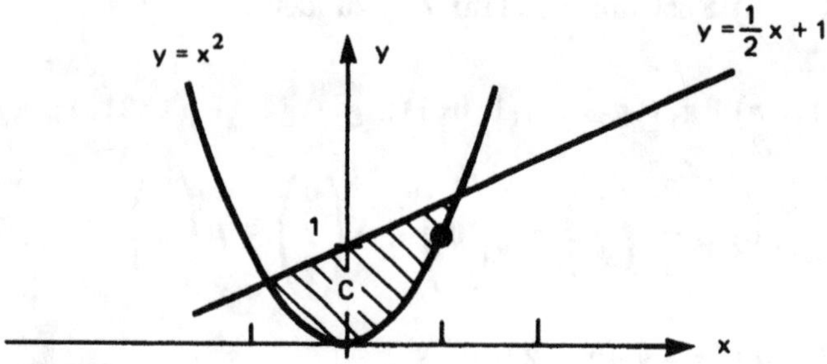

b) $C \cap (\mathbb{N} \times \mathbb{N}) = \{(1;1)\}$.

2. Fall I: $x \geq 2{,}5$:

$$x - 2{,}5 < x^2 - 6{,}25 \quad \Leftrightarrow \quad x^2 - x - 3{,}75 > 0$$
$$\Leftrightarrow \quad (x-0{,}5)^2 > 3{,}75 + 0{,}25 = 4$$
$$\Leftrightarrow \quad |x - 0{,}5| > \sqrt{4} = 2$$

$L_I = (2{,}5;\infty)$.

Man könnte auch die Nullstellen von $x^2 - x - 3{,}75 = 0$ ausrechnen mit $x_1 = -1{,}5$, $x_2 = 2{,}5$; $x > 2{,}5$ ($x \geq 2{,}5$ gilt ja für diesen Fall).

Fall II: $x < 2{,}5$:

$$-x + 2{,}5 < x^2 - 6{,}25 \quad \Leftrightarrow \quad x^2 + x - 8{,}75 > 0$$
$$\Leftrightarrow \quad (x - 0{,}5)^2 > 8{,}75 + 0{,}25 = 9$$

Nullstellen: $x_1 = 2{,}5$; $x_2 = -3{,}5$;

$L_{II} = (-\infty;\ -3{,}5)$.

Lösungsmenge $L = L_I \cup L_{II} = (-\infty;\ -3{,}5) \cup (2{,}5;\infty) = \overline{[-3{,}5;2{,}5]}$.

3. a) $a_n = \dfrac{n^{-\frac{1}{2}} - 1}{n^{-1} + n^{-\frac{1}{2}} + 2}$; $\qquad \lim\limits_{n\to\infty} a_n = -\frac{1}{2}$;

b) $a_n = \dfrac{7 \cdot 7^n - 7^{-n}}{7^n + 7^{-n}} = \dfrac{7 - 7^{-2n}}{1 + 7^{-2n}}$; $\qquad \lim\limits_{n\to\infty} a_n = 7$;

c) $a_n = \dfrac{2^{2n} + 3^{n-1}}{3^{n+1}} = \dfrac{4^n + \frac{1}{3}\cdot 3^n}{3 \cdot 3^n} = \frac{1}{3}\cdot\left(\frac{4}{3}\right)^n + \frac{1}{9}$;

$$\lim_{n\to\infty} a_n = \lim_{n\to\infty}\left[\frac{1}{3}\cdot\left(\frac{4}{3}\right)^n + \frac{1}{9}\right] = +\infty \text{ (bestimmt divergent).}$$

4. a) $K_4 = 10\,000 \cdot 1{,}05 \cdot 1{,}07 \cdot 1{,}09^2 = 13\,348{,}30$ DM.

   b) $(1+\frac{p}{100})^4 = 1{,}05 \cdot 1{,}07 \cdot 1{,}09^2$.

   $p = 100 \cdot [\sqrt[4]{1{,}05 \cdot 1{,}07 \cdot 1{,}09^2} - 1] = 7{,}487143$ %.

5. a) $\sum_{k=0}^{9} \left(\frac{9}{10} \cdot k\right) = \frac{9}{10} \cdot \sum_{k=1}^{9} k = \frac{9}{10} \cdot \frac{9 \cdot 10}{2} = 40{,}5$;

   b) $\sum_{k=0}^{9} \left(\frac{9}{10}\right)^k = \frac{(0{,}9)^{10} - 1}{0{,}9 - 1} = 10 \cdot [1 - (0{,}9)^{10}] = 6{,}513216$:

   c) $\sum_{k=1}^{\infty} \left(-\frac{9}{10}\right)^k = -\frac{9}{10} \cdot \sum_{i=0}^{\infty} \left(-\frac{9}{10}\right)^i = -\frac{9}{10} \cdot \frac{1}{1+\frac{9}{10}} = -\frac{9}{19}$.

6. a) $a_2 = 27{,}5$; $a_3 = 40{,}625$.

   b) Induktionsanfang: $a_1 = 10 \le 80$.

   Schluß von n_0 auf $n_0 + 1$:

   Annahme: Es gelte $a_{n_0} \le 80$; zu zeigen $a_{n_0+1} \le 80$

   $$a_{n_0+1} = 0{,}75 \cdot a_{n_0} + 20 \le 0{,}75 \cdot 80 + 20 = 80.$$

   c) $a_n \le a_{n+1} = 0{,}75 \cdot a_n + 20 \Leftrightarrow 0{,}25 a_n \le 20 \Leftrightarrow a_n \le 80$; gilt nach a).

   d) $\lim_{n \to \infty} a_n = a$; $a = 0{,}75 a + 20$; $\underline{a = 80}$.

7. a) $f'(x) = \frac{3}{2} \cdot x^{1/2} \cdot e^{-x} - x^{3/2} \cdot e^{-x} = \sqrt{x} \cdot (\frac{3}{2} - x) \cdot e^{-x}$;

   b) $f'(x) = \frac{2x}{\sqrt{x^2+1} \cdot 2 \cdot \sqrt{x^2+1}} = \frac{x}{x^2+1}$;

   c) $$f'(x) = \frac{1}{2} \cdot \frac{(x+1) \cdot \frac{2x}{x^2+1} - \ln(x^2+1)}{(x+1)^2}$$

   $$= \frac{x}{(x+1)(x^2+1)} - \frac{\ln(x^2+1)}{2(x+1)^2};$$

   d) $f'(x) = \ln 5 \cdot (2x+2) \cdot 5^{x^2+2x}$;

   e) $f'(x) = (2x\cos x - x^2 \sin x) \cdot e^{x^2 \cdot \cos x}$.

8. Definitionsbereich: $D = \mathbb{R}$;

Nullstellen: x^2+2x-1; $x_1 = -1+\sqrt{2}$; $x_2 = -1-\sqrt{2}$;

$$f'(x) = (2x+2)\cdot e^{-x} - (x^2+2x-1)\cdot e^{-x} = (-x^2+3)\cdot e^{-x}$$
$$f''(x) = -2x\cdot e^{-x} - (-x^2+3)\cdot e^{-x} = (x^2-2x-3)\cdot e^{-x}$$
$$f'''(x) = (2x-2)\cdot e^{-x} - (x^2-2x-3)\cdot e^{-x}$$
$$= (-x^2+4x+1)\cdot e^{-x};$$

Extremwerte: $f'(x) = 0 \Leftrightarrow x^2-3 = 0$; $x_3 = +\sqrt{3}$; $x_4 = -\sqrt{3}$;

$f''(+\sqrt{3}) = e^{-\sqrt{3}}\cdot(-2\cdot\sqrt{3}) < 0$

$\Rightarrow$ lokales (relatives) Maximum an der Stelle $x_3 = +\sqrt{3}$;

$f''(-\sqrt{3}) = e^{\sqrt{3}}\cdot 2\cdot\sqrt{3} > 0$

$\Rightarrow$ lokales (relatives) Minimum an der Stelle $x_4 = -\sqrt{3}$;

Wendepunkte:

$f''(x) = 0 \Leftrightarrow x^2-2x-3 = 0$; $x_5 = -1$; $x_6 = 3$;

$f'''(-1) \neq 0$; $f'''(3) \neq 0$; damit sind die Punkte Wendepunkte.

Asymptoten:

$$\lim_{x\to\infty} f(x) = \lim_{x\to\infty} \frac{x^2+2x-1}{e^x} \left(\text{"}\frac{\infty}{\infty}\text{"}\right) = \lim_{x\to\infty} \frac{2x+2}{e^x} \left(\text{"}\frac{\infty}{\infty}\text{"}\right)$$
$$= \lim_{x\to\infty} \frac{2}{e^x} = 0;$$ die positive x-Achse ist Asymptote.

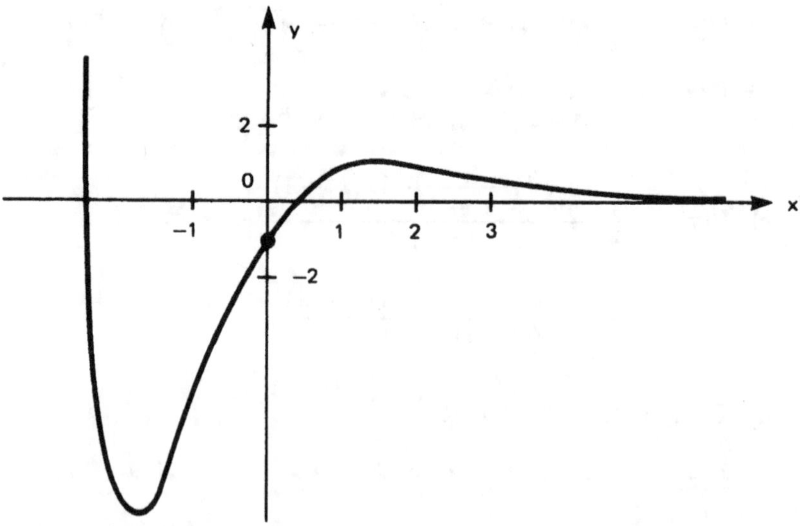

9. a) $f(x) = \left(1 + e^{-\frac{x}{800}+4}\right)^{-1}$;

$$f'(x) = \frac{1}{800}\cdot e^{-\frac{x}{800}+4}\cdot\left(1+e^{-\frac{x}{800}+4}\right)^{-2};$$

$$\varepsilon_f(x) = \frac{f'(x)}{f(x)}\cdot x = \frac{x}{800}\cdot\frac{e^{-\frac{x}{800}+4}}{1+e^{-\frac{x}{800}+4}}.$$

b) $\varepsilon_f(1\,600) = \frac{2e^2}{1+e^2} = 1{,}76159$; Änderung $\approx 2\cdot 1{,}76159 \approx 3{,}523$ %.

10. a) $\lim\limits_{x\to 1} \frac{x^\alpha - 1}{\ln x}\ \left(\frac{"0"}{0}\right) = \lim\limits_{x\to 1} \frac{\alpha\cdot x^{\alpha-1}}{\frac{1}{x}} = \lim\limits_{x\to 1} \alpha\cdot x^\alpha = \alpha.$

b) $\lim\limits_{x\to 0} \frac{\sin^2 x}{x\cdot(e^x-1)}\ \left(\frac{"0"}{0}\right) = \lim\limits_{x\to 0} \frac{2\sin x\cdot\cos x}{e^x - 1 + x\cdot e^x}\ \left(\frac{"0"}{0}\right)$

$$= \lim_{x\to 0} \frac{2\,(\cos^2 x - \sin^2 x)}{2e^x + xe^x} = 1.$$

11. a) $f(x) = \tan x$; $\qquad f(0) = 0$;

$f'(x) = \frac{1}{\cos^2 x}$ $\qquad f'(0) = 1$;

$f''(x) = \frac{2\sin x}{\cos^3 x}$ $\qquad f''(0) = 0$;

$f'''(x) = \frac{2\cos^4 x + 6\sin^2 x\cos^2 x}{\cos^6 x} = \frac{2 + 4\sin^2 x}{\cos^4 x}$; $\qquad f'''(0) = 2$;

$T_1(x) = x$; $\qquad T_3(x) = x + \frac{x^3}{3}$;

b) $f(0{,}1) \approx T_1(0{,}1) = 0{,}1$;

$|R_1(0{,}1)| \leq \frac{1}{2!}\cdot\frac{2\sin\eta}{\cos^3\eta}\cdot(0{,}1)^2 = \tan\eta\cdot(1+\tan^2\eta)\cdot 0{,}01\ (0<\eta<0{,}1)$

$\leq 0{,}1\cdot 1{,}01\cdot 0{,}01 = 0{,}00101$;

c) $\int\limits_0^{\frac{\pi}{4}} \tan x\,dx \approx \int\limits_0^{\frac{\pi}{4}} (x + \frac{x^3}{3})\,dx = \left[\frac{x^2}{2} + \frac{x^4}{12}\right]_0^{\frac{\pi}{4}} = \frac{\pi^2}{32} + \frac{\pi^4}{12\cdot 4^4} \approx 0{,}3401.$

12. Substitution: $u = \cos x$; $du = -\sin x\,dx$;

$$x = 0 \Rightarrow u = \cos 0 = 1;\; x = \frac{\pi}{4} \Rightarrow u = \cos\frac{\pi}{2} = \frac{1}{\sqrt{2}};$$

$$\int_0^{\frac{\pi}{4}} \tan x\,dx = -\int_1^{\frac{1}{\sqrt{2}}} \frac{1}{u}\,du = \ln|u|\Big|_{\frac{1}{\sqrt{2}}}^{1} = -\ln\left(\frac{1}{\sqrt{2}}\right) = \ln\sqrt{2} \approx 0{,}3466.$$

13. a) $\varepsilon_f(x) = \frac{f'(x)}{f(x)}\cdot x = -x^{\alpha}\cdot f(x),\ \alpha \neq 0 \Rightarrow \frac{f'(x)}{f^2(x)} = -x^{\alpha-1}, \alpha - 1 \neq -1$

$$\int \frac{f'(x)}{f^2(x)}dx = -\int x^{\alpha-1}dx$$

$$-\frac{1}{f(x)} = -\frac{1}{\alpha}\cdot x^{\alpha} + C;\; C \in \mathbf{R};$$

$$f(x) = \frac{1}{\frac{1}{\alpha}\cdot x^{\alpha} - C};\; C \in \mathbf{R};$$

b) $\alpha = 0$ ergibt

$$\int \frac{f'(x)}{f^2(x)}dx = -\int \frac{1}{x}dx$$

$$-\frac{1}{f(x)} = -\ln x + C;\; C \in \mathbf{R};$$

$$f(x) = \frac{1}{\ln x - C};\; C \in \mathbf{R}.$$

14. a) $g(\lambda x, \lambda y) = f_1(\lambda x, \lambda y) + f_2(\lambda x, \lambda y) = \lambda^r\cdot[f_1(x,y) + f_2(x,y)]$

$= \lambda^r \cdot g(x,y)$; homogen vom Grad r.

b) $h(\lambda x, \lambda y) = f_1(\lambda x, \lambda y)\cdot f_2(\lambda x, \lambda y) = \lambda^r\cdot f_1(x,y)\cdot\lambda^r\cdot f_2(x,y)$

$= \lambda^{2r}\cdot f_1(x,y)\cdot f_2(x,y) = \lambda^{2r}\cdot h(x,y)$;

homogen vom Grad 2 r.

c) $w(\lambda x, \lambda y) = \frac{f_1(\lambda x, \lambda y)}{f_2(\lambda x, \lambda y)} = \frac{\lambda^r\cdot f_1(x,y)}{\lambda^r\cdot f_2(x,y)} = \frac{f_1(x,y)}{f_2(x,y)}$

$= w(x,y) = \lambda^0\cdot w(x,y)$; homogen vom Grad 0.

15. a) $V(\lambda r, \lambda h) = \frac{2}{3} \cdot \pi \cdot \lambda^3 \cdot r^3 + \frac{1}{3} \cdot \pi \cdot \lambda^2 \cdot r^2 \cdot \lambda \cdot h = \lambda^3 \cdot V(r,h)$;

V ist homogen vom Grad $r = 3$.

b) $dV(r,h) = V_r(r,h)\,dr + V_h(r,h)\,dh$

$= 2 \cdot \pi \cdot r \cdot (r + \frac{1}{3} \cdot h)\,dr + \frac{1}{3} \cdot \pi \cdot r^2 \cdot dh.$

c) $dV(r,h) = 0;\ r = 9;\ h = 18;\ dh = 0{,}5$, $\underline{dr\ \text{gesucht}}$

$0 = \pi \cdot (18 \cdot 15 \cdot dr + 27 \cdot 0{,}5) \quad \Rightarrow \quad dr = -\frac{27}{2 \cdot 18 \cdot 15} = -0{,}05$.

16. Lagrange-Funktion

$$L(r,h,\lambda) = \frac{1}{3}\pi r^2 h + \lambda \cdot (h^2 + r^2 - 9)$$

$$L_r(r,h,\lambda) = \frac{2}{3}\pi r h + \lambda \cdot 2r = 0$$

$$L_h(r,h,\lambda) = \frac{1}{3}\pi r^2 + \lambda \cdot 2h = 0$$

$$L_\lambda(r,h,\lambda) = h^2 + r^2 - 9 = 0 \quad \text{(Nebenbedingung)}$$

$$L_r \cdot h - L_h \cdot r = \frac{2}{3}\pi r h^2 - \frac{1}{3}\pi r^3 = \frac{1}{3}\pi r \cdot (2h^2 - r^2) = 0 \Rightarrow r = \sqrt{2} \cdot h;$$

Nebenbedingung: $h^2 + 2h^2 = 9$; $\qquad \underline{h = \sqrt{3}\ ;\ r = \sqrt{6}}.$

17.

a) $A \cdot B = \begin{pmatrix} 2 & 0 & 0 \\ 0 & 2 & 0 \\ 0 & 0 & 2 \end{pmatrix} = 2 \cdot E$ (E = Einheitsmatrix);

b) Aus $A \cdot B = 2 \cdot E$ folgt $A \cdot (\frac{1}{2} B) = E$, also

$$A^{-1} = \frac{1}{2} B = \begin{pmatrix} -\frac{5}{2} & -\frac{3}{2} & \frac{1}{2} \\ -\frac{7}{2} & -\frac{5}{2} & \frac{1}{2} \\ \frac{11}{2} & \frac{7}{2} & -\frac{1}{2} \end{pmatrix};$$

c) α) $\begin{pmatrix} x \\ y \\ z \end{pmatrix} = A^{-1} \cdot \begin{pmatrix} 2 \\ 0 \\ -4 \end{pmatrix} = \begin{pmatrix} -7 \\ -9 \\ 13 \end{pmatrix}$;

β) $\begin{pmatrix} x \\ y \\ z \end{pmatrix} = A^{-1} \cdot \begin{pmatrix} -6 \\ 2 \\ 8 \end{pmatrix} = \begin{pmatrix} 16 \\ 20 \\ -30 \end{pmatrix}$.

18. a) (1) $4x - 6y + 2z - 4 = 0$

(2) $4x - 5y + z - 4 = 0$.

$z = \mu \in \mathbf{R}$.

$(1) - (2) \Rightarrow -y + z = 0 \Rightarrow y = z = \mu;$

(1): $4x - 6\mu + 2\mu - 4 = 0 \Rightarrow x = 1 + \mu;$

$$g: \begin{pmatrix} x \\ y \\ z \end{pmatrix} = \begin{pmatrix} 1 \\ 0 \\ 0 \end{pmatrix} + \mu \cdot \begin{pmatrix} 1 \\ 1 \\ 1 \end{pmatrix}, \mu \in \mathbf{R}.$$

b) Die Punkte $P_1(1;0;0)$; $P_2(0;0;4)$ und $P_3(0;-\frac{5}{4};0)$ liegen in der Ebene E_2. Dann liegen die Verbindungsvektoren

$$\overrightarrow{P_1P_2} = \begin{pmatrix} -1 \\ 0 \\ 4 \end{pmatrix} \quad \text{und} \quad \overrightarrow{P_1P_3} = \begin{pmatrix} -1 \\ -5/4 \\ 0 \end{pmatrix}$$

in der Ebene und müssen auf dem Richtungsvektor $\begin{pmatrix} a \\ b \\ 1 \end{pmatrix}$ der Geraden senkrecht stehen.

Damit erhält man die Bedingungen

$$0 = (a;b;1) \cdot \begin{pmatrix} -1 \\ 0 \\ 4 \end{pmatrix} = -a + 4 \Rightarrow \underline{a = 4};$$

$$0 = (4;b;1) \cdot \begin{pmatrix} -1 \\ -5/4 \\ 0 \end{pmatrix} = -4 - \frac{5}{4}b \Rightarrow \underline{b = -5}.$$

19. x: Strecke von A; y: Strecke von B; z: Strecke von C

$2y = z;$

$2(z - y) = x + 15 \quad \Leftrightarrow \quad x + 2y - 2z = -15.$

$3z = 4x + 20 \quad \Leftrightarrow \quad 4x \quad - 3z = -20.$

1	2	−2	−15
0	2	−1	0
4	0	−3	−20
1	2	−2	−15
0	2	−1	0
0	−8	5	40
1	2	−2	−15
0	2	−1	0
0	0	1	40

Lösung:

$\underline{x = 25 \text{ cm}}$

$\underline{y = 20 \text{ cm}}$

$\underline{z = 40 \text{ cm}}$.

20. a) x kg Obstsalat nach R_1; y kg Obstsalat nach R_2

$$2x + 3y \geq 30 \quad \text{I}$$
$$x + 3y \leq 60 \quad \text{II}$$
$$4x + y \leq 64 \quad \text{III}$$
$$x, y \geq 0.$$

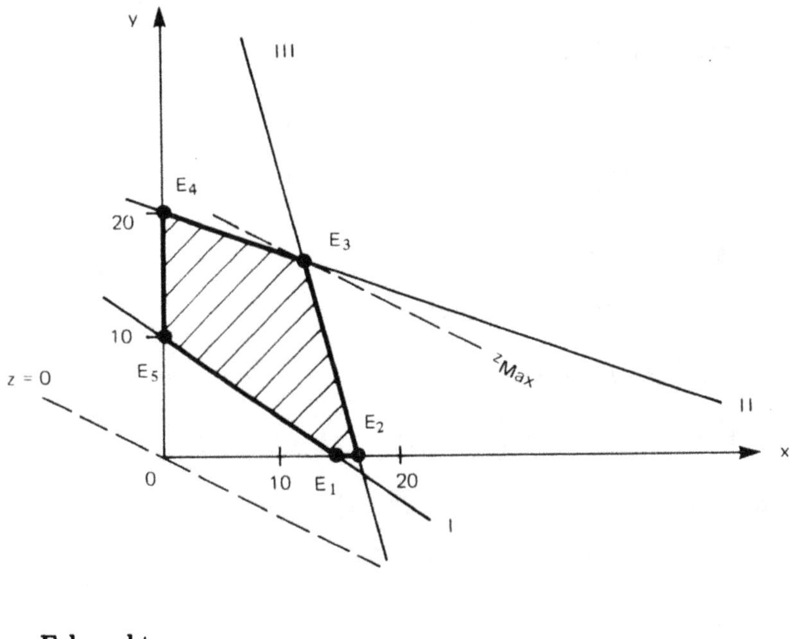

Eckpunkte:

E_1: $2x + 3y = 30$; $y = 0$; $E_1(15;0)$;

E_2: $4x + y = 64$; $y = 0$; $E_2(16;0)$;

E_3: $x + 3y = 60$; $4x + y = 64$; $E_3(12;16)$;

E_4: $x + 3y = 60$; $x = 0$; $E_4(0;20)$;

E_5: $2x + 3y = 30$; $x = 0$; $E_5(0;10)$.

b) Zielfunktion: $z = 5x + 10y \rightarrow$ Max.

Im Eckpunkt $P_3(12;16)$ wird das Maximum angenommen:

$$z_{Max.} = 220 \text{ für } x = 12 \text{ und } y = 16.$$

Klausur 14

1. a)

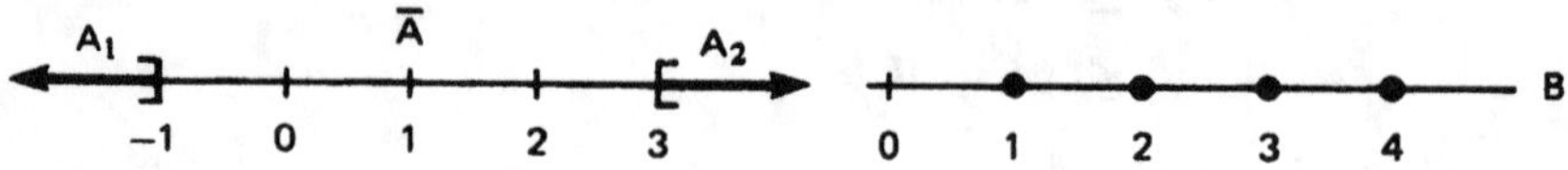

b) $A \cap B = \{3;4\}$; $\qquad B\backslash A = \{1;2\}$.

2. $L = (1;1{,}5) \cup (2;\infty)$.

3. a) $\frac{203}{160}$; $\qquad$ b) $\frac{9}{4}$; $\qquad$ c) $-\frac{11}{81}$.

4. 1. $K = 20\,837{,}04$ DM; $\qquad$ 2. $K = 20\,722{,}76$ DM.

5. a) $\frac{1}{2}$; $\qquad$ b) 5; $\qquad$ c) -1.

6. a) $f'(x) = 2(x^2+x+1)\cdot e^{2x}$;

b) $f'(x) = 1-\frac{2x}{x^2+2}$;

c) $f'(x) = -\frac{1}{x^2}\cdot\cos\left(\frac{1}{x}\right)\cdot\cos x-\sin\left(\frac{1}{x}\right)\cdot\sin x$;

d) $f'(x) = \cos(x\cdot\ln x^2)\cdot(\ln x^2+2)$;

e) $f'(x) = (2\ln x+2)\cdot x^{2x}$.

7. Definitionsbereich: $D = \mathbf{R}$;

Nullstelle: $N(2;0)$;

Extremwerte: globales (absolutes) Minimum $P(2;0) = N(2;0)$;

Wendepunkte: $W_1(3;\ln 2)$; $W_2(1;\ln 2)$.

Asymptoten: keine.

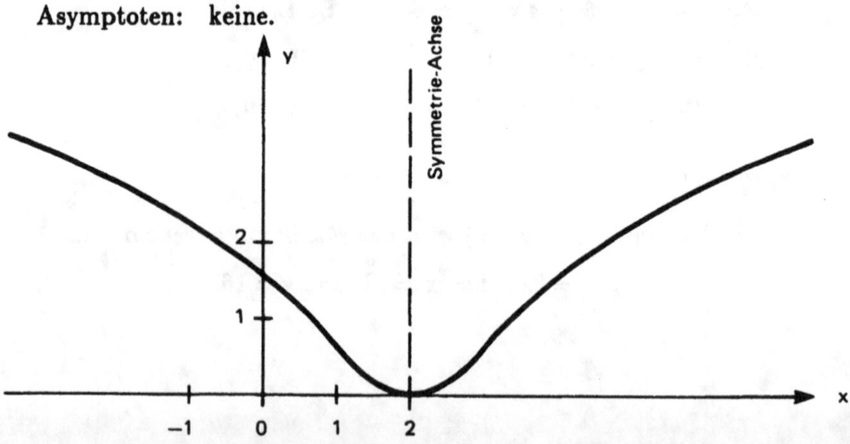

8. a) $\varepsilon_f(x) = -\dfrac{x(x-1)^2}{x^2+1}$; b) f nimmt um ungefähr 0,3 % ab.

9. a) $a_2 = \sqrt{6} \approx 2{,}45$; $a_3 \approx 2{,}91$; $a_4 \approx 2{,}98$;

b) vollständige Induktion;

c) $a_n \leq a_{n+1} = \sqrt{6+a_n} \Leftrightarrow a_n^2 \leq 6+a_n$

$\Leftrightarrow a_n^2 - a_n - 6 \leq 0;$ $\quad x^2 - x - 6 = 0$

$x_1 = 3;\quad x_2 = -2$

$\Leftrightarrow -2 \leq a_n \leq 3$ (gilt nach b));

d) $\lim\limits_{n\to\infty} a_n = 3.$

10. Hinweis: $\ln\frac{1}{x} = -\ln x$;

a) $T_3(x) = \frac{1}{6}\cdot(11 - 18x + 9x^2 - 2x^3)$;

b) $\ln 2 = \ln\frac{1}{1/2} \approx T_3(\frac{1}{2}) = \frac{2}{3}$;

c) $|R_3(\frac{1}{2})| \leq \frac{1}{4}$.

11. a) 2; b) $-\pi^2$.

12. a) $-2\cdot\ln 2 + \frac{3}{4} \approx -0{,}6363$; b) $\frac{1}{2}$; c) $\ln(\ln 3) - \ln(\ln 2) \approx 0{,}46$.

13. $f(x) = 2x\cdot e^x$.

14. a) homogen vom Grad $r = 0$; b) nicht homogen;

c) $f(x,y) = x^3 - xy^2 \Rightarrow$ homogen vom Grad $r = 3$.

15. An $P_1(2;1)$ und $P_2(-2;-1)$ sind lokale (relative) Minima;

an $P_3(0;0)$; $P_4(0;\sqrt{3})$ und $P_5(0;-\sqrt{3})$ sind Sattelpunkte.

16. a) $dO = 2\pi\cdot[(h+2r)\,dr + r\,dh]$;

b) die Oberfläche bleibt nahezu gleich.

17. $\begin{pmatrix} x \\ y \\ z \end{pmatrix} = \begin{pmatrix} 7 \\ -2 \\ 0 \end{pmatrix} + \lambda \begin{pmatrix} -1 \\ 3 \\ 1 \end{pmatrix},\ \lambda \in \mathbb{R}.$

18. Die Inverse existiert für jedes $a \neq 0$. Sie lautet dann

$$A^{-1} = \begin{pmatrix} \frac{1}{2} & 0 & \frac{1}{2} \\ \frac{1}{2} & 0 & -\frac{1}{2} \\ \frac{1}{2a} & \frac{1}{a} & \frac{1}{2a} \end{pmatrix}.$$

19. a) $E: \begin{pmatrix} x \\ y \\ z \end{pmatrix} = \begin{pmatrix} 7 \\ 0 \\ 0 \end{pmatrix} + \lambda \cdot \begin{pmatrix} -3 \\ 0 \\ 1 \end{pmatrix} + \mu \cdot \begin{pmatrix} -2 \\ 1 \\ 0 \end{pmatrix}; \lambda, \mu \in \mathbb{R}.$

b) $g: \begin{pmatrix} x \\ y \\ z \end{pmatrix} = \begin{pmatrix} 1 \\ 1 \\ 1 \end{pmatrix} + \rho \cdot \begin{pmatrix} 1 \\ 2 \\ 3 \end{pmatrix}; \rho \in \mathbb{R}.$

20. a) x: Menge Orangensaft (in Liter); y: Menge Sekt(in Liter); $x, y \geq 0$

$$\begin{array}{lcll} 9 \leq x + y \leq 30 & \Leftrightarrow & & y \leq 30 - x \\ & & \text{und} & y \geq 9 - x \\ x : y \geq 1 : 2 & \Leftrightarrow & & y \leq 2x \\ x - y \leq 3 & \Leftrightarrow & & y \geq x - 3\,. \end{array}$$

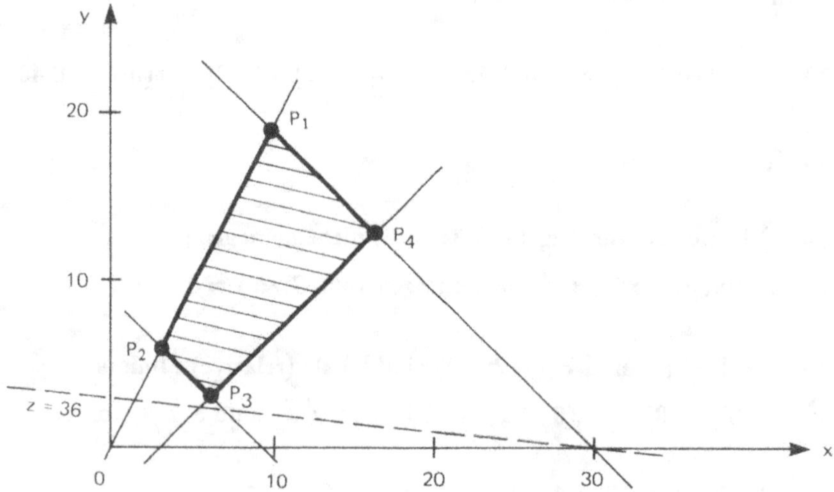

Eckpunkte: $P_1(10;20)$; $P_2(3;6)$; $P_3(6;3)$; $P_4(16{,}5;13{,}5)$.

b) $z = 1{,}2\,x + 12\,y$;

$z_{Min.} = 43{,}2$ bei $P_3(6;3)$, also mit 6 l Orangensaft und 3 l Sekt.

Klausur 16

1. a) $B \setminus A = (-1;1) \setminus \{0\} = (-1;0) \cup (0;1)$;

   $A \cap B = \{-1;0;1;\}$;

   b) $\overline{C} = \{(x,y) \in \mathbb{R}^2 \mid x^2 + y^2 < 4\}$, Kreis mit dem Radius $r = 2$ mit dem Koordinatenursprung O als Mittelpunkt.

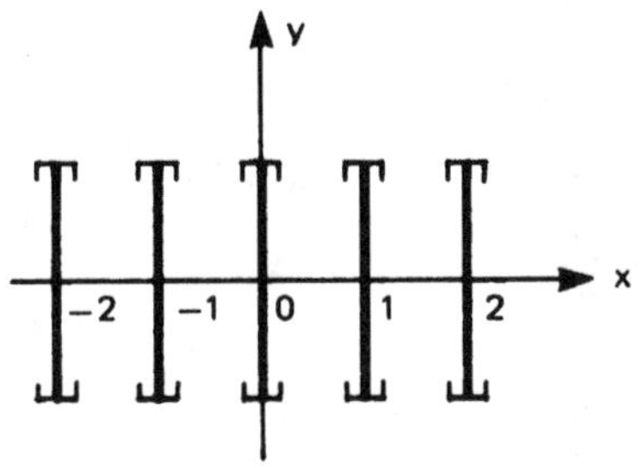

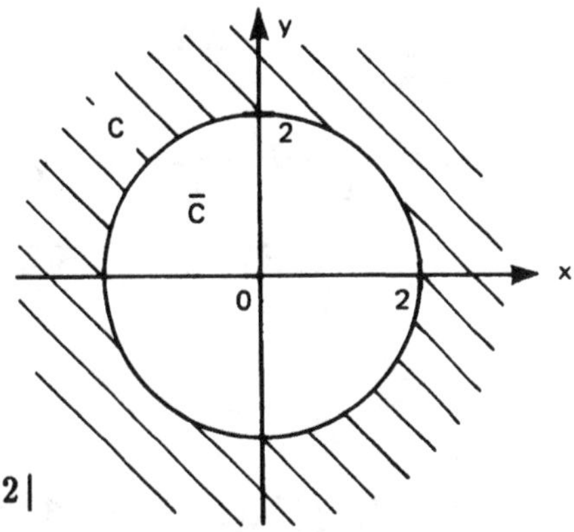

2. $x^2 - 4 = (x-2)(x+2) \leq \frac{1}{2}|x+2|$

   <u>Fall I:</u> $x + 2 \geq 0 \quad \Leftrightarrow \quad x \geq -2$

   $(x-2)(x+2) \leq \frac{1}{2}(x+2)$

   α) Für $x = -2$ ist die Ungleichung erfüllt.

   β) $x > -2$: Division durch $(x+2) > 0$ ergibt: $x - 2 \leq \frac{1}{2}$; $x \leq \frac{5}{2}$;

   $L_I = [-2; \frac{5}{2}]$.

   <u>Fall II:</u> $x + 2 < 0 \quad \Leftrightarrow \quad x < -2$

   $(x-2)(x+2) \leq -\frac{1}{2}(x+2)$

   Division durch $x + 2 < 0$ ergibt: $x - 2 \geq -\frac{1}{2}$; $x \geq \frac{3}{2}$; $L_{II} = \emptyset$;

   Lösungsmenge $L = L_I = [-2; \frac{5}{2}]$.

3. a) S = Forderung des Finanzamts; $q = 1{,}06$;

   $$S \cdot 1{,}06^{10} - 50\,000 \cdot \frac{1{,}06^{10} - 1}{0{,}06} = 0;$$

   $$S = 50\,000 \cdot \frac{1{,}06^{10} - 1}{1{,}06^{10} \cdot 0{,}06} = 368\,004{,}35 \text{ DM.}$$

   b) K_0 = Gewinn: $K_{11} = K_0 \cdot 1{,}07^{11}$; 50 000 DM sind davon 3 %;

   $50\,000 = 0{,}03 \cdot K_0 \cdot 1{,}07^{11}$;

   $$\text{Gewinn } K_0 = \frac{50\,000}{0{,}03 \cdot 1{,}07^{11}} = 791\,821{,}33 \text{ DM.}$$

4. a) $\lim\limits_{n\to\infty} \dfrac{\sqrt{3n^2-5n+4}}{2n-7} = \lim\limits_{n\to\infty} \dfrac{\sqrt{3-\frac{5}{n}+\frac{4}{n^2}}}{2-\frac{7}{n}} = \dfrac{\sqrt{3}}{2}$;

b) Division von Zähler und Nenner durch 10^{2n} ergibt

$$a_n = \frac{4\cdot 10^n - 3\cdot 10^{2n}}{3\cdot 10^{n-1}+2\cdot 10^{2n-1}} = \frac{4\cdot 10^{-n}-3}{3\cdot 10^{-n-1}+2\cdot 10^{-1}};$$

$$\lim_{n\to\infty} a_n = \frac{-3}{2\cdot 10^{-1}} = -\frac{30}{2} = -15;$$

c) $a_n = \dfrac{1}{\sqrt{n+3}-\sqrt{n}} = \dfrac{\sqrt{n+3}+\sqrt{n}}{(\sqrt{n+3}-\sqrt{n})\cdot(\sqrt{n+3}+\sqrt{n})}$

$= \dfrac{\sqrt{n+3}+\sqrt{n}}{n+3-n} = \dfrac{\sqrt{n+3}+\sqrt{n}}{3}$;

$\lim\limits_{n\to\infty} a_n = \infty$ (bestimmt) divergent.

5. a) $\sum\limits_{n=0}^{\infty} \dfrac{(-3)^n}{4^n} = \sum\limits_{n=0}^{\infty} \left(-\frac{3}{4}\right)^n = \dfrac{1}{1-(-\frac{3}{4})} = \dfrac{4}{7}$;

b) $\sum\limits_{n=2}^{\infty} \dfrac{1}{3^{n-1}} = \dfrac{1}{3}\cdot \sum\limits_{k=0}^{\infty} \left(\frac{1}{3}\right)^k = \dfrac{1}{3}\cdot\dfrac{1}{1-\frac{1}{3}} = \dfrac{1}{2}$;

c) $\sum\limits_{n=0}^{\infty} \left(\dfrac{1}{2^n}+\dfrac{(-1)^n}{3^n}\right) = \dfrac{1}{1-\frac{1}{2}} + \dfrac{1}{1-(-\frac{1}{3})} = 2+\dfrac{3}{4} = \dfrac{11}{4}$.

6. a) Induktionsbeginn: $a_1 = 2 \geq \frac{1}{2}$.

Schluß von n_0 auf n_0+1: es gelte

$a_{n_0} \geq \frac{1}{2} \;\Rightarrow\; 4\cdot a_{n_0} \geq 2 \;\Rightarrow\; 4\cdot a_{n_0} - 1 \geq 1$

$\Rightarrow \sqrt{4\cdot a_{n_0} - 1} \geq 1 \;\Rightarrow\; a_{n_0+1} = \frac{1}{2}\cdot\sqrt{4\cdot a_{n_0} - 1} \geq \frac{1}{2}$.

b) $a_1 = 2$; $a_2 = \frac{1}{2}\cdot\sqrt{7} \approx 1{,}3223$; $a_3 \approx 1{,}0358$.

Wegen $a_n > 0$ gilt

$a_{n+1} = \frac{1}{2}\cdot\sqrt{4a_n - 1} \leq a_n \;\Leftrightarrow\; 4a_n - 1 \leq 4a_n^2$

$\Leftrightarrow\; 0 \leq 4\cdot(a_n^2 - a_n + \frac{1}{4}) = 4\cdot(a_n - \frac{1}{2})^2$ (ist immer erfüllt).

c) $\lim\limits_{n\to\infty} a_n = a$; $a = \frac{1}{2}\cdot\sqrt{4a-1} \;\Leftrightarrow\; 4a^2 = 4a - 1$;

$0 = a^2 - a + \frac{1}{4} = \left(a - \frac{1}{2}\right)^2$; $a = \frac{1}{2}$.

7. a) $f'(x) = -(2-x^2)^{-\frac{3}{2}} \cdot (-2x) = \dfrac{2x}{\sqrt{(2-x^2)^3}}$;

b) $f'(x) = 3 \cdot \left(\dfrac{x}{x-1}\right)^2 \cdot \dfrac{(x-1)-x}{(x-1)^2} = -\dfrac{3x^2}{(x-1)^4}$;

c) $f'(x) = (e \cdot e^{-x})' = -e \cdot e^{-x} = -e^{1-x}$;

d) $f'(x) = \dfrac{-\sin(x^2) \cdot 2x}{2 \cdot \sqrt{\cos(x^2)}} = -\dfrac{x \cdot \sin(x^2)}{\sqrt{\cos(x^2)}}$.

8. Definitionsbereich: $D = \mathbf{R}$;

Symmetrie: $f(-x) = f(x)$, die y-Achse ist Symmetrieachse.

Nullstellen: keine;

$f'(x) = -4(2x^2+1)^{-2} \cdot 4x = -\dfrac{16x}{(2x^2+1)^2}$;

$$f''(x) = -16 \cdot \frac{(2x^2+1)^2 - x \cdot 2 \cdot (2x^2+1) \cdot 4x}{(2x^2+1)^4}$$

$$= -16 \cdot \frac{2x^2+1 - x \cdot 2 \cdot 4x}{(2x^2+1)^3} = 16 \cdot \frac{6x^2-1}{(2x^2+1)^3}.$$

Extremwerte:

$f'(x) = 0$, $x_1 = 0$; $f(0) = 4$;

$f''(0) = -16 < 0 \Rightarrow$ lokales (relatives) Maximum in P(0;4).
Wegen $f'(x) > 0$ für $x < 0$ und $f'(x) < 0$ für $x > 0$ handelt es sich um ein globales (absolutes) Maximum.

Wendepunkte:

$f''(x) = 0$; $x^2 = \frac{1}{6}$; Wendepunkte $W_1(-\frac{\sqrt{6}}{6}; 3)$ und $W_2(\frac{\sqrt{6}}{6}; 3)$.

Asymptoten:

$\lim\limits_{x \to \pm\infty} f(x) = 0$; die x-Achse ist Asymptote

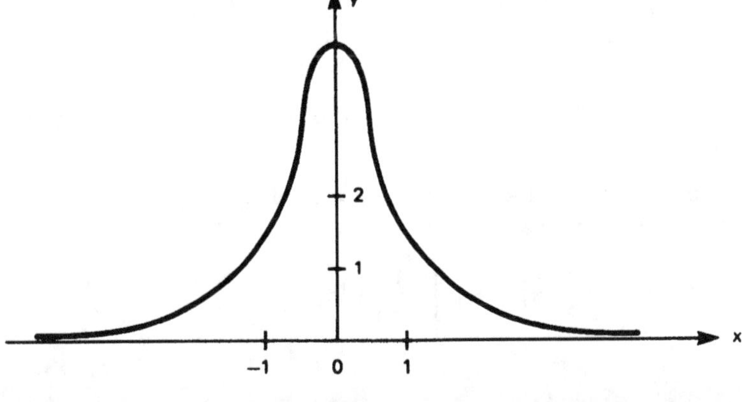

9. a) $U'(x) = e^{\frac{x}{400}} + x \cdot \frac{1}{400} \cdot e^{\frac{x}{400}} = (1 + \frac{x}{400}) \cdot e^{\frac{x}{400}}$;

$$\varepsilon_U(x) = \frac{U'(x)}{U(x)} \cdot x = 1 + \frac{x}{400};$$

b) $\varepsilon_U(200) = \frac{3}{2}$; x nimmt um 4 % zu;

U nimmt um ungefähr $4 \cdot \frac{3}{2} = 6$ % zu.

10. a) $\lim\limits_{x \to \frac{\pi}{2}} \frac{\cos 3x}{\cos x}$ $(\text{"}\frac{0}{0}\text{"}) = \lim\limits_{x \to \frac{\pi}{2}} \frac{-3 \cdot \sin x}{-\sin x} = -3;$

b) $\lim\limits_{x \to 0} \frac{3^x - 2^x}{x}$ $(\text{"}\frac{0}{0}\text{"}) = \lim\limits_{x \to 0} \frac{3^x \cdot \ln 3 - 2^x \cdot \ln 2}{1} = \ln 3 - \ln 2;$

c) $\lim\limits_{x \to 0} (x^{100} \cdot \ln(x^{99}))$ $(\text{"}0 \cdot \infty\text{"}) = \lim\limits_{x \to 0} \frac{\ln(x^{99})}{x^{-100}}$ $(\text{"}\frac{\infty}{\infty}\text{"})$

$$= \lim_{x \to 0} \frac{\frac{99 \cdot x^{98}}{x^{99}}}{-100 \cdot x^{-101}} = -\lim_{x \to 0} \frac{99}{100} \cdot x^{100} = 0.$$

11. a) Substitution: $u = \cos x$; $du = -\sin x \, dx$;

$x = 0 \Rightarrow u = 1; \quad x = \frac{\pi}{4} \Rightarrow u = \frac{\sqrt{2}}{2} = \frac{1}{\sqrt{2}};$

$$\int_0^{\frac{\pi}{4}} \frac{\sin x}{(\cos x)^2} dx = -\int_1^{\frac{1}{\sqrt{2}}} \frac{1}{u^2} du = \frac{1}{u} \Bigg|_1^{\frac{1}{\sqrt{2}}} = \sqrt{2} - 1.$$

b) Substitution: $u = \ln(x-1)$; $\frac{1}{x-1} dx = du$;

$x = 2 \Rightarrow u = 0$; $x = e + 1 \Rightarrow u = 1.$

$$\int_2^{e+1} \frac{\ln(x-1)}{2(x-1)} dx = \frac{1}{2} \int_0^1 u \, du = \left[\frac{u^2}{4} \right]_0^1 = \frac{1}{4}.$$

12. $x_1 = 0$ ist Nullstelle. Links von 0 ist die Funktion negativ, rechts davon positiv.

Substitution: $1 + x^2 = u$; $du = 2x \, dx$;
$x = -1 \Rightarrow u = 2$; $x = 0 \Rightarrow u = 1$; $x = 2 \Rightarrow u = 5.$

$$F = -\int_{-1}^{0} \frac{3x}{1+x^2} dx + \int_0^2 \frac{3x}{1+x^2} dx$$

$$= -\frac{3}{2}\int_2^1 \frac{1}{u}du + \frac{3}{2}\int_1^5 \frac{1}{u}du = \left[-\frac{3}{2}\cdot\ln u\right]_2^1 + \left[\frac{3}{2}\cdot\ln u\right]_1^5$$

$$= \frac{3}{2}\cdot\ln 2 + \frac{3}{2}\cdot\ln 5 = \frac{3}{2}(\ln 2 + \ln 5) = \frac{3}{2}\cdot\ln 10.$$

13. a) $f(x) = x + \frac{1}{1+x^2}$; $\quad f(0) = 1$;

$f'(x) = 1 - \frac{2x}{(1+x^2)^2}$; $\quad f'(0) = 1$;

$$f''(x) = -2\cdot\frac{(1+x^2)^2 - x\cdot 2(1+x^2)\cdot 2x}{(1+x^2)^4}$$

$$= -2\cdot\frac{1+x^2-x\cdot 2\cdot 2x}{(1+x^2)^3} = \frac{2(3x^2-1)}{(1+x^2)^3}.$$

$T_1(x) = 1 + x.$

b) $$|R_1(x)| \le \max_{0\le\eta\le x} |f''(\eta)|\cdot\frac{x^2}{2} = \underbrace{\max_{0\le\eta\le x}\left|\frac{3\eta^2-1}{(1+\eta^2)^3}\right|}_{=1 \text{ für } \eta=0.}\cdot x^2 \le x^2 \le \frac{1}{4}.$$

c) $$A \approx \hat{A} = \int_0^{\frac{1}{2}} (1+x)\,dx = \left[x+\frac{x^2}{2}\right]_0^{\frac{1}{2}} = \frac{5}{8};$$

$$|A-\hat{A}| \le \int_0^{\frac{1}{2}} |f(x)-T_1(x)|\,dx \le \int_0^{\frac{1}{2}} |R_1(x)|\,dx \le \int_0^{\frac{1}{2}} x^2\,dx$$

$$= \left[\frac{x^3}{3}\right]_0^{\frac{1}{2}} = \frac{1}{24}.$$

14. $K(x,y) = \ln\left(\frac{x+y}{x}\right) = \ln(x+y) - \ln x$;

a) $K(\lambda x, \lambda y) = \ln\left(\frac{\lambda x + \lambda y}{\lambda x}\right) = \ln\left(\frac{x+y}{x}\right) = K(x,y) = \lambda^0\cdot K(x,y)$;
K ist homogen vom Grad $r = 0$;

b) $K_x(x,y) = \frac{1}{x+y} - \frac{1}{x}$; $\quad K_y(x,y) = \frac{1}{x+y}$;

$dK(x,y) = \left(\frac{1}{x+y} - \frac{1}{x}\right)dx + \frac{1}{x+y}\,dy$;

c) $x = 100$; $dx = 1$; $y = 100$; $dy = -2$;

$\Delta K \approx dK = \left(\frac{1}{200} - \frac{1}{100}\right)\cdot 1 - \frac{1}{200}\cdot 2 = -0{,}015.$

15. **Lagrange - Funktion**

$L(x,y,\lambda) = xy + \lambda(x^2+y^2-1)$

$L_x(x,y,\lambda) = y + 2\lambda x = 0 \quad (1)$

$L_y(x,y,\lambda) = x + 2\lambda y = 0 \quad (2)$

$L_\lambda(x,y,\lambda) = x^2+y^2-1 = 0$ (Nebenbedingung).

$y\times(1) - x\times(2): \quad y^2-x^2=0 \Rightarrow y = \pm x;$

Nebenbedingung $\Rightarrow 2x^2=1; \; x_{1,2} = \pm \frac{\sqrt{2}}{2};$

mögliche Punkte: $P_1(\frac{\sqrt{2}}{2}; \frac{\sqrt{2}}{2})$; $P_2(-\frac{\sqrt{2}}{2}; -\frac{\sqrt{2}}{2})$;

$P_3(\frac{\sqrt{2}}{2}; -\frac{\sqrt{2}}{2})$; $P_4(-\frac{\sqrt{2}}{2}; \frac{\sqrt{2}}{2})$.

Die Gleichung der Nebenbedingung stellt einen Kreis um den Koordinatenursprung O mit dem Radius 1 dar. Da diese Menge abgeschlossen und beschränkt ist, nimmt die stetige Funktion $f(x,y) = xy$ ein globales Maximum und Minimum an. Die Funktionswerte lauten

$$f(\frac{\sqrt{2}}{2}; \frac{\sqrt{2}}{2}) = f(-\frac{\sqrt{2}}{2}; -\frac{\sqrt{2}}{2}) = \frac{1}{2}$$

$$f(\frac{\sqrt{2}}{2}; -\frac{\sqrt{2}}{2}) = f(-\frac{\sqrt{2}}{2}; \frac{\sqrt{2}}{2}) = -\frac{1}{2}$$

$\Rightarrow P_1, P_2$ globale (absolute) Maxima und P_3, P_4 globale Minima.

16. $f(x,y) = \ln(x^2+e^{2y}) + (x+1)^2 + y.$

a) $f_x(x,y) = \dfrac{2x}{x^2+e^{2y}} + 2(x+1);$

$f_y(x,y) = \dfrac{2e^{2y}}{x^2+e^{2y}} + 1;$

$$y'(x) = -\frac{\frac{2x}{x^2+e^{2y}} + 2(x+1)}{\frac{2e^{2y}}{x^2+e^{2y}} + 1}; \qquad \underline{y'(0) = -\frac{2}{2+1} = -\frac{2}{3}}.$$

Aus $\ln(x^2+e^{2y}) + (x+1)^2 + y = 0$ erhält man für $x = 0$

$\ln(0+e^{2y(0)}) + 1 + y(0) = 0; \quad 2\cdot y(0) + 1 + y(0) = 0; \quad \underline{y(0) = -\frac{1}{3}};$

$T_1(x) = -\frac{1}{3} - \frac{2}{3}x.$

b) $\ln(0{,}1^2 + e^{2y}) + (0{,}1+1)^2 + y = 0$

$y(0{,}1) \approx T_1(0{,}1) = -\frac{1}{3} - \frac{2}{3\cdot 10} = -\frac{2}{5}.$

17. $f(x,y) = (x^2-y)\cdot e^{x+y}$.

$$f_x(x,y) = 2x\cdot e^{x+y} + (x^2-y)\cdot e^{x+y} = (x^2+2x-y)\cdot e^{x+y}$$
$$f_y(x,y) = -e^{x+y} + (x^2-y)\cdot e^{x+y} = (x^2-y-1)\cdot e^{x+y}$$
$$f_{xx}(x,y) = (2x+2)\cdot e^{x+y} + (x^2+2x-y)\cdot e^{x+y} = (x^2+4x-y+2)\cdot e^{x+y}$$
$$f_{yy}(x,y) = -e^{x+y} + (x^2-y-1)\cdot e^{x+y} = (x^2-y-2)\cdot e^{x+y}$$
$$f_{xy}(x,y) = -e^{x+y} + (x^2+2x-y)\cdot e^{x+y} = (x^2+2x-y-1)\cdot e^{x+y}.$$

$$f_x(x,y) = 0 \Rightarrow x^2+2x-y = 0 \quad (1)$$
$$f_y(x,y) = 0 \Rightarrow x^2 -y-1 = 0 \quad (2)$$

$(1)-(2) \Rightarrow 2x+1 = 0;$ $\underline{x = -\frac{1}{2}}$

$(29 \Rightarrow y = x^2-1;$ $\underline{y = -\frac{3}{4}}$

$$\Delta(-\tfrac{1}{2};-\tfrac{3}{4}) = e^{-\frac{5}{4}}\cdot\left[1\cdot(-1)-(-1)^2\right] < 0\,;$$

Sattelpunkt an der Stelle $P(-\frac{1}{2};-\frac{3}{4})$.

18. a)
$$2x + 4y - z - 4 = 0 \quad (1)$$
$$x - 3y + 2z - 6 = 0 \quad (2)$$

$\underline{z=\rho}$; $(1)-2\times(2) \Rightarrow 10y-5\rho+8=0;$ $\underline{y = -\frac{4}{5}+\frac{1}{2}\rho}$;

hiermit erhält man aus (2)

$x = 6-2\rho+3(-\frac{4}{5}+\frac{1}{2}\rho) = \frac{18}{5}-\frac{1}{2}\rho$, also $\underline{x = \frac{18}{5}-\frac{1}{2}\rho}$.

Mit $\lambda = 2\rho$ erhält man die Parameterdarstellung für die

Schnittgerade: $\begin{pmatrix}x\\y\\z\end{pmatrix} = \frac{1}{5}\cdot\begin{pmatrix}18\\-4\\0\end{pmatrix} + \lambda\cdot\begin{pmatrix}-1\\1\\2\end{pmatrix}$, $\lambda\in\mathbf{R}$.

b) α) $z=\mu$ und $y=\nu$ ergibt eine Parameterdarstellung für

E_1: $\begin{pmatrix}x\\y\\z\end{pmatrix} = \begin{pmatrix}2\\0\\0\end{pmatrix} + \mu\cdot\begin{pmatrix}0{,}5\\0\\1\end{pmatrix} + \nu\cdot\begin{pmatrix}-2\\1\\0\end{pmatrix}$, $\mu,\nu\in\mathbf{R}$.

Wegen

$(-2,6,-4)\cdot\begin{pmatrix}0{,}5\\0\\1\end{pmatrix} \neq 0$ und $(-2,6,-4)\cdot\begin{pmatrix}-2\\1\\0\end{pmatrix} \neq 0$

steht die Gerade g nicht senkrecht auf E_1.

β) Mit $z = s$ und $y = t$ erhält man eine Parameterdarstellung für

$$E_2: \begin{pmatrix} x \\ y \\ z \end{pmatrix} = \begin{pmatrix} 6 \\ 0 \\ 0 \end{pmatrix} + s \cdot \begin{pmatrix} -2 \\ 0 \\ 1 \end{pmatrix} + t \cdot \begin{pmatrix} 3 \\ 1 \\ 0 \end{pmatrix}, \; s, t \in \mathbf{R}.$$

Wegen

$$(-2, 6, -4) \cdot \begin{pmatrix} -2 \\ 0 \\ 1 \end{pmatrix} = 0 \quad \text{und} \quad (-2, 6, -4) \cdot \begin{pmatrix} 3 \\ 1 \\ 0 \end{pmatrix} = 0$$

steht die Gerade g senkrecht auf E_2.

19. a) Aus $A \cdot B = E$ folgt $B = A^{-1}$.

1	1	1	1	0	0	(1)
3	2	0	0	1	0	(2)
0	1	1	0	0	1	(3)
1	1	1	1	0	0	(1) = (1')
0	1	1	0	0	1	(3) = (2')
0	−1	−3	−3	1	0	(2) − 3 × (1) = (3')
1	0	0	1	0	−1	(1') − (2')
0	1	1	0	0	1	(2')
0	0	−2	−3	1	1	(3') + (2')
1	0	0	1	0	−1	(1') − (2')
0	1	1	0	0	1	(2')
0	0	1	3/2	−1/2	−1/2	(3') + (2') = (3'')
1	0	0	1	0	−1	
0	1	0	−3/2	1/2	3/2	(2') − (3'')
0	0	1	3/2	−1/2	−1/2	

$$B = A^{-1} = \frac{1}{2} \cdot \begin{pmatrix} 2 & 0 & -2 \\ -3 & 1 & 3 \\ 3 & -1 & -1 \end{pmatrix};$$

b) $B^{-1} = A$.

$$\vec{x_1} = B^{-1} \cdot \begin{pmatrix} 1 \\ 2 \\ 3 \end{pmatrix} = A \cdot \begin{pmatrix} 1 \\ 2 \\ 3 \end{pmatrix} = \begin{pmatrix} 1 & 1 & 1 \\ 3 & 2 & 0 \\ 0 & 1 & 1 \end{pmatrix} \cdot \begin{pmatrix} 1 \\ 2 \\ 3 \end{pmatrix} = \begin{pmatrix} 6 \\ 7 \\ 5 \end{pmatrix};$$

$$\vec{x_2} = A \cdot \begin{pmatrix} 2 \\ 4 \\ 6 \end{pmatrix} = 2 \cdot \vec{x_1} = \begin{pmatrix} 12 \\ 14 \\ 10 \end{pmatrix}.$$

20. a) x: Anzahl Kühe; y: Anzahl Schweine

(1) $10x + 2y \leq 200$

(2) $10x + 10y \leq 800$

(3) $30x + 4y \leq 480$

$x, y \geq 0.$

$g_1 \cap g_2$: $P_1(5;75)$;

$g_1 \cap g_3$: $P_2(8;60)$;

$P_3(0;80)$; $P_4(16;0)$.

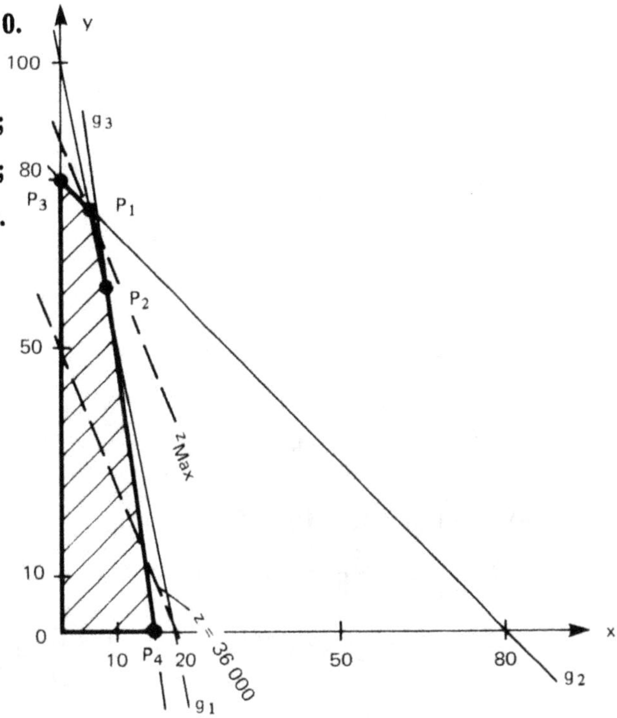

b) Zielfunktion: $z = 1800x + 600y \rightarrow$ Max.

P	(16;0)	(5;75)	(0;80)	(8;60)
z	28 800	<u>54 000</u>	48 000	50 400

Lösung in $P_1(5;75)$, also $x = 5$; $y = 75$; $z_{Max} = 54000$.

Klausur 17

1. a)

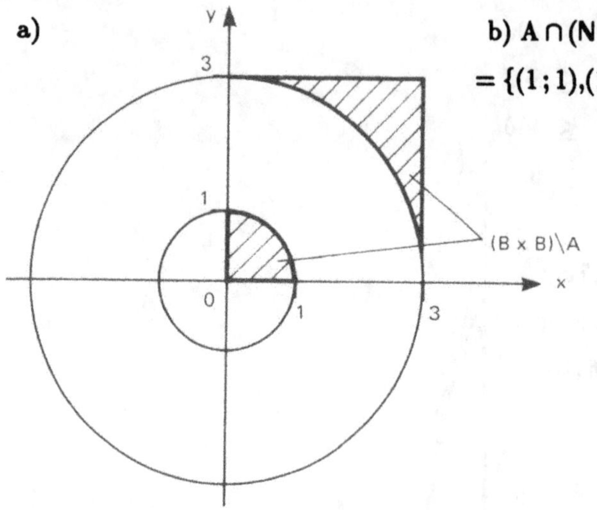

b) $A \cap (\mathbb{N} \times \mathbb{N})$
$= \{(1;1),(1;2),(2;1),(2;2)\}$.

2. $L = (-\infty;\ \sqrt{2} - 1]$.

3. a) $G = 636\,241{,}50$ DM.

b) $M_A \cdot \left[12 + \frac{13 \cdot 3}{200}\right] = 0{,}03 \cdot G \quad \Rightarrow M_A = 1\,565{,}17$ DM.

c) $0 = K_{20} = G \cdot 1{,}03^{20} - M_A \cdot \left[12 + \frac{13 \cdot 3}{200}\right] \cdot \frac{1{,}03^{20} - 1}{0{,}03}$

$\Rightarrow M_A = 3\,506{,}80$ DM.

4. a) 2,5; b) $\frac{1}{250}$.

5. a) α) 1; β) $\frac{47}{24}$; b) 29 087.

6. $D = \mathbb{R} \setminus \{1; -3\}$. An der Stelle $x = 1$ ist eine stetige Ergänzung durch $f(1) = \frac{3}{4}$ möglich. Für $x = 3$ gibt es keine stetige Ergänzung.

7. a) $f'(x) = \frac{1}{2} \cdot \cos\frac{x}{2} \cdot e^{\sin\frac{x}{2}}$; b) $f'(x) = \frac{2(1 - 2\ln x)}{x^3}$;

c) $f'(x) = e \cdot \pi \cdot x^{e-1} \cdot (x^e + 1)^{\pi - 1}$;

d) $f'(x) = \cos x \cdot \cos(x^2) - 2x \cdot \sin x \cdot \sin(x^2)$.

8. a) $\varepsilon_K(x) = 1 + 4x - x^2$; b) Zunahme um ungefähr 11 %.

   c) Globales Maximum an der Stelle $x = 4$.

9. Definitionsbereich: $D = \mathbb{R} \setminus \{0\}$; Nullstelle $N(\frac{1}{2}; 0)$;

   lokales (relatives) Maximum: $P\left(\frac{3}{4}; \frac{32}{27}\right)$;

   Wendepunkt: $W(1; 1)$; Asymptote: x-Achse.

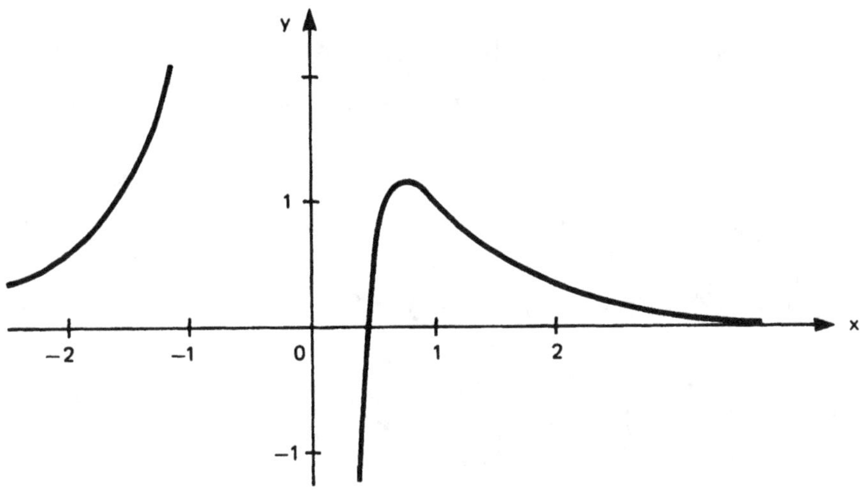

10. a) 1; b) 3,5; c) 0.

11. a) $T_2(x) = 2 - \frac{x^2}{4}$; $\sqrt{3} \approx T_2(1) = 1{,}75$;

    b) $|R_1(x)| \leq \frac{2}{9 \cdot \sqrt{3}} \cdot x^3 \approx 0{,}128 \cdot x^3$ für $0 \leq x$; $|R_1(1)| \leq 0{,}128$.

    c) $\hat{A} = \frac{23}{12}$;

    d) $|A - \hat{A}| \leq 0{,}128 \cdot \int_0^1 x^3 dx = 0{,}032$.

12. a) $\frac{1}{4}$; b) $1 - \frac{2}{e}$.

13. $P(x) = e^{-\frac{2}{3}} \cdot e^{\frac{2}{3}(x^3+1)^{\frac{3}{2}}}$.

14. a) $T_1(x, y) = 2x + y + 2$;

    b) $z = f(0, y) = \ln(e^{2y}) + \frac{1}{y} = 2y + \frac{1}{y}$, $y \neq 0$.

15. a) f ist homogen vom Grad $r = 1$;

b) nach der Eulerschen Homogenitätsrelation ist die Summe gleich dem Homogenitätsgrad $r = 1$.

16. $P_1\left(\frac{2}{\sqrt{13}}; \frac{3}{\sqrt{13}}\right)$; $f\left(\frac{2}{\sqrt{13}}; \frac{3}{\sqrt{13}}\right) = \sqrt{13}$; globales (abs.) Maximum;

$P_2\left(-\frac{2}{\sqrt{13}}; -\frac{3}{\sqrt{13}}\right)$; $f\left(-\frac{2}{\sqrt{13}}; -\frac{3}{\sqrt{13}}\right) = -\sqrt{13}$; glob. Minimum.

17. a) g steht senkrecht auf E für die beiden Paare

$a_1 = 2$ und $b_1 = -\frac{3}{2}$ oder $a_2 = -3$ und $b_2 = 1$.

b) Kein Schnittpunkt.

18. a) $X^T \cdot X = \begin{pmatrix} 3 & 1 \\ 1 & 5 \end{pmatrix}$;

b) $A \cdot (X^T \cdot X) = E \Rightarrow A = (X^T \cdot X)^{-1} \Rightarrow A^{-1} = X^T \cdot X$.

19. $\vec{x} = \begin{pmatrix} x \\ y \\ z \end{pmatrix} = \begin{pmatrix} 1 \\ 0 \\ 6 \end{pmatrix} + \lambda \cdot \begin{pmatrix} 4 \\ 3 \\ 17 \end{pmatrix}$, $\lambda \in \mathbf{R}$.

20.

$\frac{2}{3}y \leq x \leq y$

$450x + 300y \leq 45\,000$

$x, y \geq 0$.

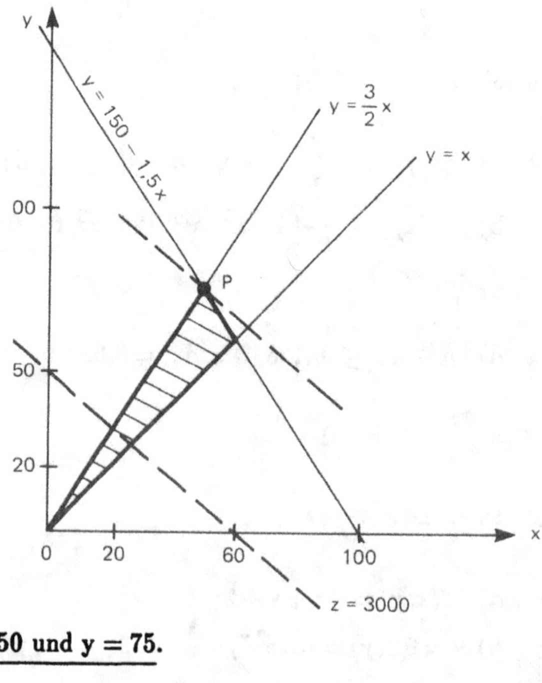

Zielfunktion:
$z = 50x + 60y$.

$z_{Max} = 7000$ für $x = 50$ und $y = 75$.

Klausur 19

1. a)

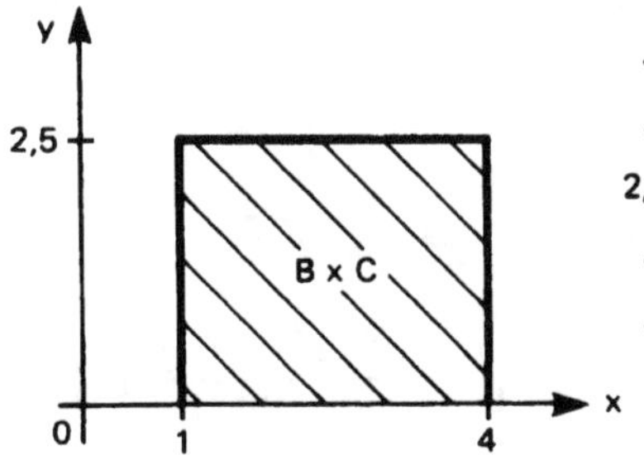

b)

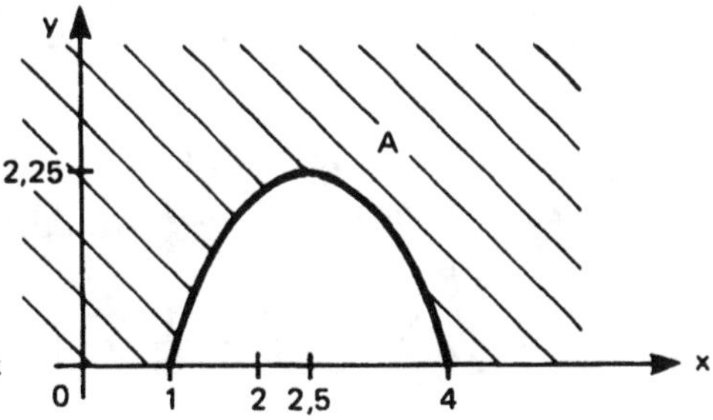

c) $D = \{(1;1), (1;2), (2;2), (3;2), (4;1), (4;2)\}$.

2. Fall I: $x+2 \geq 0 \Leftrightarrow x \geq -2$

$x \cdot (x+2) + x = x^2 + 3x > 4$

$(x+\frac{3}{2})^2 > 4 + \frac{9}{4} = \frac{25}{4}$;

$|x+\frac{3}{2}| > \frac{5}{2}$; $x > -\frac{3}{2} + \frac{5}{2} = 1$; $x < -\frac{3}{2} - \frac{5}{2} = -4$. $L_I = (1;\infty)$;

Fall II: $x+2 < 0 \Leftrightarrow x < -2$

$x \cdot (-x-2) + x = -x^2 - x > 4 \Leftrightarrow x^2 + x < -4$

$(x+\frac{1}{2})^2 < -4 + \frac{1}{4} = -\frac{15}{4}$ (nicht möglich); $L_{II} = \emptyset$.

Lösungsmenge: $L = (1;\infty)$.

3. a) $K_2 = 100 \cdot 1{,}05 + 1$; $K_3 = 100 \cdot 1{,}05^2 + 1 \cdot 1{,}05 + 1 = 112{,}30$ DM.

b) $K_n = 100 \cdot 1{,}05^{n-1} + 1 \cdot (1 + 1{,}05 + 1{,}05^2 + \ldots + 1{,}05^{n-2})$

$= 100 \cdot 1{,}05^{n-1} + \frac{1{,}05^{n-1} - 1}{0{,}05}$

$= 120 \cdot 1{,}05^{n-1} - 20$.

c) $S_3 = 100 + 106 + 112{,}3 = 318{,}30$ DM.

d) $S_n = \sum_{i=1}^{n} K_i = \sum_{i=1}^{n} [120 \cdot 1{,}05^{i-1} - 20] = 120 \cdot \frac{1{,}05^n - 1}{0{,}05} - 20n$

$= 2\,400 \cdot (1{,}05^n - 1) - 20\,n$.

4. a) $\lim\limits_{n\to\infty} \left(1+\frac{1}{n}\right)^n \cdot \frac{n}{n+1} = \lim\limits_{n\to\infty} \left(1+\frac{1}{n}\right)^n \cdot \lim\limits_{n\to\infty} \frac{n}{n+1} = e \cdot 1 = e.$

b) $\lim\limits_{n\to\infty} \frac{3n - n\cdot\sqrt[3]{7n^3+n-1}}{n^2 - n\cdot\sqrt{n-1}+2} = \lim\limits_{n\to\infty} \frac{\frac{3}{n} - 1\cdot\sqrt[3]{7+\frac{1}{n^2}-\frac{1}{n^3}}}{1 - 1\cdot\sqrt{\frac{1}{n}-\frac{1}{n^2}}+\frac{2}{n^2}} = -\sqrt[3]{7}.$

c) $\sum\limits_{k=2}^{\infty} \frac{3^{k-1}-2^k}{4^{k+1}} = \sum\limits_{k=2}^{\infty} \frac{3\cdot 3^{k-2}}{64\cdot 4^{k-2}} - \sum\limits_{k=2}^{\infty} \frac{4\cdot 2^{k-2}}{64\cdot 4^{k-2}}$

$= \frac{3}{64}\sum\limits_{i=0}^{\infty}\left(\frac{3}{4}\right)^i - \frac{1}{16}\sum\limits_{i=0}^{\infty}\left(\frac{1}{2}\right)^i = \frac{3}{64}\cdot\frac{1}{1-\frac{3}{4}} - \frac{1}{16}\cdot\frac{1}{1-\frac{1}{2}}$

$= \frac{3}{16} - \frac{1}{8} = \frac{1}{16}.$

5. a) $a_{n+1} = \frac{1}{8}\cdot a_n^2 + \frac{3}{2} \geq \frac{3}{2} \quad \Rightarrow \frac{3}{2}$ ist eine untere Schranke.

b) Induktionsanfang: $a_2 = \frac{1}{8}\cdot 16 + \frac{3}{2} = \frac{7}{2} < a_1 = 4;$

Schluß von n_0 auf n_0+1;

Annahme: es gelte $a_{n_0+1} \leq a_{n_0}$; dann folgt daraus unter Beachtung von a)

$a_{n_0+1}^2 \leq a_{n_0}^2$ und hieraus

$a_{n_0+2} = \frac{1}{8}\cdot a_{n_0+1}^2 + \frac{3}{2} \leq \frac{1}{8}\cdot a_{n_0}^2 + \frac{3}{2} = a_{n_0+1};$

damit gilt die Behauptung auch für n_0+1.

c) $\lim\limits_{n\to\infty} a_n = a \quad \Rightarrow a = \frac{1}{8}\cdot a^2 + \frac{3}{2};\; a^2 - 8a + 12 = 0;$

Lösungen: $a = 6 > a_1$ kann nicht der Grenzwert sein. $\underline{a = 2}$.

6. a) $f(x) = \ln\left[(x^4+3)\cdot x^3\right] = \ln(x^4+3) + 3\ln x$

$f'(x) = \frac{4x^3}{x^4+3} + \frac{3}{x};$

b) $f(x) = \frac{e^{2x}-1}{e^x+1} = \frac{(e^x-1)(e^x+1)}{e^x+1} = e^x - 1; \qquad f'(x) = e^x;$

c) $f'(x) = \sum\limits_{n=1}^{3} n^2\cdot x^{n-1}\cdot\cos(n x^n)$

$= \cos x + 4x\cos(2x^2) + 9x^2\cos(3x^3).$

7. $S(x) = \frac{K(x)}{x} = (x^3 - x + 5)^{\frac{1}{3}}$.

a) $S'(x) = \frac{1}{3} \cdot (x^3 - x + 5)^{-\frac{2}{3}} \cdot (3x^2 - 1)$;

$S'(x) = 0 \Leftrightarrow x = \frac{\sqrt{3}}{3}$ (wegen $x > 0$) .

Wegen $S'(x) < 0$ für $x < \frac{\sqrt{3}}{3}$ und $S'(x) > 0$ für $x > \frac{\sqrt{3}}{3}$ handelt es sich um ein globales (absolutes) Minimum.

b) $$\varepsilon_S(x) = \frac{S'(x)}{S(x)} \cdot x = \frac{\frac{1}{3}(3x^2 - 1) \cdot (x^3 - x + 5)^{-\frac{2}{3}} \cdot x}{(x^3 - x + 5)^{\frac{1}{3}}} = \frac{3x^3 - x}{3(x^3 - x + 5)}.$$

c) $\varepsilon_S(5) \cdot 10 = \frac{370}{375} \cdot 10 \approx 9{,}87\ \%$.

d) $$K(x) = x \cdot S(x) \Rightarrow \varepsilon_K(x) = \varepsilon_x(x) + \varepsilon_S(x) = 1 + \varepsilon_S(x) = 1 + \frac{3x^3 - x}{3(x^3 - x + 5)}.$$

8. $f_t(x) = \frac{x + t}{e^x}$.

Definitionsbereich: $D = \mathbb{R}$;

Nullstellen: $f_t(x) = 0$; $x_1 = -t$; $N(-t;0)$;

$$f_t'(x) = \frac{e^x \cdot 1 - (x+t) \cdot e^x}{(e^x)^2} = \frac{1 - x - t}{e^x}$$

$$f_t''(x) = \frac{e^x \cdot (-1) - (1 - x - t) \cdot e^x}{(e^x)^2} = \frac{-2 + x + t}{e^x}$$

$$f_t'''(x) = \frac{e^x \cdot 1 - (-2 + x + t) \cdot e^x}{(e^x)^2} = \frac{3 - x - t}{e^x}.$$

Extremwerte:

$f_t'(x) = 0$; $x_2 = 1 - t$; $f_t''(1 - t) = -\frac{1}{e^{1-t}} < 0$ Maximum.

Wegen $f_t'(x) > 0$ für $x < x_2$ und $f_t'(x) < 0$ für $x > x_2$ handelt es sich um ein globales (absolutes) Maximum.

Wendepunkte:

$f_t''(x) = 0$; $x_3 = 2 - t$; $f_t'''(2 - t) \neq 0$: Wendepunkt $W(2 - t;\ 2e^{t-2})$.

Asymptoten:

$\lim\limits_{x \to \infty} \frac{x + t}{e^x} = \lim\limits_{x \to \infty} \frac{1}{e^x} = 0$; die positive x-Achse ist Asymptote.

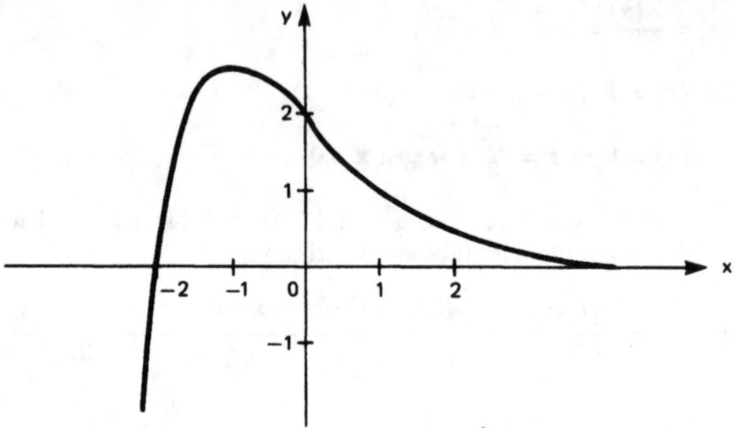

9. a) $F(a) = a + a \cdot \sqrt{1-a^2} = a + a \cdot (1-a^2)^{\frac{1}{2}}$.

b) $F'(a) = 1 + (1-a^2)^{\frac{1}{2}} + a \cdot \frac{1}{2}(1-a^2)^{-\frac{1}{2}} \cdot (-2a) = 1 + \frac{1-2a^2}{\sqrt{1-a^2}}$;

$F'(a) = 0 \Leftrightarrow 1 = \frac{2a^2-1}{\sqrt{1-a^2}} \Leftrightarrow 2a^2-1 = \sqrt{1-a^2}$; quadrieren

$(2a^2-1)^2 = 1-a^2$; $4a^4 - 4a^2 + 1 = 1 - a^2$; $4a^4 - 3a^2 = 0$;

$a^2 \cdot (4a^2-3) = 0$; $\underline{a = \frac{\sqrt{3}}{2}}$. Ein Maximum muß existieren!

$a = 0$ liefert ein Minimum.

10. a) $f(x) = \frac{1}{\sqrt{1+x}} = (1+x)^{-\frac{1}{2}}$ $\qquad f(0) = 1$;

$f'(x) = -\frac{1}{2}(1+x)^{-\frac{3}{2}} = -\frac{1}{2 \cdot \sqrt{(1+x)^3}}$ $\qquad f'(0) = -\frac{1}{2}$;

$f''(x) = \frac{3}{4}(1+x)^{-\frac{5}{2}} = \frac{3}{4 \cdot \sqrt{(1+x)^5}}$ $\qquad f''(0) = \frac{3}{4}$;

$f'''(x) = -\frac{15}{8}(1+x)^{-\frac{7}{2}} = -\frac{15}{8 \cdot \sqrt{(1+x)^7}}$;

$T_2(x) = 1 - \frac{x}{2} + \frac{3}{8}x^2$.

b) $\frac{1}{\sqrt{2}} = f(1) \approx T_2(1) = \frac{7}{8}$.

c) $|R_2(1)| \leq \max\limits_{0 \leq \vartheta \leq 1} \left| \frac{15}{8 \cdot \sqrt{(1+\theta \cdot 1)^7}} \right| \cdot \frac{1}{3!} = \frac{15}{8 \cdot 2 \cdot 3} = \frac{5}{16}$

(das Maximum wird für $\theta = 0$ angenommen, da dort der Nenner am kleinsten wird).

11. a) $\lim\limits_{x\to 1} \dfrac{x-1}{2-\sqrt{5-x}}$ ("$\frac{0}{0}$") $= \lim\limits_{x\to 1} \dfrac{1}{\dfrac{1}{2\cdot\sqrt{5-x}}} = 4;$

b) $\lim\limits_{x\to 0} \dfrac{\cos 3x - \cos 2x}{x^2}$ ("$\frac{0}{0}$") $= \lim\limits_{x\to 0} \dfrac{-3\sin 3x + 2\sin 2x}{2x}$ ("$\frac{0}{0}$")

$$= \lim_{x\to 0} \frac{-9\cos 3x + 4\cos 2x}{2} = -\frac{5}{2};$$

c) $f(x) = (\sin x)^x$; $g(x) = \ln f(x) = x\cdot\ln(\sin x)$;

$\lim\limits_{x\to 0} g(x) = \lim\limits_{x\to 0} x\cdot\ln(\sin x)$ ("$0\cdot\infty$") $= \lim\limits_{x\to 0} \dfrac{\ln(\sin x)}{\frac{1}{x}}$ ("$\frac{\infty}{\infty}$")

$= \lim\limits_{x\to 0} \dfrac{\cos x\cdot(-x^2)}{\sin x}$ ("$\frac{0}{0}$") $= \lim\limits_{x\to 0} \dfrac{x^2\cdot\sin x - 2x\cos x}{\cos x} = 0;$

$$f(x) = e^{g(x)} \Rightarrow \lim_{x\to 0} f(x) = \lim_{x\to 0} e^{g(x)} = e^{\lim\limits_{x\to 0} g(x)} = e^0 = 1.$$

12. a) Substitution: $u = 1 + \sin^2 x$; $du = 2\sin x\cdot\cos x\,dx$;

$x = 0 \Rightarrow u = 1$; $x = \frac{\pi}{2} \Rightarrow u = 2$;

$$A = \int_0^{\frac{\pi}{2}} \frac{\sin x\cdot\cos x}{1+\sin^2 x}dx = \int_1^2 \frac{du}{2u} = \left[\frac{1}{2}\cdot\ln u\right]_1^2 = \frac{1}{2}\cdot\ln 2.$$

b) $f(x) = \ln x - \ln 2$; Nullstelle : $\ln\left(\frac{x}{2}\right) = 0$; $x = 2$;

für $x < 2$ ist f negativ, rechts von der Stelle 2 positiv.

$$F = -\int_1^2 [\ln x - \ln 2]\,dx + \int_2^4 [\ln x - \ln 2]\,dx$$

$$= \int_1^2 [\ln 2 - \ln x]\,dx + \int_2^4 [\ln x - \ln 2]\,dx$$

$$= [x\cdot\ln 2 - x\cdot\ln x + x]_1^2 + [x\cdot\ln x - x - x\cdot\ln 2]_2^4$$

$$= (2\cdot\ln 2 - 2\cdot\ln 2 + 2 - \ln 2 - 1) +$$

$$+ (4\cdot\ln 4 - 4 - 4\cdot\ln 2 - 2\cdot\ln 2 + 2 + 2\cdot\ln 2)$$

$$= -5\ln 2 + 4\cdot\underbrace{\ln 4}_{=2\cdot\ln 2} - 1 = -5\ln 2 + 8\cdot\ln 2 - 1 = \underline{3\cdot\ln 2 - 1}.$$

13. $\varepsilon_f(x) = \frac{f'(x)}{f(x)} \cdot x = \frac{1}{3x} \cdot [f(x)]^3$

$$\frac{f'(x)}{[f(x)]^4} = \frac{1}{3x^2} \quad \Rightarrow \int \frac{f'(x)}{[f(x)]^4} dx = \int \frac{1}{3x^2} dx$$

$$-\frac{1}{3 \cdot [f(x)]^3} = -\frac{1}{3x} + C \qquad (C = \text{Konstante})$$

$$\frac{1}{[f(x)]^3} = \frac{1}{x} - 3C$$

$$f(x) = \frac{1}{\sqrt[3]{\frac{1}{x} - 3C}}; \quad 1 = f(1) \Rightarrow C = 0; \quad \textbf{Lösung: } f(x) = \sqrt[3]{x}\,.$$

14. $f(x,y) = x^2 \cdot \ln y + e^{-xy}$ $\qquad f(0;1) = 1;$

$f_x(x,y) = 2x \cdot \ln y - y \cdot e^{-xy}$ $\qquad f_x(0;1) = -1;$

$f_y(x,y) = \frac{x^2}{y} - x \cdot e^{-xy}$ $\qquad f_y(0;1) = 0.$

$T_1(x,y) = 1 - x.$

15. a) $f(x,y) = x^2 + y^2$.

$f_x(x,y) = 2x; \quad f_y(x,y) = 2y;$

$$\varepsilon_{f,x}(x,y) = \frac{f_x(x,y)}{f(x,y)} \cdot x = \frac{2x^2}{x^2 + y^2};$$

$$\varepsilon_{f,y}(x,y) = \frac{f_y(x,y)}{f(x,y)} \cdot y = \frac{2y^2}{x^2 + y^2}.$$

b) $\varepsilon_{f,x}(x,y) + \varepsilon_{f,y}(x,y) = 2 = r$ (Homogenitätsgrad).

16. $f(x,y) = (x+y) \cdot e^{x + \frac{1}{2}y^2}$

$f_x(x,y) = 1 \cdot e^{x + \frac{1}{2}y^2} + (x+y) \cdot e^{x + \frac{1}{2}y^2} = (1 + x + y) \cdot e^{x + \frac{1}{2}y^2}$

$f_y(x,y) = 1 \cdot e^{x + \frac{1}{2}y^2} + y \cdot (x+y) \cdot e^{x + \frac{1}{2}y^2} = [1 + (x+y) \cdot y] \cdot e^{x + \frac{1}{2}y^2}$

$= (1 + xy + y^2) \cdot e^{x + \frac{1}{2}y^2}$

$$f_{xx}(x,y) = 1\cdot e^{x+\frac{1}{2}y^2} + (1+x+y)\cdot e^{x+\frac{1}{2}y^2}$$
$$= (2+x+y)\cdot e^{x+\frac{1}{2}y^2}$$
$$f_{yy}(x,y) = (x+2y)\cdot e^{x+\frac{1}{2}y^2} + y\cdot(1+xy+y^2)\cdot e^{x+\frac{1}{2}y^2}$$
$$= (x+3y+xy^2+y^3)\cdot e^{x+\frac{1}{2}y^2}$$

$$f_{xy}(x,y) = 1\cdot e^{x+\frac{1}{2}y^2} + y(1+x+y)\cdot e^{x+\frac{1}{2}y^2} = (1+y+xy+y^2)\cdot e^{x+\frac{1}{2}y^2}$$

$f_x(x,y) = 0;\ 1+x+y=0 \quad \Rightarrow \quad (x+y) = -1$

$f_y(x,y) = 0;\ 1+(x+y)\cdot y = 0 \quad \Rightarrow \quad 1-y=0;\ \underline{y=1;\ x=-2}$

stationäre Stelle: $P(-2;1)$

$\Delta(-2;1) = e^{-3}\cdot(3\cdot 0 - 1^2) < 0$; Sattelpunkt an der Stelle $P(-2;1)$.

17. a) Eliminationsmethode

Nebenbedingungen: $y+z^2 = 9 \Rightarrow \underline{y = 9-z^2}$

$z-x-y=1 \Rightarrow x = z-y-1 = z-9+z^2-1;\ \underline{x = z+z^2-10}$

$f(x,y,z) = x+2y+3z = z+z^2-10+2(9-z^2)+3z$

$= -z^2+4z+8 = h(z)$.

$h'(z) = -2z+4 = 0 \Rightarrow \underline{z=2;\ y=5;\ x=-4}$.

$h''(z) = -2 < 0 \quad \Rightarrow \quad$ Maximum an der Stelle $P(-4;5;2)$.

b) Methode von Lagrange

Lagrange-Funktion

$L(x,y,z,\lambda,\mu) = x+2y+3z + \lambda(z-x-y-1) + \mu(y+z^2-9)$

$L_x(x,y,z,\lambda,\mu) = 1-\lambda = 0 \quad \Rightarrow \quad \lambda = 1$

$L_y(x,y,z,\lambda,\mu) = 2-\lambda+\mu = 0 \quad \Rightarrow \quad \mu = -1$

$L_z(x,y,z,\lambda,\mu) = 3+\lambda+2z\mu = 0 \quad \Rightarrow \quad z = 2$

$L_\lambda(x,y,z,\lambda,\mu) = z-x-y-1 = 0 \quad (1)$

$L_\mu(x,y,z,\lambda,\mu) = y+z^2-9 = 0 \quad \Rightarrow y = 5;\ (1) \Rightarrow x = -4;$

möglicher Extremwert an der Stelle $P(-4;5;2)$.

18. a) Die Gerade h soll durch den Punkt $P(0;2;-1)$ (für $\lambda = 0$) gehen.

Ansatz für h: : $\vec{x} = \begin{pmatrix} x \\ y \\ z \end{pmatrix} = \begin{pmatrix} 0 \\ 2 \\ -1 \end{pmatrix} + \mu \cdot \begin{pmatrix} a_1 \\ a_2 \\ a_3 \end{pmatrix}, \mu \in \mathbb{R}.$

$\begin{pmatrix} a_1 \\ a_2 \\ a_3 \end{pmatrix} \perp \begin{pmatrix} 1 \\ -1 \\ 1 \end{pmatrix} \Leftrightarrow a_1 - a_2 + a_3 = 0.$

Eine Lösung ist z. B. $a_1 = a_2 = 1;\ a_3 = 0$, also

h: : $\vec{x} = \begin{pmatrix} x \\ y \\ z \end{pmatrix} = \begin{pmatrix} 0 \\ 2 \\ -1 \end{pmatrix} + \mu \cdot \begin{pmatrix} 1 \\ 1 \\ 0 \end{pmatrix}, \mu \in \mathbb{R}.$

b)

2	0	1	0
1	3	0	1
1	0	1/2	0
0	3	−1/2	1
1	0	1/2	0
0	1	−1/6	1/3

$A^{-1} = \begin{pmatrix} \frac{1}{2} & 0 \\ -\frac{1}{6} & \frac{1}{3} \end{pmatrix}.$

19.

1	−2	1	4
2	1	−1	0
−1	2	2	−1
2	−4	5	a
1	−2	1	4
0	5	−3	−8
0	0	3	3
0	0	3	a − 8
1	−2	1	4
0	5	−3	−8
0	0	1	1
0	0	0	a − 11

1. Fall: $a - 11 \neq 0$, also $a \neq 11$ $\Leftrightarrow$ keine Lösung;
2. Fall: $a - 11 = 0$, also $a = 11$ $\Leftrightarrow$ letzte Gleichung ist immer erfült.

Lösung für $a = 11$:

$z = 1;\ y = -\frac{8}{5} + \frac{3}{5} = -1;\ x = 4 + 2y - z = 1$, also

$\underline{x = 1;\quad y = -1;\quad z = 1}$.

20. a)

$x + y \leq 90$; $x \leq 35$; $y \leq 2x$; $x, y \geq 0$

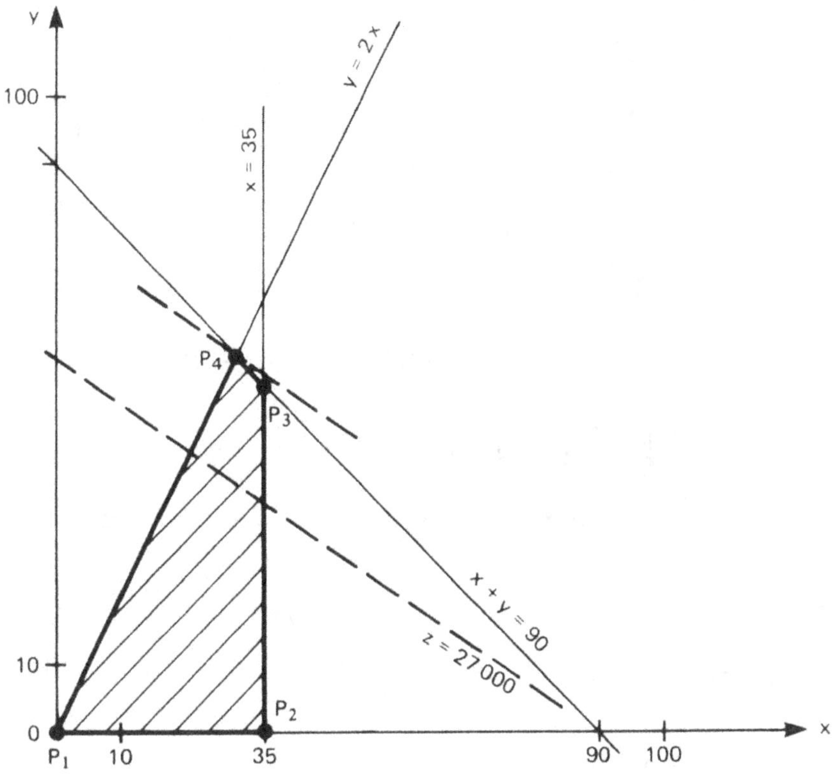

b) $z = 300x + 450y$;

Eckpunkte:

$P_1(0;0)$; $P_2(35;0)$;

P_3: $x = 35$, $y = 90 - x = 55$; $P_3(35;55)$;

P_4: $y = 2x$, $y = 90 - x = 2x$; $x = 30$; $y = 60$; $P_4(30;60)$.

P_3: $z = 35\,250$; P_4: $z = 36\,000$; Maximum für $x = 30$ und $y = 60$.

Klausur 20

1. a)

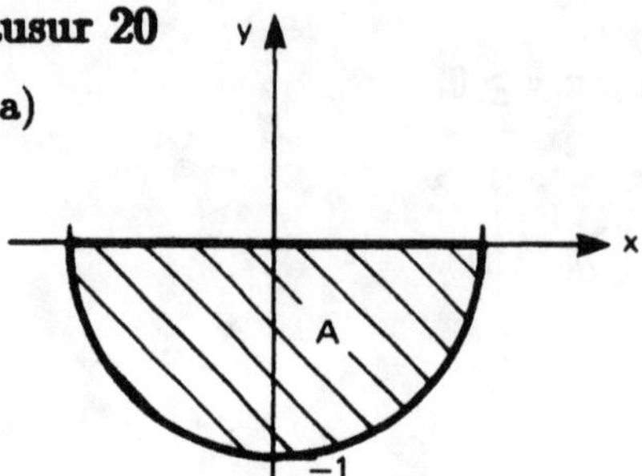

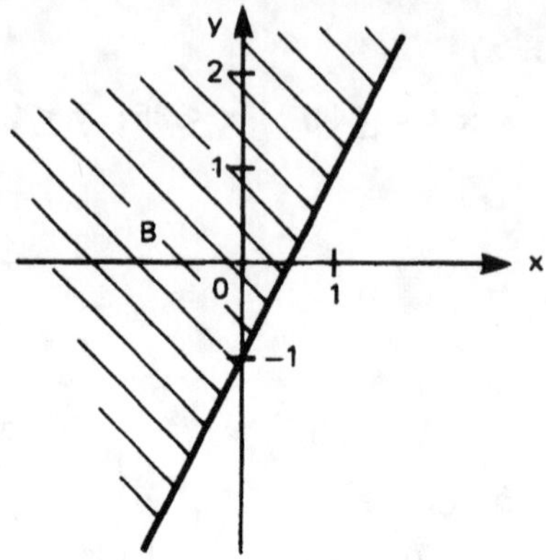

b)

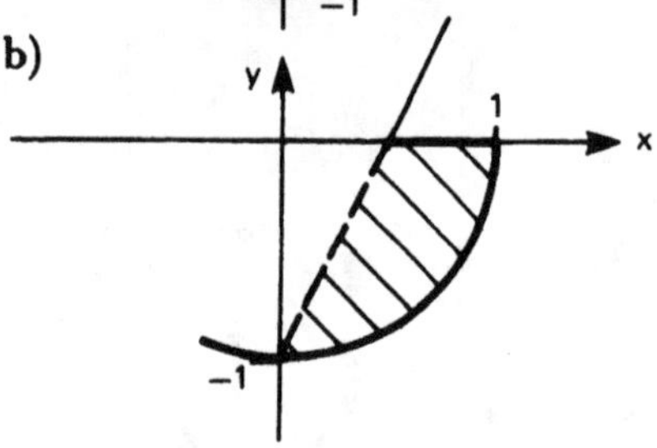

c) $(\mathbb{Z}\times\mathbb{Z})\cap A = \{(-1;0),(0;0),(1;0),(0;-1)\}$.

2. $L = [\ \frac{-1+\sqrt{73}}{2}\ ;\ \frac{1+\sqrt{57}}{2}]$.

3. a) $z = \frac{1}{32}$ Grad pro Meter. b) $t = 6\,425$ m. c) $T = 321{,}71875°$ C.

4. 128 Jahre.

5. a) $-10{,}5$; b) $\frac{2}{3}\cdot e$; c) $\frac{9}{16}$.

6. a) $\frac{37}{5}$; b) 24.

7. a) $f'(x) = \dfrac{e^x + e^{-x}}{x^2(e^x - e^{-x})} - \dfrac{2\ln(e^x - e^{-x})}{x^3}$;

b) $f'(x) = \dfrac{1}{12\cdot\sqrt[3]{(1+\sqrt[4]{x})^2}\cdot\sqrt[4]{x^3}}$;

c) $f'(x) = \dfrac{3\cos x\cdot\cos(3x+2\pi)+\sin x\cdot\sin(3x+2\pi)}{\cos^2 x}$;

d) $f(x) = e^{\frac{1}{2}\sin(ax+b)}$;

$f'(x) = \frac{a}{2}\cdot\cos(ax+b)\cdot\sqrt{e^{\sin(ax+b)}}$; $a, b\in\mathbb{R}$.

8. $R = H = 10$ cm.

9. Definitionsbereich: $D = \mathbf{R} \setminus \{-2t\}$.

Nullstellen: $N_1(-t\cdot\sqrt{3}\,;0)$; $N_2(t\cdot\sqrt{3}\,;0)$.

Extremwerte: lokales (relatives) Minimum $P_3(-t;-2t)$;

lokales (relatives) Maximum $P_4(-3t;-6t)$.

Wendepunkte: keine.

Asymptote:

$$\frac{x^2-3t^2}{x+2t} = \frac{(x+2t)(x-2t)+t^2}{x+2t} = x-2t + \underbrace{\frac{t^2}{x+2t}}_{\to 0 \text{ für } x\to\pm\infty}$$

$y = x - 2t$ ist Asymptote.

$x = -2t$ ist Polstelle mit vertikaler Asymptote.

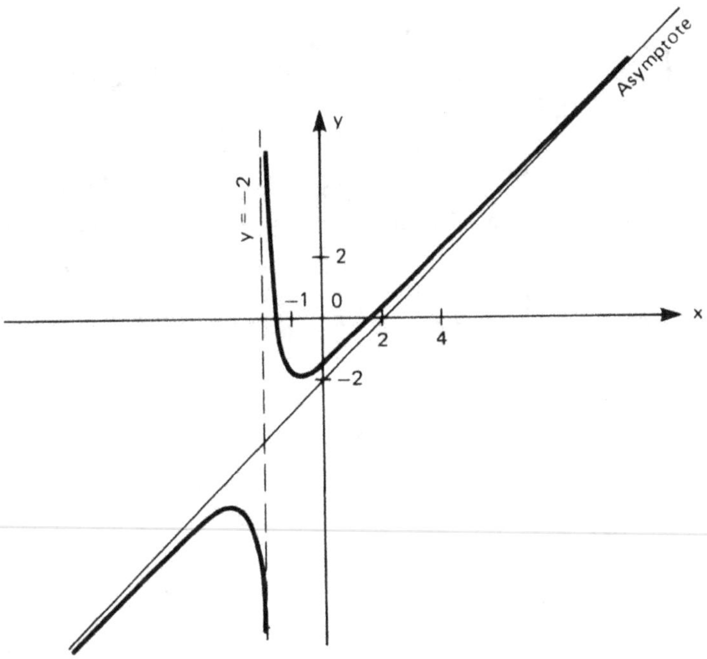

10. a) 6; b) -1; c) α.

11. a) $T_2(x) = -x^2$; b) $|R_2(x)| \le \frac{208}{81}\cdot x^3$; c) $\hat{A} = -\frac{1}{24}$;

d) $|A-\hat{A}| \le \frac{208}{81}\cdot \int\limits_0^{\frac{1}{2}} x^3\,dx = \frac{13}{324} \approx 0{,}041.$

12. a) $F = | -\ln 2 + \frac{3}{2} \cdot \ln 3 - \frac{23}{24} | \approx 0{,}003562.$ b) $\frac{1}{2}$.

13. $f(x) = \sqrt{2 \cdot \ln|x|}$.

14. $df = (2x \cdot \ln y - y \cdot e^{-xy})\,dx + (\frac{x^2}{y} - x \cdot e^{-xy})\,dy$.

15. a) $\varepsilon_{f,x}(x,y) = \dfrac{2x^2 + xy}{2(x^2 + xy + y^2)}$; $\varepsilon_{f,y}(x,y) = \dfrac{2y^2 + xy}{2(x^2 + xy + y^2)}$.

b) Homogen vom Garde $r = 1$.

c) $S = r = 1$.

16. $P(0;0)$ ist Sattelpunkt; keine Extremwerte.

17. $P_1(-1;2)$ ist rel. Maximum; $P_2(3;6)$ ist rel. Minimum.

18. $g:\ \vec{x} = \begin{pmatrix} x \\ y \\ z \end{pmatrix} = \begin{pmatrix} 1 \\ 4 \\ 7 \end{pmatrix} + t \cdot \begin{pmatrix} -1 \\ 1 \\ 1 \end{pmatrix}$ (es gibt viele Darstellungen!)

19. $a = -5 \Rightarrow$ keine Lösung.

$a = 5 \Rightarrow$ unendlich viele Lösungen : $\begin{pmatrix} x \\ y \\ z \end{pmatrix} = \begin{pmatrix} 3 \\ 1 \\ 0 \end{pmatrix} + \lambda \cdot \begin{pmatrix} 25 \\ -11 \\ 1 \end{pmatrix},\ \lambda \in \mathbb{R}$.

20. a) x Ranzen, y Taschen; $y \geq 30 - 3x$; $y \leq 40 - 5x$; $x \geq 2$; $x, y \geq 0$.

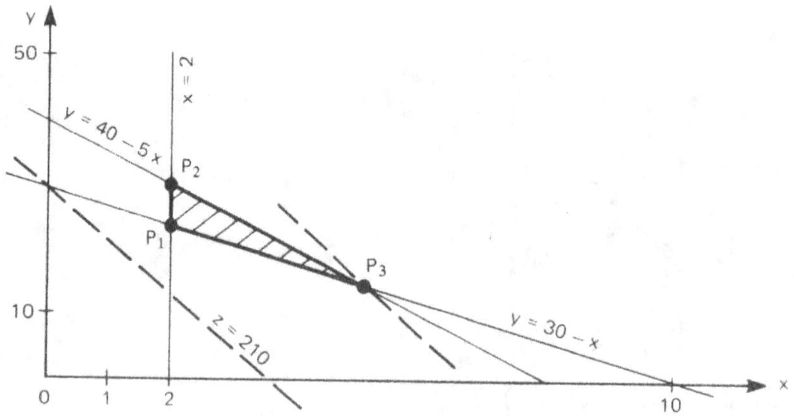

Eckpunkte: $P_1(2;24)$; $P_2(2;30)$; $P_3(5;15)$.

b) $z = 60x + 7y \rightarrow$ Max.

$z_{Max} = 405$ DM im Eckpunkt P_3, also für $x = 5$ und $y = 15$.

Klausur 22

1. a)

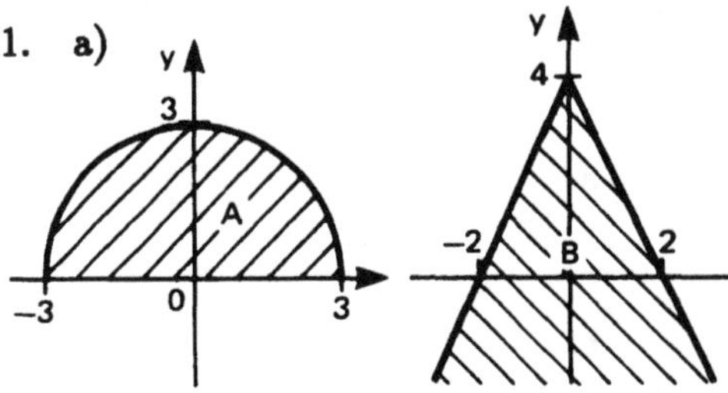

b)

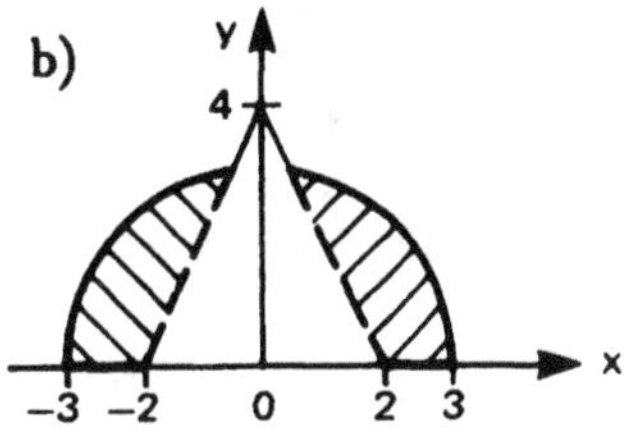

c) $(A \cap B) \cap (\mathbb{N} \times \mathbb{N}) = \{(1;1),(1;2)\}$.

2. $x \le \dfrac{1}{|x-1|} \Leftrightarrow x \cdot |x-1| \le 1$

<u>1. Fall: $x > 1$</u>:

$x \cdot (x-1) = x^2 - x \le 1 \Leftrightarrow (x-\frac{1}{2})^2 \le 1 + \frac{1}{4} = \frac{5}{4}$

$\Leftrightarrow |x-\frac{1}{2}| \le \frac{\sqrt{5}}{2} \Leftrightarrow \frac{1}{2} - \frac{\sqrt{5}}{2} \le x \le \frac{1}{2} + \frac{\sqrt{5}}{2}$; $\quad L_1 = (1; \frac{1+\sqrt{5}}{2}]$.

<u>2. Fall: $x < 1$</u>:

$x \cdot (-x+1) = -x^2 + x \le 1 \Leftrightarrow x^2 - x \ge -1$

$\Leftrightarrow (x-\frac{1}{2})^2 \ge -1 + \frac{1}{4} = -\frac{3}{4}$ (ist immer erfüllt) ; $L_2 = (-\infty; 1)$.

$L = L_2 \cup L_1 = (-\infty; 1) \cup (1; \frac{1+\sqrt{5}}{2}] = (-\infty; \frac{1+\sqrt{5}}{2}] \setminus \{1\}$.

3. Endwert nach 5 Jahren $K_5 = \left(2 + \frac{1 \cdot 7}{200}\right) \cdot 6\,000 \cdot \dfrac{1{,}07^5 - 1}{0{,}07}$;

Barwert $B_0 = \dfrac{K_5}{1{,}07^5} = 50\,063{,}41$ DM (= Abfindungsbetrag).

4. a) $A = 0 + (-1+1) + (0+2) + (1+3) + (0+4) = 10$;

b) $B = \sum\limits_{k=2}^{\infty} \dfrac{2^{k-1} + 4^k}{e^{2k}} = \sum\limits_{k=2}^{\infty} \dfrac{2 \cdot 2^{k-2} + 16 \cdot 4^{k-2}}{e^4 \cdot (e^2)^{k-2}}$

$$= \frac{2}{e^4} \cdot \sum_{i=0}^{\infty} \left(\frac{2}{e^2}\right)^i + \frac{16}{e^4} \cdot \sum_{i=0}^{\infty} \left(\frac{4}{e^2}\right)^i$$

$$= \frac{2}{e^4} \cdot \frac{1}{1-\frac{2}{e^2}} + \frac{16}{e^4} \cdot \frac{1}{1-\frac{4}{e^2}} = \frac{2}{e^4} \cdot \frac{e^2}{e^2-2} + \frac{16}{e^4} \cdot \frac{e^2}{e^2-4}$$

$$= \frac{2}{e^2(e^2-2)} + \frac{16}{e^2(e^2-4)}.$$

5. a) Induktionsbeginn: wegen $a_1 = 2$ ist die Behauptung für n=1 richtig.

Induktionsschluß: Annahme: es gelte für ein n_0

$$1 \leq a_{n_0} \leq 4 \qquad | \cdot 5$$

$$5 \leq 5\,a_{n_0} \leq 20 \qquad | -4$$

$$1 \leq 5\,a_{n_0} - 4 \leq 16 \qquad | \sqrt{}$$

$$1 \leq \sqrt{5\,a_{n_0} - 4} = a_{n_0+1} \leq 4$$

die Behauptung gilt dann auch für $n_0 + 1$.

b) $a_{n+1} = \sqrt{5\,a_n - 4} \geq a_n \Leftrightarrow 5\,a_n - 4 \geq a_n^2 \Leftrightarrow a_n^2 - 5\,a_n \leq -4$

$(a_n - \frac{5}{2})^2 \leq -4 + \frac{25}{4} = \frac{9}{4}$

$\Leftrightarrow |a_n - \frac{5}{2}| \leq \frac{3}{2} \quad \Leftrightarrow \quad 1 \leq a_n \leq 4$ (gilt nach a).

c) $a = \lim\limits_{n\to\infty} a_n \quad \Rightarrow \quad a = \sqrt{5\,a - 4} \quad \Leftrightarrow \quad a^2 = 5\,a - 4$;

$a^2 - 5\,a = -4$; $(a - \frac{5}{2})^2 = -4 + \frac{25}{4} = \frac{9}{4}$; Lösungen: $a = 2, \ a = 4$.

Wegen $a_2 = \sqrt{6}$ und weil die Folge monoton wachsend ist, gilt $\underline{\underline{a = 4}}$.

6. a) $f'(x) = 3\,(x+1)^2 \cdot \ln(\sin\frac{x}{2}) + (x+1)^3 \cdot \dfrac{\cos\frac{x}{2}}{2\sin\frac{x}{2}}$;

b) $f'(x) = \dfrac{(e^{2x}+1)\,2\,e^{2x} - (e^{2x}-1)2\,e^{2x}}{(e^{2x}+1)^2} = \dfrac{4\,e^{2x}}{(e^{2x}+1)^2}$;

c) $\ln(f(x)) = x \cdot \ln(\ln x)$;

$$\frac{f'(x)}{f(x)} = \ln(\ln x) + x \cdot \frac{1}{\ln x} \cdot \frac{1}{x} = \ln(\ln x) + \frac{1}{\ln x}$$

$$f'(x) = (\ln x)^x \cdot \left(\ln(\ln x) + \frac{1}{\ln x} \right);$$

d) $f'(x) = 4^{\cos x} \cdot \ln 4 \cdot (-\sin x)$.

7. $f(x) = \sqrt{\dfrac{e^{-x}+3x}{x^2}}$

a) $U(x) = x \cdot f(x) = \sqrt{e^{-x}+3x}$

$U'(x) = \frac{1}{2} \cdot (e^{-x}+3x)^{-\frac{1}{2}} \cdot (-e^{-x}+3) = \dfrac{3-e^{-x}}{2 \cdot \sqrt{e^{-x}+3x}}$.

b) $\varepsilon_U(x) = \dfrac{U'(x)}{U(x)} \cdot x = \dfrac{x \cdot (3-e^{-x})}{2(e^{-x}+3x)}$.

c) $\varepsilon_U(5) = 0{,}49865$; $8 \cdot \varepsilon_U(5) \approx 3{,}989\ \%$.

d) $f(x) = \dfrac{U(x)}{x}$; $\varepsilon_f(x) = \varepsilon_{\frac{U}{x}}(x) = \varepsilon_U(x) - \varepsilon_x(x) = \varepsilon_U(x) - 1.$

8. $f(x) = \dfrac{\ln x}{x^2}$.

Definitionsbereich: $D = \{x \mid x > 0\} = (0; \infty)$.

Nullstellen: $f(x) = 0$; $x_0 = 1$; $N(1;0)$.

$$f'(x) = \frac{x^2 \cdot \frac{1}{x} - 2x \cdot \ln x}{x^4} = \frac{1 - 2\ln x}{x^3}$$

$$f''(x) = \frac{x^3 \cdot (-\frac{2}{x}) - 3x^2 \cdot (1 - 2\ln x)}{x^6} = \frac{-5 + 6\ln x}{x^4}$$

$$f'''(x) = \frac{x^4 \cdot \frac{6}{x} - (-5 + 6\ln x) \cdot 4x^3}{x^8} = \frac{26 - 24\ln x}{x^5};$$

Extremwerte:

$f'(x) = 0 \Rightarrow 1 - 2\ln x = 0$; $\ln x = \frac{1}{2}$; $x_2 = e^{\frac{1}{2}} = \sqrt{e}$;

$f''(\sqrt{e}) = \dfrac{-5+3}{e^2} < 0$: Maximum an der Stelle $M(\sqrt{e}; \frac{1}{2e})$;

wegen $f'(x) > 0$ für $x < \sqrt{e}$ und $f'(x) < 0$ für $x > \sqrt{e}$ handelt es sich um ein globales (absolutes) Maximum.

Wendepunkte:

$f''(x) = 0$; $\ln x = \frac{5}{6}$; $x_3 = e^{5/6}$; wegen $f'''(e^{5/6}) \neq 0$ ist an der Stelle $W\left(e^{5/6}; \dfrac{5}{6 \cdot e^{5/3}}\right)$ ein Wendepunkt.

Asymptoten:

$\lim\limits_{x \to 0+} \dfrac{\ln x}{x^2} = -\infty$; die negative y-Achse ist Asymptote.

$\lim\limits_{x \to \infty} \dfrac{\ln x}{x^2}$ $("\frac{\infty}{\infty}")$ $= \lim\limits_{x \to \infty} \dfrac{\frac{1}{x}}{2x} = \lim\limits_{x \to \infty} \dfrac{1}{2x^2} = 0$;

die positive x-Achse ist Asymptote.

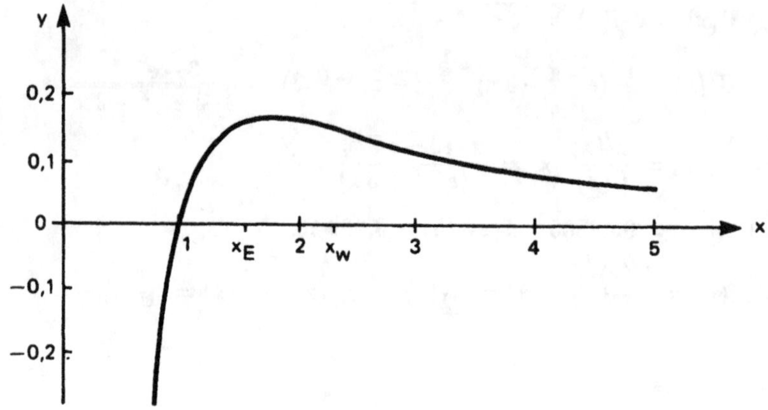

9. Oberfläche: $O = \pi r^2 + 2\pi r h$

Volumen: $V = \pi r^2 h = 20\pi \Rightarrow h = \frac{20}{r^2}$ in O eingesetzt ergibt

$O = \pi(r^2 + \frac{40}{r}) = f(r)$

$f'(r) = \pi\left(2r - \frac{40}{r^2}\right) = 0; \quad r^3 = 20; \quad \underline{r = \sqrt[3]{20}\,;\ h = \frac{20}{(\sqrt[3]{20})^2} = \sqrt[3]{20}}\,;$

wegen $f''(r) = \pi\left(r + \frac{80}{r^3}\right) > 0$ für alle $r > 0$, ist die Funktion konvex. Daher handelt es sich um ein globales (absolutes) Minimum.

10. a) $f(x) = -\frac{9}{4} + x + \ln\sqrt{x} = -\frac{9}{4} + x + \frac{1}{2}\cdot\ln x \qquad f(1) = -\frac{5}{4};$

$f'(x) = 1 + \frac{1}{2x} \qquad f'(1) = \frac{3}{2};$

$f''(x) = -\frac{1}{2x^2} \qquad f''(1) = -\frac{1}{2};$

$f'''(x) = \frac{1}{x^3};$

$T_2(x) = -\frac{5}{4} + \frac{3}{2}(x-1) - \frac{1}{4}(x-1)^2 = -\frac{x^2}{4} + 2x - 3\,.$

b) $T_2(x) = 0\,;\ x^2 - 8x + 12 = 0; \qquad x_1 = 2; \quad x_2 = 6\,.$

c) $|R_2(2)| \leq \max\limits_{1 \leq \eta \leq 2} \frac{1}{\eta^3}\cdot\frac{1^3}{3!} = \frac{1}{3!} = \frac{1}{6}\,.$

11. a) $$\lim_{x\to\frac{\pi}{2}} \frac{\sin^2 x - 1}{\sqrt{2x-\pi}} \;(\text{"}\tfrac{0}{0}\text{"}) = \lim_{x\to\frac{\pi}{2}} \frac{2\sin x\cdot\cos x}{\frac{1}{\sqrt{2x-\pi}}}$$

$$= \lim_{x\to\frac{\pi}{2}} 2\sin x\cdot\cos x\cdot\sqrt{2x-\pi} = 0.$$

b) $$\lim_{x\to 0} \frac{e^{(x-1)(x-2)} - e^3}{\sin(x+\frac{\pi}{2})} = \frac{e^2-e^3}{1} = e^2 - e^3$$

(kein unbestimmter Ausdruck!).

c) $\lim\limits_{x\to 0} (1-\cos x)^x$ (= „0^0“);

$g(x) = \ln f(x) = x\cdot\ln(1-\cos x)$;

$$\lim_{x\to 0} g(x) = \lim_{x\to 0} x\cdot\ln(1-\cos x)\;(\text{"}0\cdot\infty) = \lim_{x\to 0} \frac{\ln(1-\cos x)}{\frac{1}{x}}\;(\text{"}\tfrac{\infty}{\infty}\text{"})$$

$$= \lim_{x\to 0} \frac{\frac{-\sin x}{1-\cos x}}{-\frac{1}{x^2}} = \lim_{x\to 0} \frac{x^2\cdot\sin x}{1-\cos x}\;(\text{"}\tfrac{0}{0}\text{"})$$

$$= \lim_{x\to 0} \frac{2x\sin x + x^2\cos x}{\sin x}\;(\text{"}\tfrac{0}{0}\text{"})$$

$$= \lim_{x\to 0} \frac{2\sin x + 4x\cos x - x^2\sin x}{\cos x} = 0.$$

$$f(x) = e^{g(x)} \Rightarrow \lim_{x\to 0} f(x) = \lim_{x\to 0} e^{g(x)} = e^{\lim\limits_{x\to 0} g(x)} = e^0 = 1.$$

12. a) Nullstellen : $0 = f(x) = e^x - e^{2x-1} \Rightarrow x = 2x-1;\; x = 1$.

Links von der Nullstelle ist f positiv, rechts davon negativ.

$$F = \int_0^1 (e^x - e^{2x-1})\,dx - \int_1^2 (e^x - e^{2x-1})\,dx$$

$$= \left[e^x - \frac{1}{2}\cdot e^{2x-1}\right]_0^1 - \left[e^x - \frac{1}{2}\cdot e^{2x-1}\right]_1^2$$

$$= e - \frac{1}{2}e - 1 + \frac{1}{2}e^{-1} - e^2 + \frac{1}{2}e^3 + 1 - \frac{1}{2}e = \frac{1}{2}e^3 - e^2 + \frac{1}{2e}.$$

b) Partielle Integration mit

$$g'(x) = \sqrt{x} = x^{\frac{1}{2}}\,;\quad g(x) = \tfrac{2}{3}x^{\frac{3}{2}};\quad f(x) = \ln x\,;\ f'(x) = \tfrac{1}{x}$$

$$\int_1^e \underbrace{\sqrt{x}}_{g'} \cdot \underbrace{(\ln x)}_{f}\,dx = \left[\tfrac{2}{3}x^{\frac{3}{2}}\cdot \ln x\right]_1^e - \tfrac{2}{3}\int_1^e x^{\frac{1}{2}}dx$$

$$= \left[\tfrac{2}{3}x^{\frac{3}{2}}\cdot \ln x - \tfrac{4}{9}x^{\frac{3}{2}}\right]_1^e = \tfrac{2}{3}e^{3/2} - \tfrac{4}{9}e^{3/2} + \tfrac{4}{9} = \tfrac{2}{9}e^{3/2} + \tfrac{4}{9}.$$

13. $\varepsilon_f(x) = \dfrac{f'(x)}{f(x)}\cdot x = \dfrac{2}{\sqrt{f(x)}} \quad \Leftrightarrow \quad \dfrac{f'(x)}{\sqrt{f(x)}} = \dfrac{2}{x}\,;$

$$\int \frac{f'(x)}{\sqrt{f(x)}}dx = \int \frac{2}{x}dx$$

$$2\cdot\sqrt{f(x)} = 2\cdot \ln x + 2C \quad (C = \text{Konstante})$$

$$\sqrt{f(x)} = \ln x + C$$

$$f(x) = (\ln x + C)^2;\quad 4 = f(1) = (\ln 1 + C)^2 = C^2\,;\quad C = \pm 2.$$

Für $C = -2$ ist die Elastizität nicht definiert.

Lösung: $f(x) = (\ln x + 2)^2$.

14. a) $f(x,y) = \sqrt{xy^3} + x^2$

$$f_x(x,y) = \frac{y^3}{2\cdot\sqrt{xy^3}} + 2x = \frac{1}{2}\cdot\sqrt{\frac{y^3}{x}} + 2x$$

$$f_y(x,y) = \frac{3xy^2}{2\cdot\sqrt{xy^3}} = \frac{3}{2}\cdot\sqrt{xy}$$

$$\varepsilon_{f,x}(x,y) = \frac{x\cdot\left(\frac{1}{2}\cdot\sqrt{\frac{y^3}{x}} + 2x\right)}{\sqrt{xy^3} + x^2} = \frac{\frac{1}{2}\cdot\sqrt{xy^3} + 2x^2}{\sqrt{xy^3} + x^2}$$

$$\varepsilon_{f,y}(x,y) = \frac{y\cdot\frac{3}{2}\cdot\sqrt{xy}}{\sqrt{xy^3} + x^2} = \frac{\frac{3}{2}\cdot\sqrt{xy^3}}{\sqrt{xy^3} + x^2};$$

b) $f(\lambda x, \lambda y) = \lambda^2\cdot\sqrt{xy^3} + \lambda^2\cdot x^2 = \lambda^2\cdot f(x,y)\,;$

f ist homogen vom Grad $r = 2$.

15. $V(r,h) = \pi r^2 h + \frac{1}{3}\pi r^3$.

$dV = (2\pi r h + \pi r^2) dr + \pi r^2 dh$.

$\frac{dr}{r} = \frac{1}{10}$; $dr = \frac{1}{10} r$; $\frac{dh}{h} = \frac{1}{10}$; $dh = \frac{1}{10} h$;

$$dV = (2\pi r h + \pi r^2)\frac{1}{10} r + \pi r^2 \frac{1}{10} h$$
$$= \frac{3}{10}\pi r^2 h + \frac{1}{10}\pi r^3 = \frac{3}{10}(\pi r^2 h + \frac{1}{3}\pi r^3) = \frac{3}{10}\cdot V(r,h).$$

Das Volumen erhöht sich um ungefähr 30 %.

16. $f(x,y) = \frac{1}{2}x^2 + \frac{1}{4}y^2 - \frac{1}{2}xy - \frac{1}{2}x + y + 7$.

$$f_x(x,y) = x - \frac{1}{2}y - \frac{1}{2} = 0 \quad (1)$$
$$f_y(x,y) = \frac{1}{2}y - \frac{1}{2}x + 1 = 0 \quad (2)$$

$(1)+(2) \Rightarrow \underline{x = -1}$; $(2) \Rightarrow \underline{y = -3}$

$f_{xx}(x,y) = 1$; $f_{yy}(x,y) = \frac{1}{2}$; $f_{xy}(x,y) = -\frac{1}{2}$;

$\Delta(x,y) = \frac{1}{2} - \frac{1}{4} > 0$ für alle (x,y)

$\Rightarrow$ globales (absolutes) Extremum.

$f_{xx}(x,y) = 1 > 0 \Rightarrow$ <u>globales Minimum an der Stelle $P(-1; -3)$.</u>

17. $\vec{u} \perp \vec{w} \Leftrightarrow \vec{u}^T \cdot \vec{w} = (2,2,b)\cdot\begin{pmatrix}5\\-3\\-b\end{pmatrix} = 4 - b^2 = 0$; $\underline{b_{1,2} = \pm 2}$;

$$\vec{u} \perp \vec{v} \Leftrightarrow \vec{u}^T \cdot \vec{v} = (2,2,b)\cdot\begin{pmatrix}c\\a-3\\1\end{pmatrix} = 2c + 2a - 6 + b = 0 \quad (1)$$

$$\vec{v} \perp \vec{w} \Leftrightarrow \vec{v}^T \cdot \vec{w} = (c, a-3, 1)\cdot\begin{pmatrix}5\\-3\\-b\end{pmatrix} = 5c - 3a + 9 - b = 0 \quad (2)$$

1. Fall: $b = 2 \Rightarrow 2c + 2a = 4$; $5c - 3a = -7 \Rightarrow a = \frac{17}{8}$; $c = -\frac{1}{8}$;

2. Fall: $b = -2 \Rightarrow 2c + 2a = 8$; $5c - 3a = -11 \Rightarrow a = \frac{31}{8}$; $c = \frac{1}{8}$.

18.

$$
\begin{array}{ccc|c}
1 & 1 & 1 & 3 \\
2 & 2 & 1 & 4 \\
3 & 3 & -1 & 0 \\
\hline
1 & 1 & 1 & 3 \\
0 & 0 & 1 & 2 \\
0 & 0 & 4 & 9 \\
\hline
1 & 1 & 1 & 3 \\
0 & 0 & 1 & 2 \\
0 & 0 & 0 & 1
\end{array}
\quad \Rightarrow \underline{\text{keine Lösung}}
$$

19.

$$
\begin{array}{lccc|cccl}
 & 1 & -a & 0 & 1 & 0 & 0 & (1) \\
 & -a & 1 & -a & 0 & 1 & 0 & (2) \\
 & 0 & -a & 1 & 0 & 0 & 1 & (3) \\
\hline
(1') & 1 & 0 & -1 & 1 & 0 & -1 & (1)-(3) \\
(2') & 0 & 1-a^2 & -a & a & 1 & 0 & (2)+(1)\cdot a \\
(3') & 0 & -a & 1 & 0 & 0 & 1 & (3) \\
\hline
(1'') & 1 & 0 & -1 & 1 & 0 & -1 & \\
(2'') & 0 & 1-2a^2 & 0 & a & 1 & a & (2')+(3')\cdot a \\
(3'') & 0 & -a & 1 & 0 & 0 & 1 & \\
\hline
 & 1 & 0 & -1 & 1 & 0 & -1 & \\
 & 0 & 1-2a^2 & 0 & a & 1 & a & \\
 & 0 & 0 & 1-2a^2 & a^2 & a & 1-a^2 & (*) \\
\hline
 & 1-2a^2 & 0 & 0 & 1-a^2 & a & a^2 & (**) \\
 & 0 & 1-2a^2 & 0 & a & 1 & a & \\
 & 0 & 0 & 1-2a^2 & a^2 & a & 1-a^2 &
\end{array}
$$

Hinweis: $(*) = a\cdot(2'') + (1-2a^2)\cdot(3'')$

$(**) = (1-2a^2)\cdot(1'') + (3'')$

Die Inverse A^{-1} existiert für $1-2a^2 \neq 0$, also für $a \neq \pm\frac{\sqrt{2}}{2}$.

Sie lautet dann

$$A^{-1} = \frac{1}{1-2a^2}\cdot\begin{pmatrix} 1-a^2 & a & a^2 \\ a & 1 & a \\ a^2 & a & 1-a^2 \end{pmatrix}.$$

20. a) x: Abnahme Normalbenzin ; y Abnahme Superbenzin.

$x \geq 1500$; $y \geq 1000$; $y \leq 8000$; $x, y \geq 0$.

$\frac{y}{x+y} \geq \frac{1}{4} \Rightarrow x \leq 3y.$ $\quad 0{,}84x + 0{,}98y \leq 11\,200$

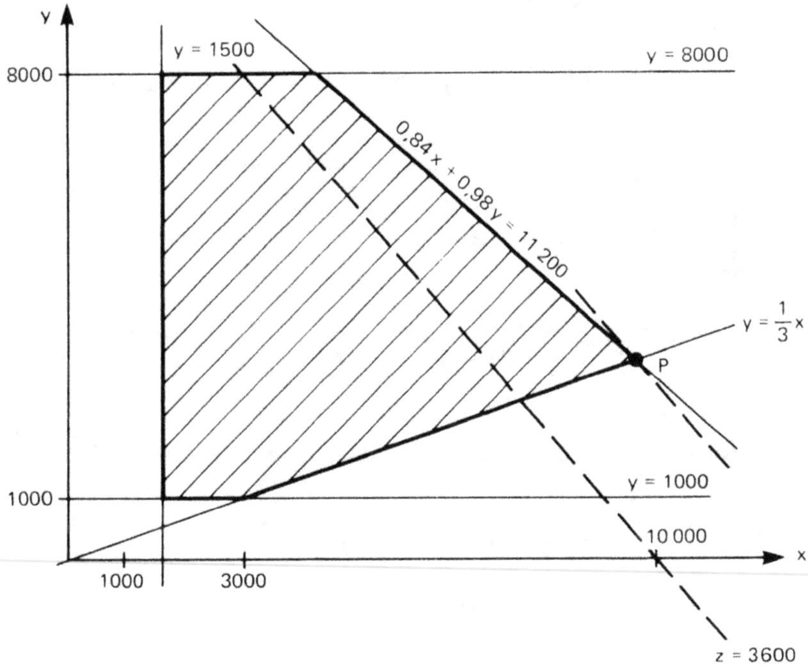

b) Zielfunktion: $z = 0{,}36x + 0{,}32y$.

P: Schnitt von $3y = x$ und $0{,}84x + 0{,}98y = 11\,200$

$x = 3y$ in die zweite Gleichung eingesetzt ergibt

$3{,}5y = 11\,200$; $\underline{y = 3\,200;\ x = 9\,600}$;

Maximaler Gewinn: $z = 0{,}36 \cdot 9\,600 + 0{,}32 \cdot 3\,200 = 4\,480$ DM

Klasusur 23

1. a)

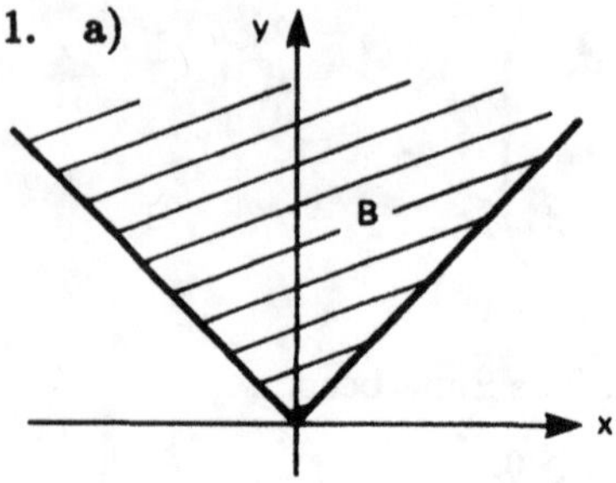

b)

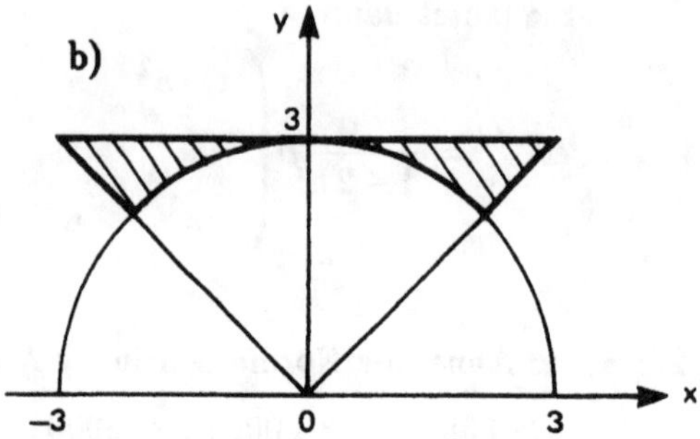

c) $D = \{(1;1), (2;2), (1;2)\}$.

2. $L = (-\infty; -1) \cup [-\frac{\sqrt{2}}{2}; \frac{\sqrt{2}}{2}] \cup (1;\infty)$.

3. a) $K_5 =$ 13 307,99 DM; b) $n \geq 56{,}42$ Jahre; aufgerundet 57 Jahre.

4. a) $a_n = \sin\left(\pi(n + \frac{1}{6})\right) = \frac{1}{2} \cdot (-1)^n$ ist divergent.

b) $\sum_{n=1}^{\infty} \frac{0{,}5 \cdot (-1)^n}{2^{n-2}} = -\frac{2}{3}$;

$$\sum_{n=2}^{\infty} \frac{\pi^n - e^{n+1}}{4^n} = \frac{\pi^2}{4(4-\pi)} - \frac{e^3}{4(4-e)} \approx -1{,}0485 .$$

5. a) Vollständige Induktion; b) vollständige Induktion; c) $a = \frac{1}{2}$.

6. a) $f'(x) = \frac{1}{\sqrt{x + \sqrt{x}}} \cdot \frac{1}{2} \cdot \left(1 + \frac{1}{2 \cdot \sqrt{x}}\right)$;

b) $f'(x) = -e^{(x^{-x})} \cdot x^{-x} \cdot (\ln x + 1)$;

c) $f'(x) = \ln(\ln x) + \frac{1}{\ln x}$;

d) $f'(x) = \frac{3e^{3x} - 4e^{2x}}{(1 - e^{-x})^2}$.

7. a) $\varepsilon_U(x) = 4x + \frac{1}{2}$; b) 7,5 %; c) $\varepsilon_f(x) = 4x - \frac{1}{2}$.

8. $D = \mathbb{R} \setminus \{-t\}$. Nullstellen: keine; Minimum $P(1; \frac{1}{1+t})$;
Wendepunkt $P\left(\frac{t+3}{2}; \frac{t+9}{9(t+1)}\right)$;

Asymptoten: $x = 1$ (Parallele zur x-Achse);

$x = -t$ ist vertikale Asymptote (Polstelle).

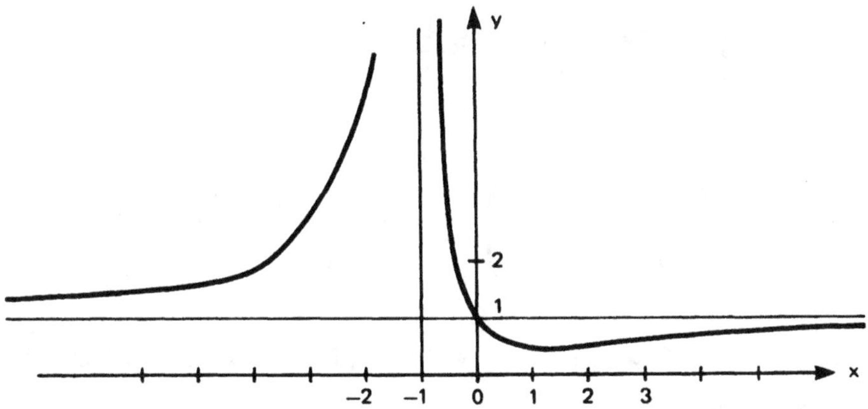

9. Seitenlängen: $a = 2$; $b = 3$; Umfang: $U = 10$.

10. a) $T_2(x) = (x - \frac{\pi}{2})^2$; b) $\cos\left(\frac{3\pi}{8}\right)^2 \approx \frac{\pi^2}{64}$; c) $F \leq 0{,}0285$.

11. a) $\sqrt{2}$; b) 4,5 ; c) 1.

12. a) $\frac{4}{3}$; b) $\frac{e^2}{4} + \frac{1}{4}$.

13. $f(x) = \frac{1}{\sqrt{1-x}}$.

14. f nimmt um ungefähr 4 % ab.

15. a) $\varepsilon_{f,x}(x,y) = \dfrac{e^{\frac{x}{y}} \cdot (x + \frac{x^2}{y})}{x \cdot e^{\frac{x}{y}} + y}$; $\varepsilon_{f,y}(x,y) = \dfrac{-\frac{x^2}{y} \cdot e^{\frac{x}{y}} + y}{x \cdot e^{\frac{x}{y}} + y}$;

b) homogen vom Grad $r = 1$.

16. Lokales (relatives) Minimum an der Stelle P(1 ; 2 ; 3).

17. a) $\frac{1}{\sqrt{150}} \cdot \begin{pmatrix} 2 \\ 5 \\ 11 \end{pmatrix}$; b) $x = 2$ und $y = -6$.

18. a) $t = \frac{3}{2}$;

b) $t \neq \frac{3}{2}$: Lösung: $\begin{pmatrix} x \\ y \\ z \end{pmatrix} = \frac{1}{2t-3} \cdot \begin{pmatrix} 15 \\ 15 \\ 9-t \end{pmatrix}$;

c) nicht möglich.

19. $A \cdot B = \begin{pmatrix} 3 & -2 & 1 \\ 5 & -2 & 3 \\ 7 & -5 & 2 \end{pmatrix}$; $C^{-1} = \begin{pmatrix} 3 & 5 & -1 \\ -2 & -4 & 1 \\ -6 & -15 & 4 \end{pmatrix}$.

20. a) Für eine festangestellte Kraft 30 DM, für eine Aushilfskraft 30 DM

b) $z = 30x + 30y$.

c) $x \leq 7$

$y \leq 10$

$y \geq 9 - \frac{3}{2}x$.

$x, y \geq 0$

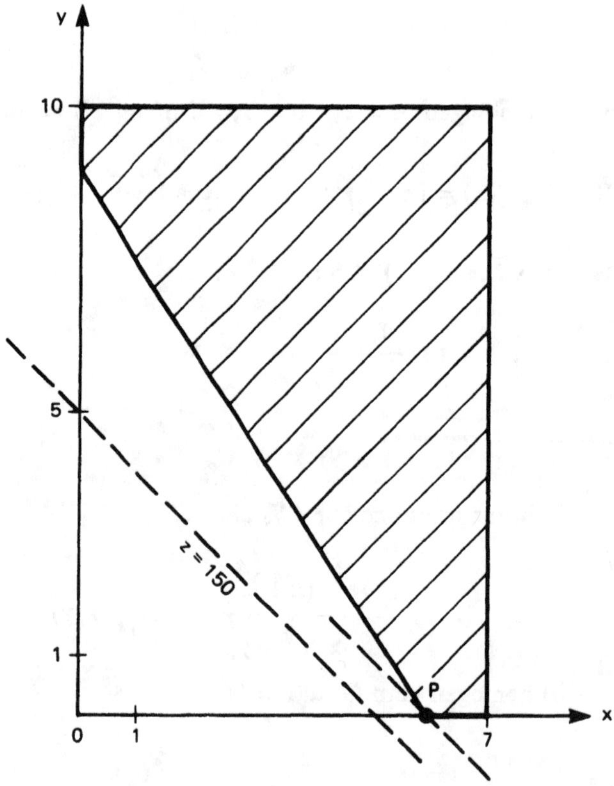

d) $x = 6$; $y = 0$.

Klausur 25

1. a)

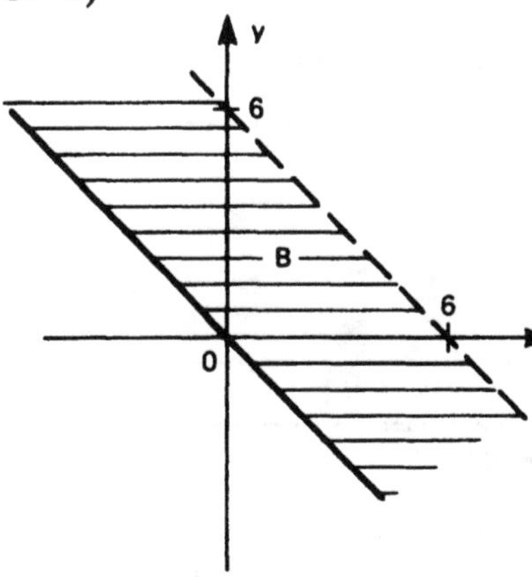

b)

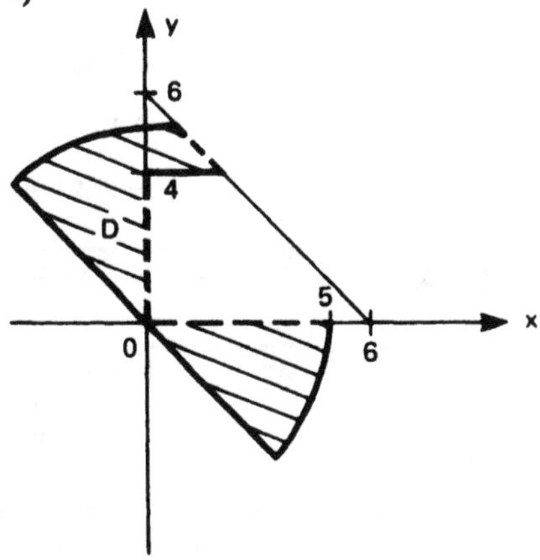

c) $E = \{(3;3), (4;2), (4;3)\}$.

2. $\frac{x^2}{2+|x-1|} \leq 1 \quad \Leftrightarrow \quad x^2 \leq 2+|x-1|$

1. Fall: $x \geq 1 \quad \Rightarrow \quad x^2 \leq 2+x-1 = x+1 \quad \Leftrightarrow \quad x^2 - x \leq 1$

$\Leftrightarrow \quad (x-\frac{1}{2})^2 \leq 1+\frac{1}{4} = \frac{5}{4}$

$\Leftrightarrow \quad |x-\frac{1}{2}| \leq \frac{\sqrt{5}}{2} \quad \Leftrightarrow \frac{1}{2} - \frac{\sqrt{5}}{2} \leq x \leq \frac{1}{2} + \frac{\sqrt{5}}{2}; \quad L_2 = [\,1; \frac{1+\sqrt{5}}{2}\,];$

2. Fall: $x < 1 \quad \Rightarrow \quad x^2 \leq 2-x+1 = -x+3 \quad \Leftrightarrow \quad x^2 + x \leq 3$

$\Leftrightarrow \quad (x+\frac{1}{2})^2 \leq 3+\frac{1}{4} = \frac{13}{4}$

$\Leftrightarrow \quad |x+\frac{1}{2}| \leq \frac{\sqrt{13}}{2} \quad \Leftrightarrow \quad -\frac{1}{2} - \frac{\sqrt{13}}{2} \leq x \leq -\frac{1}{2} + \frac{\sqrt{13}}{2};$

$L_2 = [\,\frac{-1-\sqrt{13}}{2}; 1);$

$L = L_1 \cup L_2 = [\,\frac{-1-\sqrt{13}}{2}; \frac{1+\sqrt{5}}{2}\,].$

3. K_n: Kontostand am Ende des n-ten Jahres.

$K_1 = (x+1\,000) + 0{,}04x + 0{,}02 \cdot 1\,000 = 1{,}04x + 1\,020;$

$K_2 = 1{,}04 \cdot K_1 + 1{,}02 \cdot 1\,000$

$= 1{,}04^2 x + 1{,}04 \cdot 1\,020 + 1{,}02 \cdot 1\,000 = 1{,}0816x + 2\,080{,}80;$

$1{,}0816x + 2\,080{,}80 \doteq 5\,000; \qquad x = 2\,698{,}96$ DM.

4. a) Summe aller dreistelligen Zahlen

$$S = \sum_{k=100}^{999} k = \frac{900}{2} \cdot (100 + 999) = 494\,550;$$

Summe aller dreistelligen durch 3 teilbaren Zahlen

$$B = 102 + 105 + \ldots + 999 = \frac{300}{2} \cdot (102 + 999) = 165\,150.$$

Lösung: $x = S - B = 329\,400$.

b) $$a_n = \sqrt{n^2+n+1} - \sqrt{n^2+1}$$

$$= \frac{\left(\sqrt{n^2+n+1} - \sqrt{n^2+1}\right) \cdot \left(\sqrt{n^2+n+1} + \sqrt{n^2+1}\right)}{\sqrt{n^2+n+1} + \sqrt{n^2+1}}$$

$$= \frac{n}{\sqrt{n^2+n+1} + \sqrt{n^2+1}} = \frac{1}{\sqrt{1+\frac{1}{n}+\frac{1}{n^2}} + \sqrt{1+\frac{1}{n^2}}};$$

$$\lim_{n\to\infty} a_n = \frac{1}{2}.$$

c) $$\frac{6^n - 2^n}{5^{n+1} \cdot 2^{n-1}} = \frac{36 \cdot 6^{n-2} - 4 \cdot 2^{n-2}}{125 \cdot 5^{n-2} \cdot 2 \cdot 2^{n-2}}$$

$$= \frac{18}{125} \cdot \left(\frac{3}{5}\right)^{n-2} - \frac{2}{125} \cdot \left(\frac{1}{5}\right)^{n-2};$$

$$\sum_{n=2}^{\infty} \frac{6^n - 2^n}{5^{n+1} \cdot 2^{n-1}} = \frac{18}{125} \cdot \sum_{k=0}^{\infty} \left(\frac{3}{5}\right)^k - \frac{2}{125} \cdot \sum_{k=0}^{\infty} \left(\frac{1}{5}\right)^k$$

$$= \frac{18}{125} \cdot \frac{1}{1-\frac{3}{5}} - \frac{2}{125} \cdot \frac{1}{1-\frac{1}{5}} = \frac{9}{25} - \frac{1}{50} = \frac{17}{50}.$$

5. a) $$a_{n+1} = \frac{2a_n^2}{1+2a_n^2} \geq 0 \; ; \; a_1 = 1 \geq 0 \; ;$$

damit gilt $a_n \geq 0$ für alle n, d. h. 0 ist eine untere Schranke.

b) Zu zeigen: $$a_{n+1} = \frac{2a_n^2}{1+2a_n^2} \leq a_n \quad \Leftrightarrow \quad 2a_n^2 \leq a_n \cdot (1 + 2a_n^2)$$

$$\Leftrightarrow \; 0 \leq a_n \cdot (2a_n^2 - 2a_n + 1);$$

wegen $a_n \geq 0$ muß gezeigt werden, daß für alle n gilt

$$2a_n^2 - 2a_n + 1 \geq 0 \; \Leftrightarrow \; a_n^2 - a_n \geq -\frac{1}{2};$$

$$\Leftrightarrow \; (a_n - \tfrac{1}{2})^2 \geq -\frac{1}{2} + \frac{1}{4} = -\frac{1}{4}$$ (ist immer erfüllt).

c) $a = \lim_{n\to\infty} a_n$; $a = \frac{2a^2}{1+2a^2} \Leftrightarrow 0 = a\cdot(2a^2 - 2a + 1)$;

$a = 0$ oder $2a^2 - 2a + 1 = 0$ (diese quadratische Gleichung hat keine reelle Lösung). Damit lautet der Grenzwert $a = 0$.

6. f ist stetig und differenzierbar für $x \notin \{0;2\}$.

a) $x_0 = 0$; $f(0) = 1 = f(0-) =$ linksseitiger Grenzwert;

rechtsseitiger Grenzwert: $\lim_{\substack{x\to 0\\ x>0}} f(x) = 1$; f stetig an $x_0 = 0$;

$x_0 = 2$; $f(2) = 8 = f(2-) =$ linksseitiger Grenzwert;

rechtsseitiger Grenzwert: $\lim_{\substack{x\to 2\\ x>2}} f(x) = \ln 2 \neq 8$;

f ist nicht stetig an $x_0 = 2$; f ist stetig in $\mathbb{R}\setminus\{2\}$.

b) $x_0 = 0$; f ist stetig an dieser Stelle;

linksseitige Ableitung $f_l'(0) = 1$;

rechtsseitige Ableitung $f_r'(0) = 3$;

damit ist f an dieser Stelle nicht differenzierbar. An der Stelle $x = 2$ ist f nicht stetig und damit auch nicht differenzierbar.
f ist differenzierbar in $\mathbb{R}\setminus\{0;2\}$.

7. a) $f'(x) = -\frac{7}{4}\cdot e^{-x}\cdot(1+e^{-x})^{\frac{3}{4}}$;

b) $f'(x) = \frac{1}{\cos^2\left(\frac{x}{x+1}\right)}\cdot\frac{1}{(x+1)^2}$;

c) $\ln f(x) = 2\cdot\sqrt{x}\cdot\ln x$; $\frac{f'(x)}{f(x)} = \frac{1}{\sqrt{x}}\cdot\ln x + 2\cdot\sqrt{x}\cdot\frac{1}{x}$

$= \frac{1}{\sqrt{x}}\cdot(2+\ln x)$; $\quad f'(x) = \left(x^2\right)^{\sqrt{x}}\cdot\frac{1}{\sqrt{x}}\cdot(2+\ln x)$;

d) $$f(x) = \sqrt{e^{-\left(\ln\frac{x-1}{(x-1)(x+1)}\right)}} = \sqrt{e^{-\left(\ln\frac{1}{(x+1)}\right)}}$$

$$= \sqrt{e^{\ln(x+1)}} = \sqrt{x+1}; \quad f'(x) = \frac{1}{2\cdot\sqrt{x+1}}.$$

8. $f_t(x) = \frac{1}{x(x-t)} = \frac{1}{x^2 - tx}$; $t > 0$

$$f_t'(x) = \frac{-2x + t}{(x^2 - tx)^2};$$

$$f_t''(x) = \frac{(x^2 - tx)^2 \cdot (-2) - (t - 2x) \cdot 2 \cdot (x^2 - tx) \cdot (2x - t)}{(x^2 - tx)^4}$$

$$= \frac{(x^2 - tx) \cdot (-2) - (t - 2x) \cdot 2 \cdot (2x - t)}{(x^2 - tx)^3}$$

$$= \frac{-2x^2 + 2tx + 2t^2 - 8tx + 8x^2}{(x^2 - tx)^3} = \frac{6x^2 - 6tx + 2t^2}{(x^2 - tx)^3}.$$

Definitionsbereich : $D = \mathbb{R} \setminus \{0; t\}$;

Nullstellen: keine.

Extremwerte: $f_t'(x) = 0$; $x_1 = \frac{t}{2}$; $f_t''(\frac{t}{2}) = -\frac{32}{t^4} < 0$

$\Rightarrow$ lokales (relatives) Maximum an der Stelle $P\left(\frac{t}{2}; -\frac{4}{t^2}\right)$;

Wendepunkte: $f_t''(x) = 0$;

$x^2 - tx = -\frac{1}{3}t^2$; $(x - \frac{t}{2})^2 = \frac{1}{4}t^2 - \frac{1}{3}t^2 < 0 \Rightarrow$ keine Wendepunkte.

Asymptoten :

$$\lim_{x \to \pm\infty} \frac{1}{x^2 - tx} = 0;$$

die x-Achse ist Asymptote.

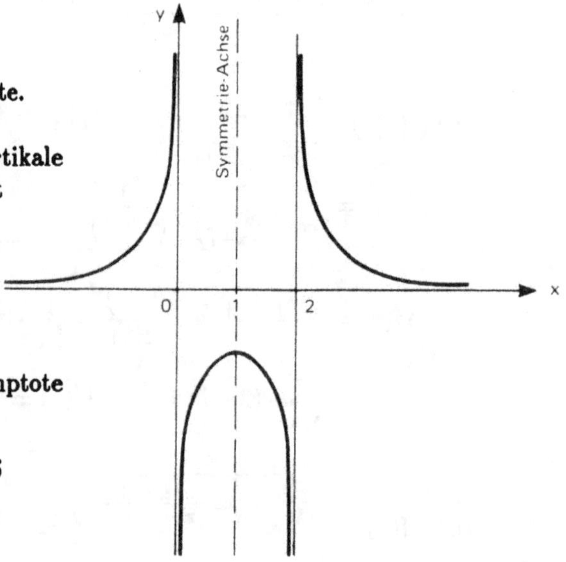

Die y-Achse ist vertikale Asymptote (Polstelle) mit

$$\lim_{x \to 0-} \frac{1}{x(x-t)} = +\infty;$$

$$\lim_{x \to 0+} \frac{1}{x(x-t)} = -\infty.$$

$x = t$ ist vertikale Asymptote (Polstelle) mit

$$\lim_{x \to t-} \frac{1}{x(x-t)} = -\infty;$$

$$\lim_{x \to t+} \frac{1}{x(x-t)} = \infty.$$

9. $x^2+y^2=1 \;\Rightarrow\; y=\sqrt{1-x^2}$

$$U(x,y)=x+y+1= x+1+\sqrt{1-x^2}=f(x)$$

$$f'(x)=1-\frac{x}{\sqrt{1-x^2}}=0 \;\Rightarrow 1-x^2=x^2; \quad \underline{x = \frac{\sqrt{2}}{2} = y.}$$

$$f''(x)=-\frac{\sqrt{1-x^2}+\frac{x^2}{\sqrt{1-x^2}}}{1-x^2} = -\frac{1}{(1-x^2)^{\frac{3}{2}}}<0 \text{ für } x=\frac{\sqrt{2}}{2};$$

damit handelt es sich um ein Maximum. $U_{Max}=1+\sqrt{2}$.

10. a) $f(x)=(\frac{9}{4}+x)^{\frac{1}{2}}$ $\qquad f(0)=\frac{3}{2};$

$$f'(x) = \tfrac{1}{2}\cdot(\tfrac{9}{4}+x)^{-\frac{1}{2}} = \frac{1}{2\cdot\sqrt{\frac{9}{4}+x}} \qquad f'(0)=\tfrac{1}{3};$$

$$f''(x) = -\tfrac{1}{4}\cdot(\tfrac{9}{4}+x)^{-\frac{3}{2}} = -\frac{1}{4\cdot\sqrt{(\frac{9}{4}+x)^3}} \qquad f''(0)=-\tfrac{2}{27};$$

$$f'''(x) = \tfrac{3}{8}\cdot(\tfrac{9}{4}+x)^{-\frac{5}{2}} = \frac{3}{8\cdot\sqrt{(\frac{9}{4}+x)^5}};$$

$$T_2(x) = \tfrac{3}{2}+\tfrac{1}{3}x-\tfrac{1}{27}x^2;$$

b) $\sqrt{2}=f(-\frac{1}{4}) \approx N=T_2(-\frac{1}{4})=\frac{611}{432};$

c) $$|N-\sqrt{2}| \le \max_{-\frac{1}{4}\le\eta\le 0}\left|\frac{3}{8\cdot\sqrt{(\frac{9}{4}+\eta)^5}}\right|\cdot\frac{1}{4^3}\cdot\frac{1}{3!}$$

$$= \frac{3}{8}\cdot\frac{1}{4\cdot\sqrt{2}}\cdot\frac{1}{64}\cdot\frac{1}{6} \le \frac{3}{8}\cdot\frac{1}{4\cdot 1{,}41}\cdot\frac{1}{64}\cdot\frac{1}{6} \approx 0{,}000173.$$

11. a) $$\lim_{x\to\infty}\frac{e^{2x}+e^x+1}{2-e^{2x}-x}\;(\text{"}\tfrac{\infty}{\infty}\text{"}) = \lim_{x\to\infty}\frac{2e^{2x}+e^x}{-2e^{2x}-1}$$

$$= \lim_{x\to\infty}\frac{2+e^{-x}}{-2-e^{-2x}} = -1;$$

b) $$\frac{2x+1}{x-3}-\frac{77}{(x-3)(x+8)} = \frac{2x^2+17x-69}{(x-3)(x+8)} = \frac{2x^2+17x-69}{x^2+5x-24}$$

$$\lim_{x\to 3}\frac{2x^2+17x-69}{x^2+5x-24}\;(\text{"}\tfrac{0}{0}\text{"}) = \lim_{x\to 3}\frac{4x+17}{2x+5} = \frac{29}{11}.$$

c) $\lim\limits_{x\to 0} (\sin x)^{\sin x}$ (= " 0^0 ");

$g(x) = \ln f(x) = \sin x \cdot \ln(\sin x)$;

$$\lim_{x\to 0} g(x) = \lim_{x\to 0} \sin x \cdot \ln(\sin x) \;(\text{"}0\cdot\infty\text{"}) = \lim_{x\to 0} \frac{\ln(\sin x)}{\frac{1}{\sin x}} \;(\text{"}\tfrac{\infty}{\infty}\text{"})$$

$$= \lim_{x\to 0} \frac{\frac{\cos x}{\sin x}}{-\frac{\cos x}{\sin^2 x}} = \lim_{x\to 0}(-\sin x) = 0;$$

$$f(x) = e^{g(x)} \Rightarrow \lim_{x\to 0} f(x) = \lim_{x\to 0} e^{g(x)} = e^{\lim\limits_{x\to 0} g(x)} = e^0 = 1.$$

12. a) $$I = \int_0^{\frac{\pi}{2}} (\sin x \cdot \sqrt{\cos x} + 1)\,dx = \int_0^{\frac{\pi}{2}} (\sin x \cdot \sqrt{\cos x})\,dx + \int_0^{\frac{\pi}{2}} dx$$

$$= \int_0^{\frac{\pi}{2}} (\sin x \cdot \sqrt{\cos x})\,dx + \tfrac{\pi}{2};$$ Substitution:

$\cos x = u$; $-\sin x\,dx = du$; $x = 0 \Rightarrow u = 1$; $x = \frac{\pi}{2} \Rightarrow u = 0$;

$$\int_0^{\frac{\pi}{2}} (\sin x \cdot \sqrt{\cos x})\,dx = -\int_1^0 \sqrt{u}\,du = -\left[\tfrac{2}{3}u^{\frac{3}{2}}\right]_1^0 = \tfrac{2}{3}; \quad \underline{I = \tfrac{\pi}{2} + \tfrac{2}{3}};$$

b) Partielle Integration:

$f'(x) = e^{3x}$; $f(x) = \frac{1}{3}e^{3x}$; $g(x) = x - 1$; $g'(x) = 1$.

$$\int_{\frac{1}{3}}^{1} \underbrace{e^{3x}}_{f'} \cdot \underbrace{(x-1)}_{g}\,dx = \left[\tfrac{1}{3}e^{3x}\cdot(x-1)\right]_{\frac{1}{3}}^{1} - \tfrac{1}{3}\int_{\frac{1}{3}}^{1} e^{3x}\,dx$$

$$= \tfrac{2}{9}e - \left[\tfrac{1}{9}e^{3x}\right]_{\frac{1}{3}}^{1} = \tfrac{2}{9}e - \tfrac{1}{9}e^3 + \tfrac{1}{9}e = -\tfrac{1}{9}e^3 + \tfrac{1}{3}e.$$

13. $$\varepsilon_f(x) = \frac{f'(x)}{f(x)}\cdot x = -\tfrac{3}{2}x\cdot\left(\frac{x}{f(x)}\right)^2 \Leftrightarrow f'(x)\cdot f(x) = -\tfrac{3}{2}x^2;$$

$$\int f'(x)\cdot f(x)\,dx = -\tfrac{3}{2}\int x^2\,dx; \qquad \tfrac{1}{2}f^2(x) = -\tfrac{1}{2}x^3 + C;\ C \in \mathbf{R};$$

$f(x) = \sqrt{-x^3 + 2C}$; $1 = f(1) = \sqrt{2C - 1}$; $C = 1$;

$f(x) = \sqrt{2 - x^3}$.

14. $f(x,y) = -\frac{1}{2}\,x^{\frac{3}{2}}y^{\frac{1}{2}}$;

a) $f_x(x,y) = -\frac{3}{4}\,x^{\frac{1}{2}}y^{\frac{1}{2}}$; $\quad f_y(x,y) = -\frac{1}{4}\,x^{\frac{3}{2}}y^{-\frac{1}{2}}$;

$\varepsilon_{f,x} = \frac{f_x(x,y)}{f(x,y)}\cdot x = \frac{3}{2}$; $\quad \varepsilon_{f,y} = \frac{f_y(x,y)}{f(x,y)}\cdot y = \frac{1}{2}$;

b) $f(\lambda x, \lambda y) = \lambda^2\cdot(-\frac{1}{2}\,x^{\frac{3}{2}}y^{\frac{1}{2}}) = \lambda^2\cdot f(x,y)$;

f ist homogen vom Grad $r = 2$.

15. $f(x,y) = x\cdot y\cdot e^{\frac{x}{y}}$.

a) $f_x(x,y) = y\cdot e^{\frac{x}{y}} + x\cdot y\cdot e^{\frac{x}{y}}\cdot\frac{1}{y} = (x+y)\cdot e^{\frac{x}{y}}$; $\quad f_x(2,1) = 3\,e^2$;

$f_y(x,y) = x\cdot e^{\frac{x}{y}} + x\cdot y\cdot e^{\frac{x}{y}}\cdot(-\frac{x}{y^2}) = (x-\frac{x^2}{y})\cdot e^{\frac{x}{y}}$; $\quad f_y(2,1) = -2\,e^2$;

b) $\vec{v} = \begin{pmatrix}1\\1\end{pmatrix}$; $\gamma = 45°$; $\cos\gamma = \sin\gamma = \frac{\sqrt{2}}{2}$

$f_x\cdot\cos\gamma + f_y\cdot\sin\gamma = \frac{\sqrt{2}}{2}\cdot(3e^2 - 2e^2) = \frac{e^2}{2}\cdot\sqrt{2}$.

16. $L(x,y,z,\lambda) = (x-1)^2 + (y-1)^2 + (z-1)^2 + \lambda\cdot(x+y+z-6)$

$$\left.\begin{aligned} L_x(x,y,z,\lambda) &= 2\,(x-1)+\lambda = 0\\ L_y(x,y,z,\lambda) &= 2\,(y-1)+\lambda = 0\\ L_z(x,y,z,\lambda) &= 2\,(z-1)+\lambda = 0\end{aligned}\right\}\Rightarrow\quad x = y = z$$

$L_\lambda(x,y,z,\lambda) = x+y+z-6 = 0 \quad\Rightarrow\quad \underline{x = y = z = 2}$

$d^2 = 3$; $d = \sqrt{3}$.

17. a) $\begin{pmatrix}-2{,}6\\1{,}3\\-5{,}2\end{pmatrix} = -1{,}3\cdot\begin{pmatrix}2\\-1\\4\end{pmatrix}$;

b) E: $\vec{x} = \begin{pmatrix}4\\0\\1\end{pmatrix} + \lambda\cdot\begin{pmatrix}2\\-1\\4\end{pmatrix} + \mu\cdot\begin{pmatrix}5\\-1\\-1\end{pmatrix}$ ← Vektor zwischen den Anfangspunkten

c) E: $\vec{x} = \begin{pmatrix}-27\\14\\-50\end{pmatrix} + \rho\cdot\begin{pmatrix}1\\2\\0\end{pmatrix}$ ← $\perp$ $\begin{pmatrix}-2{,}6\\1{,}3\\-5{,}2\end{pmatrix}$.

18. **Bestimmung der Inversen von A:**

$$\begin{array}{ccc|ccc}
1 & 0 & -2 & 1 & 0 & 0 \\
-1 & 2 & 2 & 0 & 1 & 0 \\
0 & 4 & 2 & 0 & 0 & 1 \\
\hline
1 & 0 & -2 & 1 & 0 & 0 \\
0 & 2 & 0 & 1 & 1 & 0 \\
0 & 4 & 2 & 0 & 0 & 1 \\
\hline
1 & 0 & -2 & 1 & 0 & 0 \\
0 & 2 & 0 & 1 & 1 & 0 \\
0 & 0 & 2 & -2 & -2 & 1 \\
\hline
1 & 0 & 0 & -1 & -2 & 1 \\
0 & 1 & 0 & 1/2 & 1/2 & 0 \\
0 & 0 & 2 & -1 & -1 & 1/2
\end{array}$$

$$A^{-1} = \begin{pmatrix} -1 & -2 & 1 \\ \frac{1}{2} & \frac{1}{2} & 0 \\ -1 & -1 & \frac{1}{2} \end{pmatrix}$$

$$\vec{x}_1 = \begin{pmatrix} -1 & -2 & 1 \\ \frac{1}{2} & \frac{1}{2} & 0 \\ -1 & -1 & \frac{1}{2} \end{pmatrix} \cdot \begin{pmatrix} 1 \\ 0 \\ 2 \end{pmatrix} = \begin{pmatrix} 1 \\ \frac{1}{2} \\ 0 \end{pmatrix};$$

$$\vec{x}_2 = \begin{pmatrix} -1 & -2 & 1 \\ \frac{1}{2} & \frac{1}{2} & 0 \\ -1 & -1 & \frac{1}{2} \end{pmatrix} \cdot \begin{pmatrix} -3 \\ 2 \\ 4 \end{pmatrix} = \begin{pmatrix} 3 \\ -\frac{1}{2} \\ 3 \end{pmatrix};$$

$$\vec{x}_3 = \begin{pmatrix} -1 & -2 & 1 \\ \frac{1}{2} & \frac{1}{2} & 0 \\ -1 & -1 & \frac{1}{2} \end{pmatrix} \cdot \begin{pmatrix} 0 \\ -\frac{1}{2} \\ 2 \end{pmatrix} = \begin{pmatrix} 3 \\ -\frac{1}{4} \\ \frac{3}{2} \end{pmatrix};$$

$$\vec{x}_4 = \begin{pmatrix} -1 & -2 & 1 \\ \frac{1}{2} & \frac{1}{2} & 0 \\ -1 & -1 & \frac{1}{2} \end{pmatrix} \cdot \begin{pmatrix} \frac{1}{4} \\ \frac{1}{4} \\ \frac{1}{4} \end{pmatrix} = \begin{pmatrix} -\frac{1}{2} \\ \frac{1}{4} \\ -\frac{3}{8} \end{pmatrix}.$$

19. a) $A \cdot B$ ist eine 2×2-Matrix; $A^T B$ und $A B^T$ existieren nicht;

$B \cdot A$ ist eine 3×3-Matrix.

b) $A \cdot B = \begin{pmatrix} a-4 & ab+4d \\ 3+bc-4d & 3b+bd \end{pmatrix} = \begin{pmatrix} -6 & -10 \\ 15 & 1 \end{pmatrix}$;

$\underline{a-4=-6} \quad \Rightarrow \quad \underline{a=-2}$

$\underline{ab+4d=-10}$; $-2b+4d=-10 \;\Rightarrow\; b=5+2d$;

$\underline{3b+bd=1} \;\Rightarrow 3\cdot(5+2d)+d\cdot(5+2d)=1$;

$2d^2+11d=-14$; $d^2+\frac{11}{2}d=-7$; $(d+\frac{11}{4})^2=-7+\frac{121}{16}=\frac{9}{16}$;

$d_1=-\frac{11}{4}-\frac{3}{4}=-\frac{7}{2}$; $d_2=-\frac{11}{4}+\frac{3}{4}=-2$; $\quad \underline{d_1=-\frac{7}{2};\; d_2=-2}$

$b_1=5+2d_1=-2$; $b_2=5+2d_2=1$; $\quad \underline{b_1=-2;\; b_2=1;}$

$\underline{3+bc-4d=15;}\quad 3-2c_1-4\cdot(-\frac{7}{2})=15$; $c_1=1$;

$3+c_2-4\cdot(-2)=15$; $c_2=4$; $\quad \underline{c_1=1;\; c_2=4.}$

Lösungen: α) $a=-2$; $b=-2$; $c=1$; $d=-\frac{7}{2}$;

β) $a=-2$; $b=1$; $c=4$; $d=-2$.

20. a) $x \geq 1$; $y \geq 1$; $y \geq 3-x$; $y \leq 4{,}5-\frac{x}{2}$;

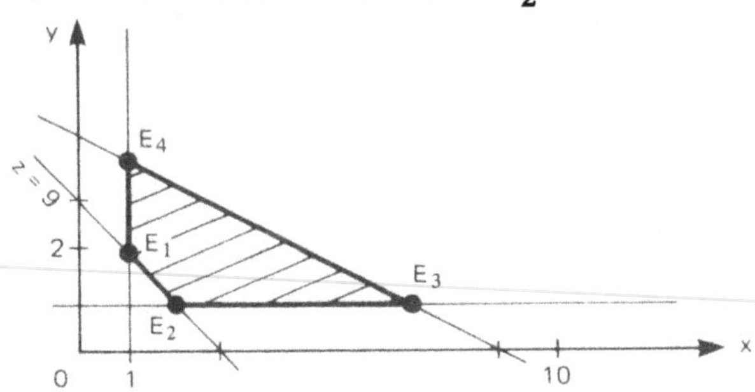

b) E_1: $x=1$; $y=3-x=2$; $\quad E_1(1;2)$;

E_2: $y=1$; $y=3-x \quad \Rightarrow x=2$; $\quad E_2(2;1)$;

E_3: $y=1$; $y=4{,}5-\frac{x}{2} \quad \Rightarrow x=7$; $\quad E_3(7;1)$;

E_4: $x=1$; $y=4{,}5-\frac{x}{2}=4$; $\quad E_4(1;4)$.

c) Minimum in E_1 und E_2 (Verbindungsstrecke); $z_{min}=9$;

Maximum im Eckpunkt E_3: $z_{Max}=24$.

www.ingramcontent.com/pod-product-compliance
Lightning Source LLC
LaVergne TN
LVHW010548300926
849162LV00002B/265